Helga Maria Buchner
Die Gottesgabe

HELGA MARIA BUCHNER

Die Gottesgabe

Die Geschichte
einer Heilerin

Allegria

Allegria ist ein Verlag der Ullstein Buchverlage GmbH
Herausgeber: Michael Görden

ISBN 978-3-7934-2088-0

© 2008 by Ullstein Buchverlage GmbH, Berlin
Umschlaggestaltung: FranklDesign, München
Titelabbildung: Omtara/Frankl
Gesetzt aus der Baskerville
Satz: Keller & Keller GbR
Druck und Bindearbeiten: Bercker, Kevelaer
Printed in Germany

Wir sehen nicht die Dinge, wie sie sind,
sondern so, wie wir sind.

Für die Freundinnen,
die mir durch geduldiges Zuhören
und gezielte Zwischenfragen halfen,
das Erlebte zu verarbeiten und einzuordnen.

Inhalt

Vorwort

An einem sonnigen Maitag im Jahre 1995 rief mich eine Bekannte an, die schon seit Längerem an einem Augentumor litt. Die letzte Operation war sehr schwer und auch nicht ungefährlich gewesen, denn man hatte die Schädeldecke aufbohren müssen. Wieder war alles vergeblich – der Tumor wucherte danach erneut.

Jetzt erzählte sie mir von einer Heilerin im Allgäu, welche ihr von einer befreundeten Heilpraktikerin empfohlen worden war, und wollte meine Meinung dazu einholen. Ich überlegte kurz – ich war noch nie im Leben bei einer Heilerin gewesen, nur bei Ärzten. Aber meine Erfahrungen mit ihnen waren auch nicht immer gerade positiv gewesen – warum sollte man also nicht einmal andere Wege beschreiten?

Ich empfahl ihr allerdings, bei der Heilerin alles genau zu beäugen, etwa ob sie ihre Patienten abzockt oder ihnen verbietet, ärztlichen Rat einzuholen. Ansonsten ermunterte ich sie, diese Heilerin aufzusuchen, sie hatte ja nichts zu verlieren. Zum Schluss bat ich sie, mir dann zu gegebener Zeit Bericht zu erstatten.

Die Nacht darauf hatte ich folgenden Traum: Mein Mann und ich wollten spazieren gehen. Der anfänglich leichte Nebel begann sich rasch zu verdichten, so sehr, dass ich meinen Mann aus den Augen verlor, als er eine andere Richtung einschlagen wollte. Ich suchte ihn vergeblich hinter weißlichen Nebelschleiern, aber er war wie vom Erdboden verschluckt. Da beschloss ich, wieder nach Hause zu gehen, aber zu meinem Entsetzen fand ich den Weg nicht mehr zurück. Ich irrte lange durch Straßen, die mir manchmal seltsam vertraut erschienen, aber sich dann doch als fremd erwiesen. Ich hastete an merkwürdigen Gestalten vorbei, manche winkten mir zu, andere stellten sich mir in drohender Haltung in den Weg, bis ich mich plötzlich auf einer Straße wiederfand, die sich in sanften Kurven durch eine hügelige Wald- und Wiesenlandschaft wand und schließlich in einem Dorf mündete. Erst dann fand ich den Weg nach Hause.

Einige Wochen später rief mich meine Bekannte wieder an. Das Wachstum des Tumors schien tatsächlich gestoppt worden zu sein: Die Frau war wohl eine echte Heilerin, keine selbsternannte. Sie nahm nur Spenden, Arme behandelte sie umsonst. Außerdem war sie hellsichtig.

Meine Neugier war geweckt. Zu dem Zeitpunkt litt ich wieder einmal unter heftigen Bauchschmerzen. Was lag näher, als selbst ihre Fähigkeiten als Heilerin zu testen?

Als ich an einem schwülen Julinachmittag zusammen mit meiner Bekannten in die dämmrige Diele ihres Häuschens in einem idyllischen Bauerndorf trat, schlug mir ein scharfer, penetranter Krankengeruch entgegen. Inmitten der guten Stube thronte die Heilerin – eine massive Gestalt. Ihr zu Füßen schlief eine Promenadenmischung, die mich bei meinem Eintreten sofort wütend ankläffte. Auf der ausladenden Eckbank rechts von ihr und auf Stühlen warteten, eng aneinandergedrängt, die Heilsuchenden geduldig auf ihre Behandlung. Auf dem Tisch brannte eine weiße Kerze – eine geweihte, wie ich später erfuhr. Sie zündete sie nur bei schwierigen Fällen an. Auf der Anrichte zur linken Seite türmten sich künstliche Blumen in buntem Durcheinander. Weiße Margeriten leuchteten neben purpurfarbenen Rosen, blassblaue Malven wetteiferten mit roten Gladiolen und über der ganzen Farbenpracht lächelte das süße Antlitz einer Madonna.

Es war schwierig, einen Sitzplatz zu ergattern. Ich beobachtete das Geschehen aufmerksam. Ich war schon weit gereist, hatte viel gesehen von der Welt. Jetzt saß ich im Herzen des Allgäus und doch stellte sich bei mir das gleiche Gefühl ein wie einst bei der Schamanin in Ladakh: Ich wähnte mich auf einem fremden Planeten. Als nach zweieinhalb Stunden endlich die Reihe an mir war, fragte ich sie als Erstes, was mir denn fehle. Sie stellte exakt die gleiche Diagnose, die mir zuvor mein Heilpraktiker mithilfe der Kirlianfotografie mitgeteilt hatte. Ich war verblüfft. Ich schaute kurz zu meiner Bekannten, sie nickte aufmunternd. So stellte ich ihr beherzt, meinen ganzen Mut zusammennehmend, die Frage, die mich schon lange beschäftigte. »Werde ich für meine Autobiografie einen Verleger finden?« Sie hielt in ihrer Behandlung (die ich wie eine Art Druckmassage empfand) kurz inne und kniff die Augen zusammen, dann bejahte sie die Frage.

Mir war klar, dass ich einer bemerkenswerten Frau begegnet war.

Als ich – noch ganz benommen von diesem Erlebnis – im Auto Richtung München fuhr, erkannte ich zu meinem unsäglichen Erstaunen die Landschaft wieder: Es war die Landschaft aus meinem Traum.

Bis zu ihrem Tod fünf Jahre später besuchte ich die Heilerin regelmäßig ein- bis zweimal die Woche, die Urlaubszeiten ausgenommen. Zu diesem Zeitpunkt machte mir mein Beruf als Lehrerin bereits keine Freude mehr, ich fühlte mich ausgelaugt und suchte nach neuen Ausdrucksmöglichkeiten.

Einige Zeit zuvor hatte ich das Schreiben für mich entdeckt und als Erstes meine Autobiografie in Angriff genommen. Nun hatte ich diese abgeschlossen und war auf der Suche nach neuem Stoff, als mir die Idee kam, über die Phänomene, die ich bei der Heilerin erlebt hatte, ein Buch zu verfassen. Und so begann ich, mir zu Hause Notizen zu machen.

Um die Familie der Heilerin und die Identität der Patienten zu schützen, habe ich in meiner Darstellung die Namen und teilweise, so weit es möglich war, das Geschlecht der Geheilten geändert und die Romanform bevorzugt.

Die Geschichte von Johannes im vierten Kapitel habe ich in allen Phasen aus unmittelbarer Nähe miterlebt. Fast alle Heilungen, die ich im vorliegenden Buch schildere, habe ich mitverfolgt.

Nachdem ich Hetty (fiktiver Name) zum ersten Mal in meinem Manuskript in ihrer Eigenschaft als Heilerin beschrieben hatte, läutete am nächsten Morgen zu ungewohnt früher Stunde das Telefon. Eine völlig aufgelöste Hetty war am Apparat. Sie sagte mir ohne Umschweife, dass ich am Vortag über sie geschrieben habe (was sie eigentlich gar nicht wissen konnte) und sie aufgrund dieser Tatsache nachts furchtbare Qualen und Schmerzen erduldet habe, sodass sie schon befürchtete, sterben zu müssen. Ihr innerer Führer, ein hoher Prophet, habe ihr deshalb befohlen, mich umgehend anzurufen und mir mitzuteilen, auf der Stelle die Arbeit an dem Buch abzubrechen.

Nun hatte mir Hetty früher schon wiederholt gesagt, dass ich erst nach ihrem Tod über sie schreiben dürfe – dann wäre dies sogar von der geistigen Welt ausdrücklich erwünscht. Ich jedoch konnte mir damals nicht erklären, wieso ich ihr Schaden zufügen sollte, wenn ich schon zu ihren Lebzeiten mit dem Abfassen beginnen würde, und interpretierte deshalb ihre Aussage dahingehend, dass das Buch nicht vor ihrem Tod veröffentlicht werden sollte.

Vielleicht wollte ich auch nicht wirklich hinhören!

Erstaunlich war die Tatsache, dass sie sich, nachdem ich mit dem Schreiben bereits begonnen hatte, mir gegenüber nicht dazu äußerte; erst als ich zu der erwähnten Schilderung kam, fügte ich ihr Schaden zu. Ich legte das Manuskript nach ihrem Anruf sofort beiseite. So ruhte es einige Jahre, bis ich geraume Zeit nach ihrem Tod den Faden wiederaufnahm. Heute besucht mich ihr Geist häufig während der Meditation, wie auch gerade eben, bevor ich begann, diese einleitenden Zeilen zu schreiben. Enttäuscht von der Wissenschaft, die mir bei meiner Suche nach dem Sinn des Lebens keine Antwort geben konnte, hatte ich bereits vor meiner Bekanntschaft mit der Heilerin begonnen, mich mit spiritueller Literatur auseinanderzusetzen. Was ich dann in den fünf Jahren bei ihr erlebte, gab mir neue Impulse für meine Suche.

Da es galt, auf dem Esoterikbuchmarkt die Spreu vom Weizen zu trennen, hatte ich es mir zur Gewohnheit gemacht, die Werke von Hetty hellseherisch auf ihren Wahrheitsgehalt hin absegnen zu lassen. Mit den Jahren lernte ich dann, mich auf meine eigene Intuition zu verlassen.

Dabei kam mir zugute, dass ich bei ihr einen inneren Führer, einen Zisterziensermönch, vermittelt bekam. Als dies geschah – Hetty hielt dabei meine rechte Hand in ihren beiden Händen –, fuhr sein Geist durch mein Scheitelchakra. Gleichzeitig wurde mein ganzer Körper wie von einer heißen Woge erfasst. Mein rechter Arm bewegte sich wie von Geisterhand geführt auf dem Papier und schrieb in einer mir fremden Handschrift seine beiden Vornamen, beginnend mit kleinen Anfangsbuchstaben.

Ich habe von Personen gehört, die versuchen, mithilfe der Planchette Kontakt zu Geistwesen aufzunehmen, ein Unterfangen, das ich gefährlich finde, da man ja nie weiß, welches Geistwesen man sich dabei einhandelt. Schließlich sind die Wesen, die »da oben« herumgeistern, auch nicht besser als das, was bei uns unten kreucht und fleucht. Ich wusste aber, dass ich mich auf Hetty verlassen konnte, denn ihr Schutzgeist, ein hoher Prophet, hatte den inneren Führer für mich ausgesucht.

Doch um das Band zu meinem inneren Führer und Schutzengel zu festigen, musste ich erst mühselig wieder lernen, zu beten und zu meditieren.

Durch die Vermittlung einer Freundin erfuhr ich von einer Frau, die Workshops zu Rückführungen in frühere Leben anbot. Die Leute reisten aus ganz Deutschland an, ich musste nur um die Ecke gehen, um an dem Seminar teilzunehmen. Dann hörte ich von einem englischen Medium, das Seminare für medial Begabte anbot. Nach anfänglichem Zögern – ich wusste ja nicht, ob meine Begabung ausreichte – meldete ich mich auch dort an und bekam überraschenderweise ohne lange Wartezeiten einen Platz angeboten.

Damals zeigte sich mein innerer Führer zum ersten Mal vor meinem geistigen Auge. Und siehe da – mein Ausbilder, das englische Medium, bestätigte sein Aussehen, was mich ungemein beruhigte. So kam eines zum anderen. Die Dinge fügten sich nahtlos ineinander.

Auf diese Weise machte ich meine Erfahrungen mit der geistigen Dimension, die der begrenzte Verstand gar nicht wahrnimmt, weil er nur auf die sichtbare Ebene ausgerichtet ist.

So sprach Hetty zu meiner grenzenlosen Verblüffung ganz selbstverständlich von Reinkarnation. Auf meine Frage, woher sie denn das wüsste – schließlich hatte sie das nicht in der Volksschule gelernt –, antwortete sie mir, das habe ihr innerer Führer ihr gesagt. Besonders Pfarrer hätten große Probleme, das zu glauben, fügte sie hinzu.

Nach allem, was ich bei Hetty und anderen Medien, die ich später »zufällig« kennenlernte, erfahren habe, ist mir klar geworden, dass wir selbst es sind, die das Chaos und die Unordnung in dieser Welt durch unsere negativen Gedanken schaffen. Gedanken und Emotionen sind Schöpferkräfte, die sich irgendwann manifestieren. Wir brauchen also nicht draußen zu suchen, um einen Schuldigen zu finden, der verantwortlich ist für das Desaster dieser Welt, oder gar Gott selbst dafür anzuklagen. Bevor wir dies tun, sollten wir den Blick nach innen wenden, in unser eigenes Herz.

»Die Veränderung beginnt beim Einzelnen, dann breitet sie sich in der Gemeinschaft aus, in der Stadt, im Land und in der Welt«, wie »Die Quelle«, Eileen Caddy, Mitbegründerin von Findhorn, offenbarte.

Die göttliche Kraft, welche die Atome zusammenhält und sich in der gesamten Schöpfung manifestiert, ist nichts anderes als die Liebe. Sie ist die Essenz, welche das ganze Universum durchdringt und am Leben hält. Dies wurde mir immer wieder bewusst bei meinen Besuchen bei der Heilerin. Selbst ein Sigmund Freud, der Gott für eine Projektion hielt, erkannte am Ende seines Lebens, dass die Liebe die stärkste Kraft ist. Und die Liebe ist nichts anderes als eine Spiegelung Gottes.

Hetty hat mir oft erzählt, dass sie ihren inneren Führer zu verschiedenen Patienten gleichzeitig schickt, zur selben Stunde aber heilte sie mit seiner Energie den Menschen, der vor ihr saß. Ich fragte mich, wie oft sich dieser große Prophet (er wollte hier seinen Namen nicht erwähnt haben) wohl teilen kann. Natürlich war mir bekannt, dass sich große Gurus und fortgeschrittene Meister an zwei Orten gleichzeitig aufhalten können. Aber zur selben Zeit an vielen verschiedenen Orten? Hetty erzählte mir dazu, dass ihr innerer Führer ihr einmal erklärt habe, dass sein Bewusstsein allgegenwärtig sei.

Die Physik weiß, dass zum Beispiel die Protonen und Neutronen des Sauerstoffatoms in einer Dur-Tonleiter schwingen, dass die Halme, Blumen und Gräser einer Wiese singen, dass jede Pflanze ihren eigenen Ton hat. Bei der Fotosynthese, der Entstehung von Blattgrün aus Licht und Materie, erklingen Dreiklänge. Hetty hörte die Bäume »schreien«, wenn sie gefällt wurden. Wir bekommen davon nichts mit, aber die Mehrheit von uns besitzt auch nicht ihre Gabe, die Aura eines Menschen oder die Geistwesen zu sehen. Alles im Universum ist Schwingung und ein Lobgesang auf die Schöpfung, wie Hildegard von Bingen wusste. Wird diese Harmonie gestört, entwickeln sich Dissonanzen.

Joachim-Ernst Berendt dokumentierte eindrucksvoll die Klänge wachsender Pflanzen, der Tiefsee, ferner Sterne, von Sonne und Mond. »Das Ohr ist der Weg«, so heißt es in den Upanischaden. Im indischen Tantrismus ist das Auge den unteren Chakren, dem dritten, in dem auch das Ego sitzt, zugeordnet. Inbegriff höchster Augenqualität ist für uns der Blick des Adlers.

Erspähen und zupacken gehen bei ihm bruchlos ineinander über. Nicht umsonst ist der Adler so beliebt als nationales Symbol in Wappen machtbewusster Staaten und Städte. Wie Berendt sagt, beginnt das Primat des Auges in der abendländischen Geschichte, als das rationale, mechanistische und materialistische Denkmodell den Siegeszug antrat bei Descartes, Bacon, Newton und den anderen Begründern des modernen Wissenschaftsdenkens.

Mithilfe der objektiven Wissenschaft bekommen wir nur bruchstückhaft Antworten auf Fragen in Bezug auf Körper und Materie, aber keine, wenn es um den geistigen Bereich geht. Hier ist es die Quantenphysik, die am ehesten in diese Sphären vorzustoßen vermag, wie einige Beispiele eindrucksvoll zeigen. Hans-Peter Dürr drückte diese Erkenntnis in folgendem Gleichnis aus: » Die Grund-Wirklichkeit hat mehr Ähnlichkeit mit dem unfassbaren, lebendigen Geist, als mit der uns geläufigen greifbaren stofflichen Materie.« Werner Heisenberg, sein verehrter Lehrer, sagte einmal: »Der erste Schluck aus dem Becher der Wissenschaft führt zum Atheismus, aber auf dem Grund des Bechers wartet Gott.«

So bleibt auch das eigentliche Geschehen bei der Geistheilung letztendlich für den Betrachter unsichtbar. Aus diesem Grund wird sie auch von der Mehrheit abgelehnt. Die glaubt an Tabletten und Operationen, obgleich sogar die Wissenschaft mittlerweile den Placeboeffekt und damit die »Macht des Glaubens« entdeckt hat. In allen Kulturen hat es Medizinmänner, Schamanen und Geistheiler gegeben – und es gibt sie nach wie vor. Mit Beginn der Industrialisierung und zunehmender Technisierung des Lebens und der Professionalisierung der Heilkunst haben wir das Interesse daran und das Wissen darum verloren.

Lediglich in der Schweiz und in England ist die Zusammenarbeit von Heilern und Ärzten beinahe Alltag. Seit 1985 trägt in England der Nationale Gesundheitsdienst die Kosten für Geistheilung, wenn ein Arzt sie verschreibt. Bei uns dagegen ist die ablehnende Haltung der Schulmedizin gegen Heilpraktiker und Heiler noch gang und gäbe, obgleich mehr Menschen an den Nebenwirkungen von Medikamenten sterben als bei Verkehrsunfällen.

Hetty hatte allerdings auch einige »geheime« Anhänger und Bewunderer unter der Ärzteschaft. Eines Tages fuhr doch tatsächlich ein Kleinbus mit Kardiologen vom Berliner Herzzentrum bei ihr vor. Die Ärzte gaben sich jedoch ihr gegenüber nicht als solche zu erkennen. Sie wollten die Frau in Augenschein nehmen, die eine schwer herzkranke Person hatte heilen können, wozu sie selbst nicht in der Lage gewesen waren. Am Abend – sie übernachteten im Wirtshaus des Ortes – diskutierten sie über das, was sie bei der Heilerin beobachtet hatten. Es war ihnen unverständlich, wie eine ungebildete Frau ohne medizinische Vorkenntnisse ein solches Wunder zustande gebracht haben konnte. Eine aufgeregte Wirtin rief die Heilerin am nächsten Tag an, um ihr zu berichten, was sie gehört und gesehen hatte.

Hetty erzählte mir später schmunzelnd, sie hätte ein »Pfitzerle« – sie suchte angestrengt nach dem richtigen hochdeutschen Ausdruck, fand aber keinen passenden – am Herzen hängen sehen, und dieses »Pfitzerle«, welches die Ärzte nicht erkennen konnten, hätte die Krankheit verursacht. Ich habe sie damals nicht gefragt, wie sie bei der Behandlung vorgegangen war.

Obwohl die Schulmedizin unermüdlich forscht, stößt sie nach wie vor bei unzähligen Leiden an ihre Grenzen. Ein Heer von Ungeheilten verlässt die Arztpraxen, ein Teil von ihnen versucht es dann bei Heilpraktikern oder bei Heilern. Die moderne Schulmedizin möchte die Krankheit so schnell wie möglich eliminieren, während der Geistheiler sie als den Ruf des Herzens versteht, den Kranken auf seine Seelenblindheit hinzuweisen.

Vielleicht ist geistiges Heilen auf rein wissenschaftlicher Ebene nicht zu erklären. Da es aber, wie unzählige Heilerfolge beweisen, funktioniert, muss man von der Existenz einer geistigen Energie ausgehen. Hetty sagte immer: »Nicht ich bin es, die heilt.« Aufgrund dieser Tatsache war sie wohl auch in der Lage, Fernheilungen durchzuführen.

Eine echte Heilerin wie Hetty muss von Neid und Habgier frei und darüber hinaus von selbstloser Menschenliebe erfüllt sein, wobei letztere Eigenschaft wohl die am schwersten zu erwerbende ist. Hetty verkörperte sie. Wie alle bedeutenden Heiler hatte auch sie eine Nahtoderfahrung erlebt. Sie konnte nie einen wirklich Schwerkranken abweisen, was letztendlich ihren eigenen Tod beschleunigte.

Die seit Jahrhunderten übermittelten Techniken und Rituale der Heiler und Schamanen sind je nach Kultur völlig unterschiedlich, aber eines haben sie alle gemeinsam: nämlich als Kanal der göttlichen Energie zu dienen.

Hetty betonte immer wieder, wie wichtig der eigene Glaube und das Vertrauen in das eigentliche Heilgeschehen ist, denn nur so könne der »innere Heiler« des Hilfesuchenden genügend aktiviert werden.

Was nun die Therapiedauer anbelangt, war der Verlauf bei den Patienten völlig unterschiedlich. Manche Schwerkranke, von der Schulmedizin aufgegeben, pilgerten ein bis zwei Jahre zu Hetty, andere fanden bereits nach relativ kurzer Zeit Heilung. Ich kann mich an einen Patienten erinnern, der bereits nach zweistündiger Behandlung völlig wiederhergestellt nach Hause gehen konnte. Dieser Patient, ein Bauer, hatte einen schlimmen Bandscheibenvorfall. Er war der einzige Mann auf dem Hof und seine Arbeitskraft wurde dringend gebraucht. Warum nun gerade er so schnell eine Heilung erfahren durfte, kann ich auch nicht schlüssig beantworten.

Auch Hetty wurde nicht immer mitgeteilt, wer geheilt werden würde oder wie lange ein Patient auf die Genesung warten müsse. Auch der Therapieerfolg war unterschiedlich. Manchen brachte ihre Behandlung auch nur Linderung.

Meiner Meinung nach darf eine Heilung erfolgen, wenn das Karma es erlaubt. Wir alle hören von Zeit zu Zeit von Heilungen, die aus ärztlicher Sicht als medizinisches Wunder bezeichnet werden. Wie sagte doch Bruno Gröning so schön:

Vertraue und glaube,
es hilft, es heilt
die göttliche Kraft.

1

Sie hörte nichts. Sie lief einfach weiter, immerzu weiter. Einmal stolperte sie und fiel der Länge nach hin. Die heiße Sonne brannte auf ihren kräftigen weißen Nacken, auf die bloßen Arme. Die roten Mohnblüten leuchteten im gelben Weizenfeld wie Rubine. Mit letzter Anstrengung keuchte sie die Böschung hinauf. Sie hatte Angst, denn er war hinter ihr her. Der Mann mit dem braunen Pullover. Trotz der sengenden Sonne trug er diesen dicken Pulli, das machte ihr am meisten Angst.

Eine Feder schien ihren linken Nasenflügel zu streifen. Sie versuchte die Hand zu heben, aber der Arm fühlte sich so seltsam schwer an, wie niedergedrückt von einem Gewicht, das auf ihm lastete. Noch bevor sie die Augen aufschlug, wusste sie, dass es ihre Katze war. Sie hatte vergessen, ihr den Quark zu geben, bevor sie zu Bett gegangen war. Diesmal stupste sie die Katze richtiggehend, da hörte sie schließlich das erneute Klingeln. Es war ungeduldig, laut und schrill. Hetty machte schlaftrunken Licht. Ihr klobiger, altmodischer Wecker sagte ihr, dass es auf Mitternacht zuging. Ihr fiel ein, dass sie an diesem Abend früh zu Bett gegangen war, früher als sonst.

Jetzt läutete es wieder, noch herrischer als zuvor. Hetty richtete sich mühsam auf. Ohne lange nachzudenken, schlüpfte sie in ihre Pantoffeln. Unterwegs trat sie auf einen umgeknickten Weihnachtsstern. Der neue Rosenstrauß, in welkem Gelb und müdem Zartrosa gehalten, war von der Anrichte gerutscht. Heute würde sie die restlichen Gestecke fertig machen müssen!

Poldi, eine kräftige Promenadenmischung, schlief zusammengerollt in der rechten Ecke des Sofas. Wie die meiste Zeit hatte er nichts gehört.

Sie lugte durch das schmale Fenster neben der Haustür. Zuerst sah sie nur wirres Haar von erschreckender Schwärze, die Wangen waren blutverschmiert. Der Mann stieß unverständliche Laute aus und schien gebieterisch Einlass zu verlangen. Hetty registrierte, dass das Fenster wieder geputzt werden müsste. Gleichzeitig starrte sie entsetzt auf eine einzelne Schneeflocke, die sich in einem Klumpen geronnenen Blutes festsetzte und, als sie sich auflöste, auch diesen wieder zum Fließen brachte.

Die Geistwesen sagten ihr zwar, der Kerl sei harmlos, sie bräuchte ihn nicht zu fürchten. Er habe lediglich einen Unfall gehabt, raunten sie ihr zu. Aber ihr Traum verfolgte sie noch, auch dieser Mann war schwarzhaarig gewesen, und er wollte etwas von ihr, was nicht rechtens war, sie wusste nur nicht genau, was das war. Entschlossen löschte sie das Licht und tastete sich durch die Dunkelheit in ihr Schlafzimmer zurück. Es läutete noch einmal, dann entfernten sich schwere Schritte.

Hetty atmete auf. Wieder machte sie Licht und gab der Katze, die bereits vor dem Fressnapf hockte, ihren Quark. An Schlaf war jetzt nicht zu denken. Es war kurz nach Mitternacht, die Zeit, in welcher die bösen Geister ausflogen, besonders in Raunächten wie dieser. Sie versprühte hastig etwas Weihwasser und beschloss, gleich noch ein paar Gestecke zu machen.

Nach einer Stunde unentwegter emsiger Arbeit versiegten die Einfälle. Da bat sie geschwind ihre Geistwesen, ihr doch eine geschickte Floristin zu schicken. Daraufhin flogen ihre Finger nur so, suchten mit sicherem Gespür die Blumen für das passende Farben- und Formenspiel. Nach einer weiteren Stunde kam plötzlich ohne Vorwarnung die Müdigkeit. Ein Blick auf den Kalender sagte ihr, dass heute die Thomasnacht war, die längste aller Raunächte. Hetty versuchte, sich an den Traum zu erinnern, auch daran, wie hoch der Weizen gestanden hatte. Nach der Höhe zu schließen, musste es Juni gewesen sein. Also Juni und ein Mann mit braunem Pulli, der sie verfolgte, weil er etwas von ihr wollte. Man würde sehen! Sie würde die Augen offen halten.

Sie seufzte und ging ein zweites Mal zu Bett. Der Hund knurrte kurz im Schlaf, dann herrschte wieder Stille, nur die Penduluhr tickte laut und vernehmlich, bis auch sie einzuschlafen schien.

Alois hatte sich eine neue Hose gekauft. Sie fühlte sich gut an. Der Stoff war aus Tweed, aus elegantem Tweed, wie Sophia mit Nachdruck betont hatte. Sophia, die »Gschtudierte«, erklärte ihm, wie man das Wort aussprach, das war nämlich Englisch. Als Alois sich in dem halb blinden Spiegel in seiner Kammer musterte, war ihm plötzlich ganz feierlich zumute. Richtig vornehm schaute er aus in der neuen Hose. Wie ein leibhaftiger Rechtsanwalt, hatte Sophia gesagt.

Unwillkürlich musste er an Veronika denken. Wenn sie ihn jetzt sähe in der schönen, neuen Hose, was sie wohl dazu sagen würde? Veronika mit dem langen lichtblonden Haar, das selbst der Wind liebte, so zärtlich zauste er es, wenn sie auf dem Feld arbeitete. Veronika mit dem weißen, schlanken Hals und einer Taille, welche seine breiten Hände behutsam umfassten, als wäre sie aus zerbrechlichem Porzellan. Veronika, die Frau, wegen der er selbst die Zeit angehalten hatte, weil ihr Gewicht ihn sonst zermalmt hätte.

Er sah sich wieder auf dem Bett liegen, damals an diesem ersten heißen Junitag vor einem Jahr. Das Bett war frisch bezogen, es roch nach Sommer und frisch gemähtem Gras. Ein paar Fliegen summten hartnäckig an seinem Hals und kitzelten sein rechtes Ohrläppchen. Die Sonne wärmte das schneeweiße Laken. Es erinnerte ihn an Veronikas Brustansatz, als sie, von

dichtem Gebüsch geschützt, zum ersten Mal ihre Bluse auf-
knöpfte. Er beugte sich vor, um ihr behilflich zu sein. Dabei
bemerkte er mit Erstaunen, wie seine rechte Hand zu zittern
begann.

In diesem Augenblick schlug ein Stein gegen sein Kammerfens-
ter, gleichzeitig rief jemand seinen Namen. Alois schrak aus
seinen Träumereien hoch und stürzte ans Fenster. Unten stand
Veronika und gab ihm zu verstehen, er solle herunterkommen.
Warum nur kam sie nicht herauf zu ihm wie sonst? Er schlüpfte
in seine Hose und lief hastig die Stiege hinab. Als er in den Hof
trat, fiel ihm die Sonne um den Hals, nur Veronika nicht. Seine
Veronika stand da, als fürchtete sie seine Nähe. Das Sonnenlicht spielte mit ihrem Lockengekringel und überzog ihr Haar
mit einem gleißenden Schimmer, in dem goldene Sterne übermütig tanzten. Ihre großen grauen Augen blickten ihn ängstlich und zugleich trotzig an. Während sie ein Bein ein wenig
nach vorne verlagerte, gleichsam um mehr Halt zu suchen,
rieb sie mit dem rechten Daumen unaufhörlich die Innen-
fläche ihrer linken Hand. Alois kannte diese Geste. Was sie
dann sagte, hörte er wie aus weiter Ferne. Er sah, wie ihr Mund
Worte formte, die ihn wie tödliche Geschosse trafen. Trotz der
Sonne war ihm kalt.
    Als er wieder auf seinem Bett lag, schaute er mechanisch auf
den Wecker daneben. Er war groß und stabil, die junge Bäuerin hatte ihn ihm zu Weihnachten geschenkt mit der anzüg-
lichen Bemerkung, dass dies der lauteste Wecker sei, der jemals
auf Erden geklingelt habe.
    Plötzlich wusste Alois, was er zu tun hatte. Ein Leben ohne
Veronika war wie ein Himmel ohne Sterne und wie ein Wald
ohne Vögel. Er brauchte nur die Zeit anzuhalten und die Sterne
würden wieder leuchten und die Vögel singen. Da nahm Alois
entschlossen den Wecker in die Hand und schleuderte ihn mit
voller Wucht auf die gegenüberliegende Wand. Der Schrei,
den er dabei ausstieß, ließ das Dorf erstarren. Die Hähne, die

eben noch ihr Kikeriki hinauskrähen wollten, verstummten jäh, selbst die Kirchenuhr hörte auf zu schlagen. Stille breitete sich aus.

Am nächsten Tag war sein vordem schwarzes Haar grau gesprenkelt. Alois blieb für sechs Wochen und sieben Tage im Bett. Sein Haar war weiß, als er aufstand und in die Stadt ging. Als er wiederkam, waren die Haare noch schwärzer als vorher. Mit Hammer und Mörtel presste er den zerbeulten Wecker in die Öffnung in der Wand, die er geschlagen hatte, als er die Zeit angehalten hatte. Sie würde ihm nun nichts mehr anhaben können. Auf dem Foto neben dem Nachttisch lächelte Veronika dazu und ihre goldenen Locken tanzten im Wind.

Als er jetzt breitbeinig vor dem halb blinden Spiegel stand, schaute er sich zum ersten Mal wieder genauer an. Die Zeit schien ihn nun doch überlistet zu haben, denn sie hatte in seinem Gesicht gewütet und ihre Spuren hinterlassen. Um sich abzulenken, heftete er seinen Blick wieder auf die neue Hose. Er brauchte einen Gürtel dazu, stellte er fest. Ihm fiel ein, dass er einen in der passenden Farbe letztes Jahr im Speicherschrank verstaut hatte. Alois konnte nichts wegwerfen, er hing an den Dingen wie an den Menschen mit einer Zähigkeit, wie sie Zecken eigen ist. Das wussten alle im Haus, deshalb hatte man ihm im Speicher einen alten Schrank zur Verfügung gestellt.

Alois öffnete kurz das Fenster. Es hatte zu schneien aufgehört. Vom Wirtshaus drang kein Laut herauf, denn heute war Ruhetag. Die junge Bäuerin war weggefahren und Lukas, ihr Mann, lag sicherlich wie üblich im Bett. Wie lange sollte das wohl noch so weitergehen, dass der Wirt dahinsiechte, mit niemandem sprach, nur im Bett lag und zur Decke starrte? Selbst seine Lieblingsschwester, die Sophia, vermochte ihn nicht aus dieser Erstarrung und Einsamkeit zu reißen, in die er sich gehüllt hatte wie in einem alten, abgeschabten Mantel, der einen strengen Geruch verströmte.

Alois beschloss, auf der Stelle den Gürtel zu suchen. Als er oben im Speicher im Halbdunkel seinen Schrank ausmachen konnte, bemerkte er sofort, dass die zweite Schublade von unten, die, in welcher er Gürtel und Krimskrams aufbewahrte, halb offen stand. Das war merkwürdig. Sein Gefühl sagte ihm, dass etwas nicht stimmte. Statt weiter den Gürtel zu suchen, schaute er sich im Speicher um. Dabei gewahrte er in der linken Ecke unter dem Dachgebälk einen unbestimmten Schatten. Als er sich ihm mit klopfendem Herzen langsam näherte, sah er seinen Gürtel, der am Dachgebälk befestigt war. Lukas, sein Herr, hatte sich erhängt. Von einer seltsamen Ruhe erfasst, ging er automatisch die Treppe hinunter und löschte das Licht. In seiner Kammer setzte er sich an den schmalen, etwas wackligen Tisch und dachte nach.

Die Wirtin war nicht da, aber Agathe, die alte Magd, musste im Haus sein. Alois sprang auf, und in der Eile stieß er den Stuhl um, dann raste er die Treppe ins Erdgeschoss hinunter. Unten war alles still und dunkel, wie ausgestorben. »Agathe«, schrie er und dann, als sich nichts rührte, mit sich überschlagender Stimme: »Agathe!« Ohne groß nachzudenken, rannte er in ihre Kammer, wo er die fast taube Hausmagd mit wirrem Haar aus dem Bett schreckte.

Agathe folgte ihm in die Küche. Nachdem er berichtet hatte, was er oben im Speicher gesehen hatte, sank sie auf ihrem Stuhl in sich zusammen. Sie gab lediglich einen leisen klagenden Laut von sich, wie ein kleines Kätzchen. Das weite farblose Nachthemd schlotterte um ihren mageren Vogelkörper. Ohne ihr Gebiss war ihr Gesicht noch eingefallener als sonst. Ganz langsam legte sie ihre abgearbeiteten Hände nebeneinander auf den Küchentisch. Sie betrachtete sie lange und eingehend. Und dann geschah etwas, was Alois mit Entsetzen erfüllte. Agathe begann heftig zu weinen, die Tränen tropften unaufhörlich auf ihre faltigen Hände, ohne dass sie Anstalten machte, sie abzuwischen.

Alois hatte Agathe noch nie weinen sehen. Nicht, als die alte Bäuerin aus heiterem Himmel von einem Herzinfarkt dahingerafft wurde, und auch nicht, als danach die älteste Tochter Maria im Irrenhaus landete, und schon gar nicht, als der alte Wirt selbst seinem Krebsleiden erlag. Die Magd hatte dies alles mit unerschütterlichem Gleichmut ertragen, sie war so zuverlässig und beständig wie die Jahreszeiten. Jetzt erinnerte sich Alois, wie er einst Agathe dabei beobachtet hatte, wie sie ein Bild von Lukas in jungen Jahren angeschaut hatte mit einem Glanz in den Augen, den er nur bei Liebenden gesehen hatte.

In die Stille hinein schrillte das Telefon. Alois stürzte los, froh um die Ablenkung. Sophia war am Apparat. Nachdem ihr Alois von Lukas' Selbstmord berichtet hatte, befahl sie ihm in ungewohntem Befehlston, sofort ins Dorf am See zu einer gewissen Hetty zu fahren; sie sei die einzige Person, die in diesem Fall vielleicht noch helfen könne.

Alois' Gedanken überschlugen sich, als er sich anschickte, mit dem Motorrad loszufahren. Es hatte sachte zu schneien begonnen, das Dorf lag still und friedlich da wie mit Puderzucker bestäubt, nur in seinem Kopf tobte ein Sturm. Die Zeit, die Zeit, würde er sie noch einmal anhalten können? Was sollte aus ihm werden, wenn der Wirt nicht mehr lebte! Die junge Bäuerin hatte ihn noch nie leiden können; sie würde die paar Felder verpachten und ihn zum Teufel schicken. Alles würde sich ändern in seinem Leben, und die Zeit würde ungehemmt wie eine Flutwelle, die den großen Damm sprengt, auf ihn einstürzen und ihn unter ihren Fluten begraben.

An einer abschüssigen Böschung geriet er ins Schleudern und landete mehr als unsanft im Straßengraben. Ihn aber beherrschte nur der eine Gedanke: Er musste diese Hetty finden, sie musste ihm helfen, sie musste den Wirt wieder lebendig machen und damit der Zeit Einhalt gebieten. Er ließ das Motorrad liegen und rannte los.

Beim Laufen spürte er, wie ihm etwas klebrig Warmes die rechte Wange hinunterlief. Er beachtete es aber nicht weiter, denn er hörte immer wieder Veronikas Stimme wie aus weiter Ferne: »Du bist mir zu alt geworden. Der andere ist jünger.« Er konnte die Stimme einfach nicht abschütteln, obwohl er das Tempo beschleunigte. Veronikas Stimme folgte ihm in die Nacht hinaus bis vor Hettys Tür im Dorf am See. Nur – die Tür der Heilerin öffnete sich nicht.

Sophia hatte den ganzen Abend vergeblich auf den Anruf ihres Bruders gewartet. Sie saß am Schreibtisch mit einem Stapel Korrekturen vor sich und knabberte lustlos Salzstangen. Sie würde wieder einmal eine Nachtschicht einlegen müssen, warum nur hatte sie nicht früher angefangen, immer dasselbe Elend. Einmal hatte das Telefon geklingelt, aber es war nicht Lukas gewesen, sondern ihre Kollegin Christa, mit der sie sich mittlerweile ein wenig angefreundet hatte.

Ihre Gedanken schweiften immer wieder zu ihrem Bruder. Sie sah ihn erneut vor sich als kleinen Buben, der ständig hinfiel und weinte, was wiederum die Mutter ärgerte, weil ein echter Bub ja nicht heulte. Der leichte blonde Flaum, der sein zartes Köpfchen wie Vogelgefieder überzog, wollte nicht so recht wachsen. Seine etwas wässrigen blauen Augen schauten stets eine Spur zu ängstlich in die Welt. Als er in das Alter kam, in dem ein echter Bauernbub unbedingt selbst Traktor fahren will und auf Zäune klettert, schreckte Lukas auch davor zurück. Stattdessen wollte er nachts nach wie vor zu Agathe ins Bett. Die schimpfte nicht wie Mutter, wenn er ungeschickt war, sie streichelte liebevoll seine dünnen Härchen und steckte ihm zum Trost ein Karamellbonbon in den Mund. Selbst sie, Sophia, die nur drei Jahre älter war, hatte ständig das Bedürfnis, ihn schützen zu müssen. Er erschien ihr wie ein zu früh aus dem Nest gefallener Vogel. Der Vogel konnte allerdings auch seine Krallen zeigen, nämlich wenn er sich ungerecht behandelt fühlte. Das vergaß Lukas nie. Diesbezüglich hatte er ein Elefantengedächtnis.

Als er später die Legende von der heiligen Genoveva las, schnäuzte er sich verdächtig oft. Jetzt brauchte er nicht mal hinzufallen, um in Tränen auszubrechen. Das brachte die Mutter auf die glorreiche Idee, dass er einmal Pfarrer werden könne.

Mutter war sehr fromm. Je älter sie wurde, desto frommer wurde sie – nicht umsonst hieß der »Alte Wirt« bei den Jungen im Dorf der »Fromme Wirt«. Sie war aber nicht nur fromm, sie war auch tüchtig. Sie war die Erste, die in der Frühe aufstand, und die Letzte, die zu Bett ging, weil sie es meist nicht übers Herz brachte, die paar Saufbrüder, die partout nicht nach Hause wollten zu ihren zeternden Weibern, hinauszuwerfen. Keine im Dorf machte einen Schweinebraten wie sie, das gab jede Bäuerin neidvoll zu. Entweder stand sie am Herd, um Gäste zu bekochen, oder sie schenkte ein in der Gaststube. Wenn diese Dienste nicht verlangt wurden, dann butterte sie in der Speisekammer oder flickte Socken und Joppen.

Als Sophia aufs Gymnasium kam – der Lehrer hatte lange genug auf die Mutter eingeredet, bis sie widerwillig zustimmte –, wollte der kleine Bruder am liebsten gleich mit. Mutter tröstete ihn damit, dass er es einmal noch besser haben würde als Sophia, denn er würde eines Tages sogar Pfarrer werden. Das freute den kleinen Lukas, weil er doch so gern Heiligengeschichten las.

Drei Jahre später, an einem strahlenden Septembertag, machte er sich auf den Weg nach Passau. Dort sollte er in einem Internet früh auf seine zukünftige Laufbahn vorbereitet werden. Selbst Alois hatte seine Arbeit unterbrochen, um ihm feierlich Adieu zu sagen. In dem Augenblick lief Lukas die schwarze Nachbarskatze über den Weg. Mutter bekreuzigte sich daraufhin hastig.

Sophia vermisste ihren kleinen Bruder sehr. Ihre zwei älteren Schwestern waren da ein schwacher Ersatz. Waltraud war ihr irgendwie fremd, sie interessierte sich nicht für Bücher, nur für

Landwirtschaft, und die älteste, Maria, ein herrschsüchtiges Wesen, war ihr noch fremder.

Der kleine Lukas durfte jetzt nur am Wochenende nach Hause. Er weinte jedes Mal herzzerreißend, wenn er wieder zum Bahnhof musste. Er klammerte sich dann abwechselnd an Agathe oder seine Schwester Sophia. Er begriff aber bald, dass das alles nichts half. Im Zug schluchzte er noch eine Weile vor sich hin, bis er sich schließlich gottergeben eine Leberkässemmel aus seinem Beutel holte, die er dann mit zunehmendem Genuss verspeiste. Meist hatte ihn Agathe noch Karamellbonbons eingesteckt, das versüßte ihm den Abschiedsschmerz ein wenig.

Später, wenn er sonntags neben Alois in der Kirche saß – Vater war zu diesem Zeitpunkt schon tot –, berauschten ihn der Duft von Weihrauch, die goldgleißenden Gewänder des Pfarrers und brausende Orgelmusik. Er sah sich selbst im Geiste auf der Kanzel stehen und flammende Predigten halten, während die Dörfler gläubig zu ihm aufblickten. Man musste nur aufpassen, dass man mit den weiten, wallenden Gewändern auf den Altarstufen nicht stolperte.

Sophia erinnerte sich noch gut daran, wie verändert er ihr in den Osterferien nach seinem dreizehnten Geburtstag erschien. Eine kleine Ewigkeit stand er am Küchenfenster und starrte auf den Apfelbaum davor, ohne aber die rötlich weißen Knospen wirklich zu sehen. Unaufhörlich biss er sich auf die Lippen, sodass ihm kleine blutige Fetzen herunterhingen, die er dann gierig kaute. Auf ihre bohrenden Fragen antwortete er nicht. Weder die Schwestern noch die Mutter schienen diese neue Unruhe zu bemerken.

Erst nach dem plötzlichen Zusammenbruch, etwa zehn Jahre später, kurz vor seinem Examen – damals hatte er bereits mit dem Gedanken gespielt, den Priesterberuf nicht auszuüben –, vertraute er sein Geheimnis seiner Lieblingsschwester Sophia an.

Seit Wochen saß er zu Hause untätig in seinem Zimmer. Auf dem Tisch stapelten sich die Bücher, mit deren Inhalt er sich vertraut machen sollte. Aber wenn er sie aufschlug, vollführten die Buchstaben auf dem weißen Papier einen seltsamen Tanz. Dann saß er da, seine blassblauen Augen starrten ins Leere, und nach einer Weile legte er sich wieder ins Bett und drehte sich mit dem Gesicht zur Wand.

Anfangs versuchte seine Mutter, ihm gut zuzureden, in der Art, wie sie es getan hatte, als er noch ihr kleiner Bub war. Aber er schaute einfach durch sie hindurch, gerade so, als wäre sie gar nicht vorhanden. Als sie Agathe holte, richtete er sich kurz im Bett auf und beantwortete sogar eine ihrer Fragen, wenn auch recht einsilbig. Dann versank er wieder in sein Schweigen, das ihn wie eine undurchdringliche Mauer umgab.

Seine älteste Schwester Maria beachtete er nicht weiter. Selbst seine weit entfernt wohnende Schwester Waltraud kam extra zu Besuch, obwohl Erntezeit war. Sie hatte ihre beiden kleinen Kinder bei sich, die Lukas anstarrten, als wäre er nicht von dieser Welt. Waltraud redete unaufhörlich auf ihn ein, sie sagte etwas von Zusammenreißen, davon, sich nicht gehen lassen zu dürfen. Im Laufe des Nachmittags bildeten sich auf ihren rosigen Wangen hektische rote Flecken, die Stimme wurde deutlich schriller, immer häufiger zupfte sie an ihrem linken Ohrläppchen. Als die Kirchenuhr schließlich fünf Uhr schlug, murmelte sie etwas von Nachtessenrichten für ihren Mann, der bestimmt schon vom Feld daheim war und auf sie wartete. Die Kinder quengelten.

An der Tür prallte sie mit Sophia zusammen. »Was für ein schönes Dirndl du hast, wo hast denn das gekauft?«, rief ihre Schwester. Waltraud lächelte erfreut. »In einem Fachgeschäft in München.« Plötzlich schien ihr noch etwas einzufallen. Sie drehte sich um und sagte zu Lukas gewandt: »Warum gehst du denn nicht zu Hetty, dieser Heilerin. Meine Nachbarin hat sie von ihrem chronischen Asthma erlöst, ich hätte das nie geglaubt, wenn ich es nicht mit meinen eigenen Augen gesehen hätte. Die braucht jetzt kein Kortison mehr. Und ihrem Mann, der unter tausenderlei Ängsten litt, dem hat sie auch geholfen.«

Lukas erwiderte daraufhin nichts. Er drehte sich schnell zur Wand. Nur Sophia horchte auf und zog die Stirn kraus. Sie war schon immer der Meinung gewesen, dass man in ausweglosen Situationen nichts unversucht lassen sollte. Warum sollte Lukas es nicht mit einer Heilerin probieren?

Die Mutter war dagegen. Automatisch fasste sie sich mit der rechten Hand an den Haarknoten. Das tat sie immer, wenn sie unsicher war. Sie müsste da erst in der Bibel nachlesen, ob so etwas erlaubt sei. Lukas war weiterhin desinteressiert und starrte die Wand an, als würde er dort die Lösung finden. Aber Sophia ließ nicht locker. Da erklärten sich beide widerwillig einverstanden, nachdem sie, Sophia, versprochen hatte, ihn zu begleiten und die Augen offen zu halten, ob diese Hetty auch eine echte Heilerin wäre und nicht nur eine selbsternannte.

Als Lukas das Zimmer betrat, sah Hetty mit einem Blick, in welch elender Verfassung er war. Ihr innerer Führer sagte ihr, dass er sexuell missbraucht worden sei. Hetty nickte ihm aufmunternd zu, Lukas nahm es eher reserviert zur Kenntnis, während Sophia höchst interessiert in die Runde blickte. Hetty fand Gefallen an Lukas' Schwester, nicht nur, weil sie hübsch und gut gewachsen war, sondern weil sie einen aufrichtigen Charakter hatte, wie sie auf einen Blick sah.

Die Heilerin thronte wie eine ehrfurchtgebietende Magna Mater von beeindruckender Leibesfülle inmitten ihrer Schützlinge und Hilfesuchenden. Vor ihr saß ein schmächtiger junger Mann, der folgsam die Brille ablegte, als sie ihn darum bat. Er legte seine rechte Hand in ihre beiden Hände. Nachdem sie diese kräftig durchgewalkt hatte, wie es Sophia schien, nahm sie seine Linke. Dann geschah das Gleiche mit den Füßen, die er nacheinander auf einen Schemel vor der Heilerin legte.

»Der Durchfall ist schon sehr viel besser geworden«, sagte er strahlend am Ende der Behandlung, als er aufstand. »Ich habe in den letzten vier Wochen schon vier Pfund zugenommen.«

»Du wirst noch mehr zunehmen«, meinte sie trocken und legte ihm noch kurz die Hände auf den Bauch.

»Morbus Crohn«, erklärte Hetty einer neben ihr sitzenden Frau, die sie fragend angeschaut hatte, nachdem der junge Mann den Raum verlassen hatte. »Er wird gesund werden.«

Als Lukas an die Reihe kam, war der Raum so voll, dass die neu Hinzugekommenen stehen mussten. Nachdem sie Lukas fertigtherapiert hatte, fragte er sie, was er ihr denn schuldig sei.

»Gib mir, was dir, äh, was Ihnen das wert ist«, antwortete sie gleichmütig mit einer kurzen Handbewegung in Richtung des grauen Holzfässchens. »Und nach dem ersten Mal nicht selbst Auto fahren. Lass dich von deiner Schwester fahren.«

Lukas fühlte sich leicht benommen auf dem Weg zum Auto.

»Woher weiß sie denn, dass ich deine Schwester bin?«, fragte Sophia in die Stille hinein. Als keine Antwort kam, meinte sie leicht verwirrt: »Sie muss hellsichtig sein, so was gibt es, anders kann ich mir das nicht erklären.«

»Ich kann mir nicht vorstellen, dass sie mir helfen kann.«

Sophia erwiderte nichts darauf, sondern ließ entschlossen den Anlasser an. Lukas saß stumm neben ihr, in der Dämmerung glitt die bayerische Landschaft mit ihren weichen Hügeln und grünsaftigen Wiesen an ihnen vorbei. »Das werden wir dann schon sehen«, meinte sie schließlich gereizt. »Lass dich in Gottes Namen erst mal drauf ein.« Nach einer Weile hakte sie nach: »Was hast du denn gespürt während der Therapie?«

Lukas runzelte kurz die Stirn: »So etwas wie ein Kribbeln, würde ich sagen.«

Lukas fuhr jetzt drei Mal pro Woche zu dieser Hetty, weil er es seiner Schwester versprochen hatte. Ansonsten lag er nach wie vor teilnahmslos im Bett. Sophia begleitete ihn hin und wieder, weil sie das Ganze interessierte.

Einmal kamen sie erst spät abends zu Hetty. Diese war gerade damit beschäftigt, per Telefon Karten zu legen, als eine junge Frau hereinstürzte und schrie: »Hetty, der Vater stirbt, der Vater stirbt, hilf mir doch!«

Hetty legte den Telefonhörer beiseite, schaute die aufgelöste junge Frau eindringlich an und sagte dann in aller Ruhe in ihrem allgäuischen Dialekt: »Der stirbt net, der wird leben.«

Die Frau setzte sich für einen Augenblick, sie wurde noch von ein paar Schluchzern geschüttelt, dann stand sie auf, bedankte sich und ging erleichtert von dannen.

»Er stirbt erst in einem Jahr«, sagte sie mehr zu sich selbst, als die Tür ins Schloss fiel. Dann nahm sie wieder den Hörer auf und vertiefte sich erneut in ihre Karten. Die paar Leute im Raum saßen still da. Anschließend tätschelte sie gedankenverloren den neben ihr liegenden Poldi, der erfreut mit dem Schwanz wedelte. Schwerfällig stand sie auf und gab ihrer Katze den Quark, bevor sie wieder ihren Platz einnahm.

In dem Augenblick, als sie Lukas mit einer Handbewegung zu sich bat, schrillte noch einmal das Telefon. »Ach, du bist es«, sagte sie, »heute bist du aber früh dran, macht nichts«, fuhr sie mit einem Seitenblick auf Lukas fort, »ich geb dir trotzdem die Therapie.« Nach etwa acht Minuten legte sie wieder auf.

»Krebs im Endstadium«, erklärte sie. »Ich kann sie nicht mehr gesund machen, aber ihr wenigstens die Schmerzen für die Nacht nehmen. Sie kann dann schlafen. Gestern ist es spät geworden«, seufzte sie dann, »um Mitternacht sind die letzten gegangen. Dafür wird es heute ruhiger werden, haben sie mir gesagt.« Dabei warf sie einen verstohlenen Blick auf die Uhr.

Bevor sie Lukas' Hand nahm, schaute sie ihn prüfend an. »Das macht dir ein bisschen Angst, was du hier erlebst, hab ich recht?« Sie lächelte verschmitzt. Lukas wirkte leicht verlegen. Er murmelte etwas Unverständliches.

»Du würdest schneller gesund werden, wenn du selbst daran glauben würdest. Der Glaube versetzt bekanntlich Berge.«

Lukas antwortete nicht.

Er hatte bereits die Hand auf der Türklinke, da rief ihm Hetty hinterher: »Du warst schon einmal Priester in einem früheren Leben.«

Zu Hause berichtete Sophia aufgeregt der Mutter – sie saß noch mit ihrem Strickzeug in der Küche –, was sie bei der Heilerin erlebt hatten.

»Was soll das mit dem früheren Leben? Davon steht nichts in der Bibel. Das kann nicht sein.« Die Wirtin legte das Strickzeug beiseite und strich sich eine widerspenstige graue Strähne aus dem Gesicht. »Und das Wahrsagen verurteilt die Bibel auch.« Sie schüttelte missbilligend den Kopf. »Bisher geht es Lukas auch noch nicht besser. Wir gehen jetzt alle ins Bett. Morgen ist auch noch ein Tag.«

Im Bett begannen Lukas' Gedanken zu wandern. Der Fensterladen klapperte im Wind. Irgendwo bellte ein Hund. Nebenan hörte er seine Schwester Maria rumoren. Die Tabletten hatten ihm auch nicht geholfen, sie machten ihn nur müde. Er war also schon einmal Priester gewesen. Nun, in diesem Leben würde er das bestimmt nicht mehr werden. Dessen war er sich mittlerweile ganz sicher.

Es war sein Lieblingslehrer gewesen, ein Priester, den er sehr verehrte. Eines Tages rief der ihn zu sich auf sein Zimmer. Es war der Tag vor seinem dreizehnten Geburtstag. Zu Hause hatte der Apfelbaum vorm Küchenfenster bereits Knospen angesetzt. Daran konnte er sich erinnern. An diese Freude beim Betrachten des Apfelbaumes. Aber er wusste nicht mehr, warum der Priester ihn zu sich gerufen hatte. Er hörte wieder das plötzliche, schwere, stoßweise Atmen. Lukas dachte zuerst, das käme vom überheizten Zimmer, denn das Gesicht des Lehrers färbte sich rot dabei. Im nächsten Augenblick öffnete der Priester seinen Hosenlatz und holte das heraus, was er bei erwachsenen Männern noch nie gesehen hatte. Lukas staunte über die Größe dieses Dings, da nestelte der Pfarrer schon an seinem eigenen Hosentürl. Lukas spürte in rhythmischer Folge Wellen auf sich zurollen, aber bevor er schreien konnte, verschlang ihn eine riesige Woge. Als sie ihn ausspuckte, wusste er, dass dies nie hätte geschehen dürfen. Scham und Ekel überfluteten ihn, trotzdem sollten ihn diese Wogen immer wieder einholen, so lange, bis der Priester von einem Tag auf den anderen versetzt wurde.

Seine Noten wurden schlechter; die anderen Lehrer tadelten ihn, weil er beim Unterricht nicht mehr den gleichen Eifer an den Tag legte wie früher. Beim Fußballspiel traktierte er den Ball so lange, bis die Luft pfeifend entwich.

Die Mutter zu Hause merkte nichts, nicht einmal seine geliebte Agathe, nur seine Schwester Sophia, die konnte er nicht täuschen. Warum hatte Gott dies zugelassen?

Die Mutter fand keinen Schlaf in dieser Nacht. Es sah nicht so aus, als würde Lukas rechtzeitig gesund werden bis zu seiner Prüfung. Sie würde also keinen Fürsprecher haben im Himmel, wenn sie eines Tages an die Pforte klopfen würde. Womöglich war sie zur ewigen Verdammnis verurteilt.

Sie fühlte wieder das Entsetzen, als man ihr die Zwillingsmädchen, Sophia und Sieglinde, eine rechts, die andere links, an ihre Seite bettete. Zwillinge, das hatte gerade noch gefehlt; sie würde keinen Arm mehr frei haben zum Arbeiten. Das Wirtshaus war verschuldet und sie musste arbeiten bis zum Umfallen. Sie würde die Mädchen ins Kinderheim bringen müssen; was hätte sie auch anderes tun sollen. Die dreizehnjährige, rebellische Maria war noch keine große Hilfe, ganz zu schweigen von der siebenjährigen Waltraud. Damals hatte sie doch nicht wissen können, dass sie Sieglinde tot aus dem Kinderheim holen würde. Sieglinde mit dem starren weißen Gesichtchen. Wie ernst und still sie dalag. Ihre Verzweiflung und Schuldgefühle erdrückten sie, obwohl sie sofort die Zwillingsschwester zu sich holte.

Damals hatte sie angefangen, regelmäßig zu beten. Als feststand, dass Lukas Pfarrer werden würde, und Maria, die Älteste, sich bereit erklärt hatte, das Wirtshaus zu übernehmen, war ihr zum ersten Mal leichter ums Herz. Und das, obwohl sie mittlerweile ohne Ehemann dastand.

Und jetzt, jetzt lag wieder der zentnerschwere Felsblock auf ihrer Brust. Die Dörfler tuschelten schon hinter ihrem Rücken. Erst gestern hatte sie die Kramer Marie beobachtet, wie sie sich zusammen mit der Binder Erna das Maul zerriss, sodass die sie gar nicht wahrnahmen, als sie an ihnen vorbeiging. Sie hörte nur Wortfetzen wie: liegt nur im Bett, arbeitet nicht, lernt nicht. Eine Schande, eine einzige Schande! Nie durften die erfahren, dass er jetzt zu einer Heilerin ging.

Als heute Abend die Kirchenglocke zur Maiandacht rief und sie fertig zum Kirchgang die Treppe hinunterging, war ihr Maria entgegengekommen. Die grelle Treppenbeleuchtung zeigte kein Erbarmen mit ihrer spitzen Nase und den etwas zu tief liegenden dunklen Augen, die sich aus lauter Enttäuschung über die Welt immer weiter in ihre Höhlen zurückzuziehen schienen. Das braune, krause Haar trug sie streng zurückgekämmt und ließ sie älter als ihre 39 Jahre erscheinen.

Sie war am Treppenabsatz stehen geblieben, um nach kurzem Zögern Maria zu bitten, ob sie nicht die nächsten Tage Lukas das Essen aufs Zimmer bringen könne, falls er sich nicht in der Lage fühlen sollte, es in der Küche einzunehmen. Maria hatte nur wortlos genickt, nicht ohne ihr einen giftigen Blick zuzuwerfen. »Hat die Heilerin noch immer nicht geholfen?«, schleuderte sie ihr noch nach, als die Mutter schon auf dem Weg in die Küche war, um aus der Schublade das abgeschabte Gebetbuch zu holen.

Maria war nicht in die Maiandacht gegangen. Heute war Ruhetag, da hatte sie sich lieber mit Bruno getroffen. Jetzt, nach ihrer Rückkehr, sickerte Licht durch den Spalt der Zimmertür ihres Bruders. Er war also zurück von der Heilerin.

Sie war im Halbdunkel kurz stehen geblieben, um an seiner Tür zu horchen, aber drinnen rührte sich nichts, alles blieb still. Der alte Bretterboden knarzte ein wenig, als sie sich davonschlich auf ihr Zimmer nebenan. Sie warf die Tür eine Spur zu laut ins Schloss, bevor sie sich an ihrem Kleiderschrank zu schaffen machte.

Wie lange würde sie sich eigentlich noch um den kleinen Bruder kümmern müssen? Als ob es nicht gereicht hatte, dass sie als knapp Sechzehnjährige ihn zusammen mit der Mutter, die nach seiner Geburt monatelang kränkelte, pflegen musste.

Mein Gott, was war das für ein lausiges Leben gewesen. Gleich nach der Schule, kaum hatte sie hastig das Mittagessen hinuntergeschlungen, das Agathe recht und schlecht gekocht hatte, musste sie nach ihrer Mutter und dem ewig quengelnden Bruder schauen. Mutter weinte viel damals. Sie weinte entweder vor Schmerzen oder aber, weil es ihr in der Seele wehtat, nur nutzlos herumzuliegen, wo doch Berge von Wäsche auf sie warteten und die Gäste im Wirtshaus bedient werden wollten.

Wenn die kleine Sophia an ihr Bett kam, wurde aus dem Weinen oft ein verzweifeltes Schluchzen. Mutter murmelte dann etwas von Strafe Gottes. Agathe schien zu wissen, was sie damit meinte, aber ihr, Maria, ging das alles nur auf die Nerven. Bedeutete es doch drei zusätzliche »Vaterunser« beim gemeinsamen Abendgebet.

Aber Maria wollte nicht dauernd beten und die stinkigen Windeln ihres Bruders wechseln. Sie war jung, sie wollte samstagabends tanzen gehen und den Abend darauf mit ihrer Freundin ins Kino in der nächsten Kreisstadt. Erst gestern hatte ihr ein Bursche in der Gaststube hinterhergerufen, woher das denn wohl käme, dass sie nach Scheiße roch. Mit hochrotem Kopf war sie aus der Gaststube gelaufen, und als sie wenig später der Mutter das Glas Wasser mit den Tabletten hinhielt, rutschte ihr das Glas aus der Hand und sie musste die durchnässte Bettwäsche wechseln. Aus der Wirtsstube unten tönte Gelächter bis ins Krankenzimmer. Wieso bekamen Frauen so viele Kinder, wenn sie dann doch nur heulten und krank wurden? Sie selbst würde das alles einmal anders machen, das schwor sie sich jedes Mal, wenn ihr kleiner Bruder mit seinem Geplärre sie des Nachts aus dem Bett holte. Manchmal ließ der Schlaf dann auf sich warten und sie horchte auf die Schlagerfetzen, die aus der Wirtsstube zu ihr hinaufwehten. Dort unten fand das Leben statt.

Und jetzt war es wieder so weit. Lukas lag ein Zimmer weiter in seinem Bett, so nichtsnutzig wie damals als Säugling. Sein ganzer Verstand, sein ganzes Wissen, selbst die Beherrschung einer so schweren Sprache wie Latein half ihm jetzt nichts. »Wissen ist Macht«, hatte ihr verstorbener Vater bei jeder passenden und unpassenden Gelegenheit gesagt. Und jetzt war Lukas genauso ohnmächtig wie damals als Baby.

Am Wochenende würde sie mit Bruno in einen aufregenden Film gehen, mit Abenteuern in fernen Ländern, einen James-Bond-Film. Sie hatte das Filmplakat gesehen, als sie das letzte Mal in der Stadt war. Der Hauptdarsteller war ein Mann, mit dem sie lieber ins Kino gegangen wäre als mit Bruno. Wenn er sie allerdings nachher geküsst hätte, hätte sie sich garantiert geniert mit dem Bauch, der sich neuerdings in dem engen grauen Rock abzeichnete, und wahrscheinlich hätte er sich beim Küssen in den Klammern ihrer Halbprothese verhakt. Bei Bruno gab es diese Probleme nicht, er hatte selbst einen dicken Bierbauch und einen blinkenden Goldzahn, der ihn auch nicht schöner machte.

Dieser James Bond wäre natürlich sehr viel mutiger als ihr tapsiger Bruno. Der würde seiner Mutter einheizen, dass es nur so rauchte, der würde sich nichts sagen lassen von der, im Gegenteil, er würde alles daransetzen, um sobald wie möglich sie, Maria, vor den Traualtar führen zu können. Niemals würde der seiner Mutter versprechen, den Hof so lange zu bewirtschaften, bis die Mutter starb. Aber so, wie die Dinge lagen, war sie dazu verdammt, dieses gschlamperte Verhältnis fortzusetzen, bis die alte Hexe das Zeitliche segnete. Dabei war sie doch keine schlechte Partie, immerhin würde sie das Wirtshaus erben.

Sie schaute sich aufmerksam im Spiegel an und zupfte ungeduldig ein paar graue Fäden aus ihrem braunen Haargespinst. In letzter Zeit war ihr aufgefallen, dass Brunos Mutter eine Spur buckliger ging als früher und vergesslicher war denn je. Sie musste allerdings vorsichtig sein, diese Beobachtungen Bruno gegenüber zu äußern. Er würde ihr sofort entgegenhalten, dass sie eine böse Frau sei, da sie auch an ihrer eigenen Mutter kein gutes Haar ließe. Maria seufzte, als sie den grauen Rock wieder in den Schrank hing. Irgendwo hatte er ja recht, sie wusste selbst nicht, warum sie an ihrer alten Mutter so viel herumnörgeln musste. Aber eines Tages würde sie dies alles gutmachen, nämlich dann, wenn ihre eigene Mutter bettlägerig wäre, dann, ja dann würde sie diese hingebungsvoll pflegen und damit für alle ihre Sünden ihr gegenüber büßen.

Bald darauf war Maria fest eingeschlafen, obwohl die Fensterläden klapperten. Ihr letzter Gedanke war, dass sie Alois den Auftrag geben müsse, sich darum zu kümmern.

Noch bevor Sophia Hettys Wohnstube betrat, nahm sie die Ausdünstungen eines scharfen Krankengeruchs wahr. Warum nur war ihr das früher nicht aufgefallen? Als Lukas die Tür öffnete, knurrte Poldi kurz, immerhin kläffte er nicht mehr; er kannte ihn ja nun.

Hetty strich dem Hund liebevoll über den Kopf. »Er hat Ohrenschmerzen«, sagte sie, »heute Abend kriegt er noch eine Therapie von mir.«

Auf dem Boden lag auf einer Luftmatratze ein Jugendlicher. Sein Körper machte die unglaublichsten Verrenkungen. Daneben saß eine alte Frau auf einem Stuhl, während ihre ausgemergelten Beine scheinbar mühelos durch die Luft wirbelten. Lukas und Sophia blieben wie angewurzelt stehen.

»Ach«, sagte Hetty in ihrem gutturalen Dialekt, »ihr habt wohl bisher nur eine stille Therapie gesehen. Jetzt sind die Geistwesen, meine Helfer, in ihren Körpern drinnen, eine stille Therapie fruchtet da nicht mehr.«

In der hintersten Sofaecke türmten sich künstliche Rosen, Sonnenblumen, Margeriten und Malven. Hetty schob die Ansammlung mit einer raumgreifenden Bewegung weiter in die Ecke, um für die Geschwister Platz zu machen.

»Ich leg keinen großen Wert auf einen Blumenstrauß«, fuhr sie fort. »Die tun mir leid, wie sie so traurig ihre Köpfe hängen lassen, weil sie sterben müssen. Ein Baum, der gefällt wird, schreit richtig. Ich hör seinen Schrei«, fügte sie hinzu.

Neben Lukas saß ein altes Männchen. Von Zeit zu Zeit schielte er ängstlich zu den »Besessenen«.

»Hast Angst, gell.« Hetty lachte dröhnend.

»Na ja, im Krieg hab ich Schlimmeres gesehen.«

Hetty lachte wieder. »Aber es war nicht das, was du jetzt siehst. Gestern war eine da, die erblindete mehr oder minder durch unsachgemäßes Lasern. Wer, glaubt ihr, wer in sie hineinfuhr? Eben der gleiche Arzt, durch den sie ihr Augenlicht verloren hat. Sie hat es mir nicht geglaubt. Sie rief in der Klinik in Augsburg an, wo man sie gelasert hat. Dort hat man ihr bestätigt, dass ihr Arzt vor drei Monaten verstorben ist. Na ja, jetzt kann er es wiedergutmachen. Sofern es noch geht.«

Der Raum war mittlerweile brechend voll. Da ging die Tür auf und eine resolute Matrone im Lodenmantel kam mit einer ausladenden schwarzen Tasche in der rechten Hand hereinspaziert. Nach einer eingehenden Musterung der Patientenzahl verkündete sie mit schriller Stimme, dass sie ein andermal wiederkomme. Als hinter ihr die Tür ins Schloss fiel, seufzte Hetty: »Schade, dass die nicht geblieben ist. Ihre Weißwürst hätten mir heut Abend geschmeckt.«

»Was für Weißwürst?«, fragte Sophia neugierig.

»Na die, welche sie in der Tasche gehabt hat. Ich seh das doch«, klärte Hetty sie auf.

Als Sophia und Lukas zwei Stunden später auf der Heimfahrt im Auto saßen, waren beide wortkarg. Beide waren damit beschäftigt, das, was sie eben erlebt hatten, zu verdauen.

»Das, was Hetty über die Bäume sagt, dass sie schreien, wenn sie gefällt werden, das schreibt der Galsan Tschinang, ein Schamane, auch«, sinnierte Sophia.

»Also ich hör sie nicht«, erwiderte Lukas gereizt.

»Red nicht so dumm daher«, wies ihn Sophia zurecht. »Erinnerst du dich, einmal hat sie gesagt, Nächstenliebe heißt, dass man nicht nur sich selbst und seinen Nächsten liebt, sondern auch die ganze Natur, die Bäume, die Sträucher, die Tiere usw., eben alles, was uns umgibt.« Sie schwieg ein Weilchen, dann fuhr sie fort: »Und diese Geister-Verrenkungen! Unglaublich, was es nicht alles gibt. Ich muss meiner Kollegin Christa von ihr erzählen, die hat eine chronische Stirnhöhleneiterung, außerdem interessiert sie sich für solche Dinge.«

Zu Hause saß die magere Irmgard, eine Kusine und angehende Psychologin, die Sophia nicht sonderlich leiden konnte, neben ihrer alten Mutter in der Küche auf dem Kanapee. Maria bediente in der Wirtsstube. Sophia war so erfüllt von den Dingen, die sie eben bei Hetty erfahren hatte, dass sie, obgleich sie es gar nicht wollte, sofort losssprudelte.

»Geistwesen sind in deren Körper hineingefahren? Dass ich nicht lache. Sie hat sie hypnotisiert. Wenn sie Stimmen hört, ist sie vielleicht eine multiple Persönlichkeit, wer weiß. Immerhin ist Lukas immer noch nicht gesund. Du weißt ja, was ich denke, Lukas. Du brauchst eine ordentliche Psychotherapie, das ist alles.«

»Denken kann ich selber«, war Lukas' lakonische Antwort.

»Eine Psychotherapie hat's früher auch nicht gegeben«, ereiferte sich die Mutter. »Und Heiler auch nicht«, setzte sie mit Nachdruck hinzu.

»Langsam, langsam«, widersprach ihr da die Tochter, »dein Jesus war schließlich auch Heiler.« Mit einem Blick auf die Uhr erhob sich Sophia. »Ich muss noch korrigieren heute, ich bin schon wieder in Verzug«, fügte sie entschuldigend hinzu. »Ich muss fahren.«

Die Tür zur Wirtsstube ging auf und Marias Gestalt erschien im Türrahmen. Gleichzeitig drangen Gelächter, undeutliches Gemurmel und Schlagerfetzen gemischt mit Bierdunst in das unangenehme Schweigen. So viel Leben auf einmal schien zu viel für Lukas. Er stand unvermittelt auf und ging.

Seit drei Wochen kam Lukas regelmäßig zum Essen in die Küche. Seine Mutter und die alte Agathe atmeten auf. Trotzdem schielten sie zur Essenszeit jedes Mal wieder ängstlich zur Tür, um erleichtert den Tisch fertig zu decken, wenn sie seine Schritte hörten.

Nach dreimonatiger Behandlung bei Hetty informierte Lukas seine Mutter, dass er in München Deutsch und Geschichte für das Lehramt studieren würde. Die Mutter widersprach nicht, sie war froh, dass er wieder gesund zu sein schien. Ihre Gebete waren also doch erhört worden.

Lukas selbst war sich nicht sicher, ob es wirklich Hetty war, die ihn gesund gemacht hatte. Die Panikattacken und Einsamkeitsgefühle waren verschwunden, geblieben war eine unstillbare Sehnsucht nach Geborgenheit. Er beschloss, seine Vorlesungen so zu legen, dass er hin- und herpendeln konnte. In seinem Elternhaus fühlte er sich sicher und behütet. Wenn er abends in seinem Bett lag, beruhigte es ihn, zu wissen, dass die Mutter nur ein paar Türen entfernt schlief. Und wenn er Marias vertraute Schritte nebenan hörte, vermittelte ihm dies das Gefühl, nicht allein zu sein. Nur das zählte im Augenblick. Die vielen Geräusche des Hauses, Agathes leicht schlurfender Gang, wenn sie in der Früh aufstand, oder das unvermeidliche Türenschlagen von Alois, selbst das gedämpfte Geschrei in der Wirtsstube, das zu ihm heraufdrang, hüllte ihn ein in eine Art schützenden Kokon.

Als sich eines Nachts zum ersten Mal sein Geschlecht wieder regte, wusste er, dass er wieder eingebettet war in den Strom des Lebens. In den Vorlesungen setzte er sich bewusst neben hübsche Mädchen. Er sog gierig ihren Duft ein und konnte in Entzücken fallen über einen schlanken weißen Nacken, an dem sich zarte blonde Haare kringelten.

An dem Tag, an dem die Nachbarskatze fünf Junge geworfen hatte, gelang es Lukas, eine rothaarige, sommersprossige Germanistikstudentin, die er mit seinen Kenntnissen über Augustin beeindruckt hatte, dorthin zu lotsen, wo er sie haben wollte. Als er aber in ihr weiches weißes Fleisch eindrang und er bereits den Rhythmus der heranrollenden Wellen spürte, wartete er vergeblich darauf, dass die Brandung über ihn zusammenschlug und ihn mit sich fortriss.

Das Mädchen lag stumm und unglücklich neben ihm, nur die Nachmittagssonne brachte ihr kupfernes Haar zum Lodern. Lukas murmelte etwas von »indisponiert sein«, und als er sich hastig anzog, streifte er sogar die Unterhose verkehrt über.

Die Suche nach Gott hatte er aufgegeben. Er musste flüchtig daran denken, dass diese Hetty ihm einmal gesagt hatte, dass er in jenem anderen Leben, als er Priester war, auch nicht ganz zu seinem Glauben gefunden hatte. Nun, in diesem Leben war dieses Thema für ihn ebenfalls erledigt. Jetzt war er von einer Erlösung anderer Art besessen.

Seine Mutter war gerade mit dem Abwasch beschäftigt, als er zur Tür hereinkam. Maria stand neben ihr und keifte auf sie ein. Lukas bemerkte zum ersten Mal ihren gebeugten Rücken und die von Altersflecken gesprenkelten Arme, die aber immer noch hurtig im fettigen Wasser hantierten. In der Diele hörte er Veronika nach Alois rufen. In dem Augenblick fühlte er eine ungeheure Leere in sich aufsteigen. Da schwor er sich, weiterzusuchen, so lange, bis er diejenige gefunden hatte, die ihn diese Leere nicht mehr spüren lassen würde.

Er probierte es mit einer dünnen Blonden, einer molligen

Braunhaarigen, mit einer Schwarzhaarigen sowieso. Das Ergebnis war immer gleich niederschmetternd. Dennoch war Lukas entschlossen, nicht aufzugeben.

Es war der erste laue Frühlingstag dieses Jahres. Ein milder Wind strich sanft die glatten Beine der Mädchen entlang, bauschte ihre Röcke und ließ ihr langes Haar wie Seidenbänder im Sonnenlicht flattern. Lukas fühlte, wie sein Herz wild zu schlagen begann in Erwartung dessen, was der Wind versprach. Nach der letzten Vorlesung ging er mit einem Kommilitonen in ein Schwabinger Lokal. Er war gerade dabei, sein drittes Bier zu bestellen, als eine langbeinige Schönheit in hochhackigen Pumps auftauchte. Wie sie so in der Tür stand, sehr aufrecht in ihrem eng anliegenden roten Kleid, welches schamlos eine üppige weiße Brust entblößte, schien es Lukas, als beginne das Kleid förmlich zu brennen, wobei die Flammen gierig ihren weichen Busen umzingelten. Diese Frau war das fleischgewordene Versprechen dieses Frühlingstages, sie würde die Leere in seinem Herzen füllen, sie würde ihm das Mysterium des Lebens enthüllen. Er spürte, wie sich in seiner Hose etwas regte. Seine Hand zitterte, als er sein Glas in einem Zug leerte.

Als sein Bekannter neben ihm vernehmlich rülpste, tauchte auch die Schöne im Gewühl unter. Beide saßen eine Weile schweigend da und starrten in ihr Glas, als verhieß das die Rettung, da sagte sein Gegenüber laut und deutlich: »Wir gehen jetzt in die Ingolstädter Landstraße in die ›Rote Laterne‹, da kannst du dir das holen, was dir die an der Tür versprochen hat.« Lukas nickte nur und winkte dem Kellner.

Als Erstes sah er ihren wohlgeformten Rücken und ihre schlanken Fesseln, wie die einer braunen Gazelle. Lukas war noch nie in einem solchen Etablissement gewesen. Noch ganz benommen vom Bier und Zigarettendunst Schwabings, nahm er undeutlich den schwachen Duft von Parfum und Puder wahr, Schuhe, die im weichen Teppich versanken, geschminkte Gesichter, deren Lächeln sich in Wandspiegeln vervielfältigte.

Lukas wollte die braune Gazelle. Er folgte ihr in ein Zimmer am Ende des Korridors. Dort half sie ihm behutsam aus seinen Kleidern und dämpfte die ohnehin schwache Beleuchtung. Die dunkle Haut des Mädchens schimmerte wie weich poliertes Mahagoniholz. Wenn sie lächelte, entblößte sie Zähne so ebenmäßig wie die einer kostbaren Perlenkette. Mit einer anmutigen Bewegung streifte sie ihre seidig glänzende rote Unterwäsche ab, die wie achtlos gepflückte Blütenkelche auf den weißen Teppich fiel. Dann stimmte ein Engel die Zeit.

Als Lukas später in sein Dorf fuhr, umhüllte ihn die Frühlingsnacht in einem schwarzen Seidenmantel. Er musste an jenen buddhistischen Mönch denken, der jahrelang vergeblich unter der Obhut seines Zen-Meisters sein »Koan« zu finden sich bemüht hatte und es dann ganz unverhofft in den Armen einer Prostituierten fand.

Sophia bemerkte als Erste die Veränderung an Lukas. Sein Gang war nun straff und federnd, die Augen hatten den vagen Blick verloren. Wenn das Sonnenlicht sein Haar streifte, leuchtete das Blond wie Blattgold. Das Studium packte er beherzt an und an den Wochenenden unterhielt er die Dörfler, wenn er am Tresen aushalf, mit frechen Witzen, was allerdings bei seiner Mutter ein vorwurfsvolles Stirnrunzeln hervorrief.

Sophia war nach wie vor davon überzeugt, dass Hetty entscheidend zu der Gesundung ihres Bruders beigetragen hatte. Deshalb erzählte sie ihrer Kollegin Christa davon. So kam es, dass die beiden jungen Frauen Hetty aufsuchten, Sophia in Erwartung neuer Erkenntnisse und Christa in der Hoffnung, von ihrer chronischen Stirnhöhleneiterung geheilt zu werden.

Als sie die Stube betraten, schlug ihnen dumpfes Stimmengewirr entgegen. Ein etwa sechsjähriger Bub saß mit strahlendem Lächeln vor Hetty, neben ihm eine Frau mittleren Alters, die ungläubig auf zwei zerbrochene Eierschalen blickte. Die restlichen Patienten schnatterten aufgeregt durcheinander.

Nach und nach erfuhr Sophia die ganze Geschichte: Die Mutter des Buben hatte Hetty aufgesucht, weil ihr Sohn jedes Mal, wenn sie ein Ei aufschlug, krebsrot anlief, gleichzeitig wurde sein ganzer Körper von einer unglaublichen Hitze erfasst, sodass er zu schreien anfing, als ginge es um sein Leben. Psychologen forschten vergeblich nach einem verborgenen Trauma, Heilpraktiker waren ebenfalls ratlos, die Schulmediziner sowieso, da erhielt die Mutter den Hinweis, es doch mit der Heilerin zu versuchen.

Es stellte sich heraus, dass der Junge in einem früheren Leben in Russland als Heiler gewirkt hatte. Dabei erhielt er als Entlohnung für seine Tätigkeit Eier. Eines Tages aber wandte er sich der schwarzen Magie zu. Die Menschen erkannten dies, als die Eier, die er in einem Kreis um sich angeordnet hatte, in zwei Hälften zersprangen. Die aufgebrachte Menge zerrte ihn davon und er wurde auf dem Scheiterhaufen verbrannt. Im jetzigen Leben erinnerte ihn das sirrende Geräusch beim Aufschlagen eines Eies wieder an das Geschehen von damals. Wie einst auf dem Scheiterhaufen spürte er die Hitze des Feuers im Körper und gleichzeitig die Todesangst.

»Ich konnte ihn von dem Trauma befreien«, beendete Hetty ihre Geschichte, nachdem die beiden verschwunden waren. »Er wird auch in diesem Leben wieder heilende Fähigkeiten bekommen. Nur die schwarze Magie wird er nicht mehr ausüben.«

Während Hetty ihre Geschichte erzählte – sie therapierte dabei gelassen weiter –, klingelte immer wieder das Telefon. Nachdem es zum sechsten Mal läutete, wurde selbst die beherrschte Hetty zornig. »Ich kann es nicht mehr hören«, schrie sie aufgebracht.

In diesem Augenblick veränderte sich der Klingelton, er ähnelte jetzt mehr einer harmonischen Melodie. Sophia und Christa waren starr vor Staunen.

»Ach«, sagte Hetty leichthin mit einem Seitenblick auf die beiden, »das machen sie immer, wenn es mir zu viel wird.«

»Übrigens«, fuhr sie fort, indem sie sich an Sophia wandte, »der Morbus-Crohn-Fall ist inzwischen geheilt, du erinnerst dich doch an ihn?« Sophia nickte zustimmend. »Er hat fünfzehn Pfund zugenommen, er ist richtig stolz darauf. Die einen wollen zunehmen, die anderen wollen das Gegenteil.«

Hetty lachte und schaute auf ihre umfangreichen Beine und Arme. »Das ist nicht alles Fett, was ihr da seht, ich speichere Wasser durch die ganze Heilerei. Ich hab, weiß Gott, ganz anders ausgeschaut, als ich jung war.« Einer plötzlichen Eingebung folgend, öffnete sie entschlossen die Schublade vor ihrem vorstehenden Bauch und zog ein altes Foto mit vergilbtem Zickzackrand hervor.

Sie hielt es Sophia triumphierend vor die Nase. Diese konnte nicht fassen, dass die strahlend schöne, junge Frau auf dem Foto die gleiche sein sollte wie die unförmige Gestalt vor ihr.

»Gell, das hättest jetzt nicht geglaubt«, lachte Hetty verschmitzt. »Als ich noch so jung und schön war, hab ich sogar mal ein Filmangebot nach dem Krieg bekommen. Aber am Ende haben die Filmleute mich doch nicht genommen, weil ich einfach nicht in der Lage war, Hochdeutsch zu sprechen. Jedes Mal verfiel ich wieder in meinen allgäuischen Dialekt.«

Plötzlich wurde sie wieder ernst. »Vor zwei Wochen ist meine Schweizer Krebspatientin verstorben. Du weißt schon, Sophia, diejenige, welcher ich mit meiner Fernheilung die Schmerzen nahm. Sie war eine reiche Fabrikbesitzerin, weißt du, wie viel die mir gegeben hat? Ganze 200 Mark war ich ihr wert, 200 Mark dafür, dass sie ohne Schmerzen schlafen konnte. Na ja«, meinte sie achselzuckend, »es gibt Schlimmeres. Ich bin schon bestohlen worden von einigen, denen ich geholfen habe.«

Sophia drückte laut ihren Unmut aus, da unterbrach sie Hetty plötzlich und erkundigte sich nach ihrem Bruder Lukas.

»Oh, dem geht's gut«, erzählte ihr Sophia erfreut, »der ist zurzeit mit einem Freund in Brasilien, der Verwandte besucht, die dort leben.«

»Soso«, sagte Hetty versonnen, »dort wird er sich verlieben. Da wird es noch einige Überraschungen geben«, setzte sie hinzu.

Als die beiden Freundinnen den Raum verließen, zwängte sich ein schwarzhaariger Mann in dickem braunem Pulli an ihnen vorbei. Hetty einen letzten Blick zuwerfend, sah Sophia, wie die Heilerin den Mann durchdringend musterte. War da nicht auch Furcht in ihren Augen?

Sophia bemerkte sofort, dass Hetty recht gehabt hatte mit ihrer Prophezeiung. Und sie sah auch, dass die alte Agathe die Veränderung an Lukas ebenfalls wahrnahm. Nur die Mutter merkte nichts, genauso wenig wie ihre Schwester Maria, deren Gedanken mehr denn je um ihren Bruno kreisten. Wenn sie nicht damit beschäftigt war, hackte sie nach wie vor mit Wonne auf ihrer alten Mutter herum.

Als Sophia am Kirchweihsonntag aus ihrem alten, klapprigen Ford stieg, stand die Mutter mit finsterem Gesichtsausdruck an der Haustür.

»Maria ist schlimmer denn je«, empfing sie ihre Tochter. Ohne eine Antwort abzuwarten, fuhr sie mit einem abschätzigen Blick auf Sophias Rostmodell von Auto fort: »Wann kaufst du dir denn endlich ein neues? Man muss sich ja schämen im Dorf.«

»Aber, Mutter, ich hab dir schon hundert Mal gesagt, ich leg keinen Wert auf solche Dinge.«

»Du legst Wert auf die falschen Dinge – wie Heilerinnen und solche Sachen«, zeterte sie, während sie in die Küche schlurfte und ihr Kopftuch abnahm.

»Ich hab in letzter Zeit so oft Kopfweh«, klagte sie, als sie Sophias forschenden Blick sah. »Wärme hilft mir da, weißt du. Gestern hat der Lukas schon wieder einen Brief bekommen aus Brasilien«, setzte sie unvermittelt hinzu.

Sophia zog kurz die Stirn kraus und biss dann herzhaft in einen Kirchweihkrapfen, den ihr die Mutter unter die Nase hielt. Nie würde sie Kirchweih versäumen, allein wegen der köstlichen Krapfen, dachte sie voller Behagen, als sie mit ihrer Zungenspitze einen Klecks Marmelade aus dem rechten Mundwinkel leckte.

»Sie hat schon wieder viel zu viele gebacken. Wer soll die denn alle essen?«, giftete Maria im Hintergrund.

»Soviel ich weiß, ist der Alois ja genauso scharf auf die wie ich«, erwiderte Sophia ungerührt, indem sie sich einen zweiten Krapfen in den Mund schob. Mutters Gesichtsausdruck entspannte sich dabei zusehends.

Es war am Morgen danach, an dem Lukas seiner Mutter verkündet hatte, dass die Brasilianerin zu Besuch käme, und eine Woche nach dem Kirchweihfest, dass Maria die Wirtin tot im Bett vorfand. Sie lag da mit offenem Mund, den Blick scheinbar starr auf das Kruzifix über der Tür geheftet. Maria fühlte Wut in sich aufsteigen. Die Mutter hatte sich einfach so davongeschlichen, dabei wollte sie doch ihre Schuld an der Mutter durch hingebungsvolle Pflege abbüßen.

Es war am dritten Tag nach der Beerdigung, dass die Heilige Mutter Gottes mit Maria zu sprechen begann. Sie befahl ihr, ihre Schuld abzutragen, indem sie nachts nicht mehr schlafen durfte. Kniend rutschte die zukünftige Wirtin nachts durchs Zimmer, unaufhörlich Ave-Marias murmelnd. Wenn die Müdigkeit sie übermannte, fiel sie zwischendurch hin, wobei Lukas nebenan aufgeschreckt wurde. Aber gegen die Gottesmutter vermochte auch Lukas nichts auszurichten. Drei Tage später gesellte sich der Heilige Joseph hinzu. Als schließlich sogar Jesus Christus in Marias Kammer einzog, wuchsen Lukas die Dinge über den Kopf. Sophia war weit weg in Paris – es waren Herbstferien. Deshalb ließ Lukas seine Schwester samt der Heiligen Familie in die Psychiatrie einweisen.

Dank der Pillen, die sie jetzt verordnet bekam, schlief sie nachts durch und den halben Tag dazu. Kusine Irmgard war entsetzt, dass man es nicht mit einer ordentlichen Psychotherapie versuchte. Sophia war entsetzt, dass Lukas nicht Hettys Hilfe in Anspruch genommen hatte. Aber zu diesem Zeitpunkt befand sich Maria schon im eisernen Griff der Psychiatrie, die jetzt anstelle der Heiligen Familie das Sagen hatte.

Nur wie sollte es weitergehen mit dem Wirtshaus? Die alte Agathe hatte ein junges Mädchen aus der Verwandtschaft als Aushilfe geholt, aber eine neue Wirtin musste her, und zwar bald.

Als die braune Gazelle aus Brasilien anreiste, musterten ihre flinken Kohleaugen eingehend das stattliche Anwesen. Die Gazelle wusste, was sie wollte, nämlich fetten Weidegrund. Sophia wusste nicht so recht, wie sie die dunkelhäutige Schönheit einordnen sollte. Auf jeden Fall wollte sie nicht rassistisch erscheinen, deshalb ignorierte sie ein leises Unbehagen. Agathe fand sowieso alles in Ordnung, was ihr Liebling machte.

Und für Lukas stimmte wieder ein Engel die Zeit. Er hatte sein Koan gefunden und damit gleichzeitig die neue Wirtin.

Nachdem die Formalitäten erledigt waren – Rosa musste deshalb noch zweimal in ihre Heimat fliegen –, bekam das Dorf die erste dunkelhäutige Wirtin. Anfangs wurde viel getratscht, aber bald beruhigten sich die Gemüte. Rosa lernte schnell, sie war freundlich, manchmal auch ein bisschen zu freundlich zu den jungen Burschen, aber die störte das nicht, im Gegenteil.

Lukas betete seine junge Frau an. Das Studium hängte er an den Nagel, er hatte ja jetzt eine Existenzgrundlage für seine junge Familie. Sophia war die Erste, die von der Schwangerschaft erfahren sollte.

Später wusste Lukas nicht mehr so genau, wann sich seine Frau zu verändern begann. War es schon zu Beginn der Schwangerschaft oder erst nach der Fehlgeburt? Alois' Kummer mit Veronika nahm er zu diesem Zeitpunkt nur noch am Rande wahr.

Er glaubte sich auf jeden Fall zu erinnern, dass sie nach der Fehlgeburt immer zänkischer und reizbarer wurde. Obwohl er ihr jeden Wunsch von den Augen ablas. Obwohl er sie abgöttisch liebte und ihr zum Gemeindeball ein schimmerndes Ballkleid schenkte, in dem sie wie eine stolze Königskerze alle anderen überstrahlte. Er nannte sie seinen schwarzen Engel. Zu diesem Zeitpunkt wusste er noch nicht, dass sie sein Todesengel werden würde.

Es war einige Wochen nach diesem Ball, dass sich Lukas zum ersten Mal elend und schwach fühlte. Er schob es auf eine verschleppte Grippe. Als sich an seinem Zustand auch nach drei Wochen nichts änderte, ging er auf Anraten Sophias zum Arzt. Der aber konnte nichts feststellen. Trotzdem wurde er weiterhin schwächer und überdies depressiv, bis er sich schließlich ins Bett legte, um nicht mehr aufzustehen.

Sophias Besorgnis und Unruhe nahmen zu, als sie einmal zufällig ihre Schwägerin mit einer Stoffpuppe hantieren sah, die mit Nadeln gespickt war. Ihr Argwohn wuchs daraufhin zusehends und sie beobachtete den schwarzen Engel genauer. Als sie wieder einmal bewusst zu ungewohnter Stunde aufkreuzte, entdeckte sie die Brasilianerin knutschend im Auto mit dem größten Schürzenjäger des Dorfes. Auf ihr eindringliches Befragen gab Alois zu, Gerüchte gehört zu haben, wonach die Wirtin nicht gerade in dem Ruf stand, eine getreue Ehefrau zu sein.

Es bedurfte einiger Überredungskünste ihrerseits, bis sie ihren Bruder davon überzeugt hatte, noch einmal Hetty aufzusuchen. Schließlich hatte diese inzwischen sogar ihre Kollegin Christa von ihrer lästigen Stirnhöhleneiterung befreit.

An einem trüben regnerischen Sommertag fuhr eine energische Sophia mit ihrem apathischen Bruder an der Seite wieder einmal zum Dorf am See.

In dem Augenblick, in dem Lukas im Türrahmen auftauchte, erkannte Hetty die Situation. Sie wusste nur nicht, ob sie ihm auch helfen konnte. Sophia musterte enttäuscht die vielen Augenpaare, welche sie anstarrten, manche neugierig, andere eher feindselig. Noch ein Kranker, der Hilfe wollte! So viele neue Gesichter, dachte sie bei sich. Sie werden lange warten müssen.

Ein Mann mit einem schwarzen Vollbart, der wie ein wildes Gestrüpp in seinem Gesicht wucherte, fiel ihr auf. Sein Blick hatte etwas Lauerndes. Im Augenblick schaute er ungläubig auf ein junges Mädchen, das sich wie besessen unaufhörlich auf die Brust klopfte.

»Sie hat ein Lungenemphysem«, sagte Hetty in Richtung Sophia. Als sich der Mann zu der Heilerin setzte, um sich therapieren zu lassen, spürte Sophia deutlich Hettys Unbehagen. Hetty zögerte kurz, während sie seine rechte Hand ergriff. Ein paar Minuten später ließ sie sie wieder los. »Es geht nicht«, erklärte sie mit fester Stimme. »Meine Hände bleiben kalt, ich bekomme keine Energie durch.«

Der Mann musterte sie kühl. »Dann sag mir wenigstens, ob meine Frau zurückkommt, ich weiß doch, dass du hellsichtig bist.«

»Die kommt nimmer«, entschlüpfte es ihren Lippen.

Der Mann blieb einen Augenblick reglos sitzen. »Auch gut«, sagte er schließlich und stand schwerfällig auf. Als er in seiner Geldbörse kramte, rief Hetty mit sich fast überschlagender Stimme: »Nein, nein, ich nehm nix, ich hab ja nicht helfen können.« Der Mann musterte sie überrascht und steckte die Geldbörse gleichmütig wieder weg. Die Menschen in der Stube verfolgten atemlos die Szene. Sophia hatte noch nie erlebt, dass Hetty eine Person abwies.

Nachdem die Tür hinter ihm ins Schloss gefallen war, wartete Hetty eine kleine Weile, bis sich seine Schritte entfernt hatten. Dann sagte sie leise, so leise, dass es nur die Nächsten hörten: »Das war ein böser Mann, deshalb wurde ihm die Hilfe verweigert und deshalb durfte ich auch kein Geld nehmen.«

Sie machte eine kleine Pause, dann fuhr sie mit lauterer

53

Stimme fort: »Dabei ist die Energie in diesem Raum so groß, dass gestern eine Funkuhr plötzlich rückwärts zu laufen anfing. Erst draußen vor dem Haus lief sie wieder im richtigen Takt.« Der nächsten Patientin, die sie behandelte, sagte sie, dass sie unbedingt einen Arzt aufsuchen müsse – sie brauche eine Operation.

Sophia schaute nervös auf die Uhr, als das Telefon wieder einmal klingelte. Die letzten Male hatte Hetty es einfach läuten lassen, aber diesmal bat sie Sophia abzunehmen. »Es ist meine Tochter«, setzte sie hinzu. Ihre Gesichtszüge verdüsterten sich zunehmend während des Gesprächs. »Warum hast du nicht auf mich gehört, ich hab es doch kommen sehen.« Hetty seufzte, während sie den Hörer auflegte.

Dann wandte sie sich der nächsten Patientin zu, einer Frau mit aufgedunsener, fleckiger Haut. Nachdem sie ihre Hand genommen hatte, verzog sie angewidert das Gesicht. »Ich hab dich doch gebeten, nicht diese starken Tabletten zu nehmen, bevor du zu mir kommst«, tadelte sie ihr Gegenüber. Die Frau lief rot an vor Scham.

»Ich hab's vergessen«, sagte sie verlegen.

»Sie sind so bitter«, klagte Hetty. »Und die Hormone, die dir dein Frauenarzt verschrieben hat, solltest du auch nicht nehmen, wird mir gerade gesagt. Die Ärzte werden schon noch drauf kommen, dass das ungesund ist, wenn sie auch jetzt das Gegenteil behaupten.«

Nachdem die Patientin die Stube verlassen hatte, atmete Hetty erleichtert auf. »Ich hab Hunger, außerdem brauche ich eine kleine Pause«, sagte sie mit einem Seitenblick auf Sophia und Lukas. Schwerfällig stand sie auf und verschwand in der Küche. Mit einer halb aufgegessenen Leberkässemmel in der rechten Hand kam sie wieder zurück. »Mir knurrt der Magen, seit heute Morgen hat der nichts mehr gekriegt«, fügte sie entschuldigend hinzu.

Als ein Handy klingelte, schaute sich Hetty nach dem Besitzer um. »Handys sind auch ungesund«, grummelte sie vor sich hin. »Das wird auch einige Zeit dauern, bis die Wissenschaftler das kapieren.«

Nach der Therapie des letzten Patienten winkte sie Lukas zu sich. Ihre Miene wurde ernst. »Wir sind ja jetzt allein, also kann ich ganz offen mit dir sprechen.« Sie schaute ihn eindringlich an. »Jemand hat schwarze Magie mit dir gemacht, deshalb bist du krank.«

»Aha«, entfuhr es seiner zuerst verdutzten Schwester.

Der teilnahmslose Lukas aber wurde auf einmal munter. »Schwarze Magie, das gibt's doch gar nicht«, konterte er geschockt.

»Und ob es das gibt«, widersprach ihm da die Heilerin energisch. »Das, was ich hier mache, ist weiße Magie, das heißt, gute Geistwesen helfen mir beim Heilen. Schwarze Magie ist das Gegenteil. Der Magier benutzt dabei böse Geister, man kann viel Unheil anrichten damit.«

»Aber es gibt doch gar keine Geister«, wandte ein gereizter Lukas ein.

»Woher weißt du das? Nur weil du sie nicht siehst, denkst du, es gibt sie nicht. Heutzutage glauben sie nur das, was sie sehen«, kicherte Hetty. »Ihr erkennt nur die Spitze des Eisbergs. Ihr wisst ja gar nicht, welche Macht eure Gedanken haben. Vorher, als du das Wort ›schwarze Magie‹ ausgesprochen hast, flog gleich ein solch schwarzer Geselle auf dich zu. Jemand, der nur negativ denkt, zieht deshalb das Negative an, einer, der positiv gestimmt ist, zieht automatisch positive Energie an. Die Menschen müssen erkennen, dass ihr Leben einzig und allein von ihnen abhängt. Heute passiert das, was wir gestern angerichtet haben, morgen wird das geschehen, was wir heute bewirken. Die Person, die dir diese Krankheit geschickt hat, wird sie eines Tages zurückbekommen. Und wenn es im nächsten Leben ist, glaube mir.«

»Seid vorsichtig bei der Heimfahrt«, riet Hetty den beiden noch beim Abschied.

Auf dem Heimweg sprachen die Geschwister nicht viel. Beide hingen ihren Gedanken nach. In die Stille hinein sagte Sophia: »Ich kann dich beim nächsten Mal nicht begleiten. Ich muss noch so viel vorbereiten für meine Indienreise. Tu mir einen Gefallen, sprich nicht mit deiner Frau über das, was du heute von Hetty gehört hast.«

»Warum soll ich ihr das nicht erzählen?«

»Herrgott noch mal, weil sie es war, die dich krank gemacht hat.«

»Du spinnst doch, das glaubst du doch nicht im Ernst!«, schrie Lukas mit schriller Stimme.

Sophia erschrak so sehr, dass sie in der Dunkelheit der Gestalt, die sich schemenhaft vor dem Auto bewegte, nicht mehr rechtzeitig ausweichen konnte.

Nach dem dumpfen Aufprall brachte sie das Auto mühsam zum Stehen. Lukas saß mit hängenden Schultern neben ihr. Sophia gab sich einen Ruck und stieg aus. Das Reh lag mit seltsam verdrehten Vorderläufen links vor dem Auto. Es rührte sich nicht. Im Scheinwerferlicht sickerte Blut aus einer Kopfwunde.

»So hilf mir doch«, fuhr sie ungehalten ihren erbleichten Bruder an. »Wir müssen es beiseiteschaffen und morgen gleich den Förster verständigen.«

Die nächsten Tage sprach Lukas nur das Nötigste mit seiner braunen Gazelle. Ihr schien es nur recht zu sein.

Als er wieder zu der Heilerin fuhr, nahm sie ihn anschließend beiseite ins Nebenzimmer.

»Ich muss dir etwas sagen, Lukas, wenn ich auch nicht so recht weiß, wie«, begann sie zögerlich. »Aber mir ging es das letzte Mal nach deiner Behandlung sehr schlecht. Die bösen Geister, die dich quälen, gingen auf mich los in der Nacht. Ich möchte dich bitten, nicht öfter als einmal pro Woche zu kommen, sonst verkrafte ich das nicht.«

Lukas nickte nur.

Nachdem er drei Tage lang nachgedacht und mit sich gerungen hatte, kam seine Schwester, um sich zu verabschieden. Ihre dunklen Augen blitzten vor Vorfreude auf die Reise, das schwarze Haar hatte sie zu einem Pferdeschwanz hochgebunden, was sie jünger erscheinen ließ.

»Vergiss nicht, regelmäßig zu Hetty zu fahren. Ich wüsste nicht, wer dir sonst helfen könnte in deiner Situation.«

»Ich hab von einem neuen Internisten gehört«, unterbrach sie Lukas schroff.

»Glaubst du es denn immer noch nicht?« Jetzt schrie Sophia fast. »Noch dazu betrügt sie dich am laufenden Band, frag doch Alois.« Mit diesen Worten stürzte sie hinaus, die Tür fiel schwer ins Schloss.

Lukas spürte, wie sein Herzschlag aussetzte. Im Hof hörte er Alois, wie er die Nachbarskinder zurechtwies, als ein Ball gegen die Haustür prallte. Der Ball schien geradewegs sein Herz getroffen zu haben. Es fühlte sich an wie ein kalter, toter Klumpen. Als er zum Fenster schaute, sah er, wie sich dunkle Wolken vor die Sonne schoben. Kurz danach prasselten schwere Tropfen gegen die Scheiben.

Am nächsten Morgen beschloss er, nicht mehr zu Hetty zu fahren. Wozu auch? Seine braune Gazelle weidete in anderen Jagdgründen. Er wusste, Sophia würde ihn nicht anlügen.

Einen Tag später war er überzeugt, dass ihn seine Schwester doch belogen hatte. Hatte er sie nicht schon einmal bei einer rassistischen Äußerung ertappt? Er liebte seinen schwarzen Engel. Und weil er seine Frau so sehr liebte, musste sie zwangsläufig auch ihn lieben. Das war ein Naturgesetz. Noch nie hatte jemand so geliebt wie er, durch diese Liebe hatte er sein Koan gefunden. Kein Gott konnte so grausam sein, ihm dieses Glück wieder zu nehmen.

Als seine Liebe zu ihm ins Zimmer kam, bat er sie, sich doch zu ihm ans Bett zu setzen. Sie murmelte etwas von zu viel Arbeit. Er bat sie ein zweites Mal, da setzte sie sich widerstrebend zu ihm. Lukas begann, zaghaft ihren bloßen Arm zu streicheln, doch sie zuckte zurück und stand abrupt auf.

»So willst du mich also loswerden, hast du deshalb schwarze Magie mit mir gemacht?«, schrie er, wie Rosa ihn noch nie hatte schreien hören. Sie wich zurück, als ob der Schrei sie an die Wand gestoßen hätte. Sie öffnete den Mund, um etwas zu sagen, aber die Worte wollten sich nicht einstellen. Da schleuderte Lukas sein Kissen nach ihr. Diese Geste schien sie aus ihrer Erstarrung zu befreien. Plötzlich flogen aus ihrem leuchtend rot angemalten Mund Worte wie wild gewordene Vögel, die sich auf ihn stürzten, um auf ihn einzuhacken.

»Du spinnst doch, du bist verrückt, merkst du das immer noch nicht. Du bist wieder psychisch krank, wie du es schon einmal warst. Außerdem langweilst du mich im Bett. Fass mich nie wieder an, hörst du du!«

Mit zwei Sätzen war sie an der Tür, riss sie auf und schlug sie mit der gleichen Heftigkeit zu. Das Letzte, was Lukas von ihr sah, war ihre schlanke braune Fessel. Die einer anmutigen Gazelle.

Die ganze Zeit über, während Sophia Indien bereiste, blieb der Wirt im Bett. Bleigewichte schienen ihn daran zu fesseln. Rosa schlief fortan in Marias ehemaligem Zimmer. War er vielleicht genauso krank wie seine Schwester Maria, die jetzt ihre Tage in der Psychiatrie verdämmerte? Die alte Agathe versuchte vergeblich, ihn aufzumuntern. Sie kochte ihm seine Lieblingsspeisen, setzte sich an sein Bett und hielt still seine Hand.

Sophia erschrak, als sie am Ferienende ihren abgemagerten Bruder sah, der sie aus müden, rot geränderten Augen anschaute, mit einem Blick, der alles Leid der Welt gesehen hatte. Noch mehr erschrak sie, als sie erfuhr, dass er nicht mehr zu Hetty gefahren war. Er redete sich damit heraus, dass er zu schwach gewesen sei. Sobald er wieder zu Kräften käme, würde er auf jeden Fall wieder hinfahren. Nachts konnte er nicht schlafen, und wenn er zwischendurch hinüberdämmerte, dann plagten ihn Albträume. Jawohl, er würde auch Tabletten schlucken, wenn Sophia das wollte, aber erst mal wollte er seine Ruhe, sonst nichts.

Das war im September. Der Oktober kam mit den ersten Nachtfrösten, aber Lukas wollte nach wie vor nur seine Ruhe. Im November versprach er hoch und heilig, sofort nach Weihnachten, spätestens im neuen Jahr zu der Heilerin zu fahren.

Aber es kam anders. Am frühen Abend in der Thomasnacht ging er auf den Speicher, um sich dort mit dem Gürtel seines Knechtes zu erhängen.

Da konnte auch eine Hetty nicht mehr helfen. Das war Sophia in dem Moment klar, nachdem sie das Telefonat mit Alois beendet hatte. Jetzt brauchte sie selbst Hilfe. Sie würde Hetty bitten, ob sie sie am Sonntag, wenn die Stube nicht voll mit Hilfesuchenden war, besuchen dürfe. Sophia durfte.

Als Erstes bot Hetty ihr ein Stück Schokoladenkuchen an, den ihr eine dankbare Angestellte eines Konditorgeschäftes mitgebracht hatte. Aber Sophia schüttelte nur stumm den Kopf. Keinen Bissen würde sie hinunterbringen. »Dann eben eine Therapie«, sagte Hetty in einem Ton, der keinen Widerspruch duldete.

Danach saßen die beiden Frauen einander gegenüber und Sophia weinte. Hetty ließ sie eine Weile weinen, zwischendurch reichte sie ihr ein Taschentuch. Plötzlich unterbrach die Heilerin ihr Schluchzen. »Er ist da, ich meine, dein Bruder ist da. Er steht neben dir.«

Sophia hörte schlagartig zu weinen auf. Sie schaute Hetty mit großen Augen an. »Sag mir, wo er steht, rechts oder links von mir?«

Und dann wurden Sophias Augen noch runder. Zu ihrer eigenen Überraschung hörte sie sich sagen: »Auf der rechten Seite.«

Hetty nickte nur. »Mein Mann war ein Uhrennarr. In jedem

Zimmer hing oder stand eine Uhr. Als er starb, hörten alle schlagartig auf zu laufen. Als er mich nach seinem Tod besuchen kam, funktionierten plötzlich alle wieder. Die Seele ist Energie. Energie verschwindet nicht im Universum, Energie bleibt weiter bestehen, deshalb kann sie auch auf andere Energiefelder einwirken.«

Jetzt nickte auch Sophia und sagte: »Das hört man ja oft, solche Geschichten, meine ich.«

Die Heilerin tätschelte kurz Poldi, der daraufhin erfreut mit dem Schwanz wedelte. »Du solltest für Lukas eine Messe lesen lassen«, fuhr sie fort, »Kerzen anzünden und beten. Damit schickst du ihm positive Energie. Er weiß jetzt, er hätte sich nicht umbringen sollen. Er kann so lange nicht in höhere Ebenen aufsteigen, bis seine Lebensuhr in dieser Welt abgelaufen wäre. Aber er ist nicht in der Hölle, wie so mancher katholischer Priester meint. Eine Hölle gibt es nicht. Jeder geht ein in den Bereich, den er sich auf Erden spirituell erarbeitet hat. Wenn jemand völlig gegen das göttliche Gesetz gelebt hat, wenn also jemand auf Erden gelogen, betrogen und gemordet hat, dann wird er sich nach seinem Tode in der gleichen Gesellschaft wiederfinden. Das ist dann seine Hölle, eine Hölle, die er sich selbst geschaffen hat, verstehst du? In meines Vaters Haus gibt es viele Wohnungen – du kennst doch den Spruch.«

Als Sophia nach Stunden nach Hause fuhr, waren ihre Tränen getrocknet, ihr Herz ein wenig getröstet. Hetty hatte ihr zum Schluss noch gesagt, sie werde noch ihrer großen Liebe begegnen.

Vor einiger Zeit schon hatte sie angefangen, regelmäßig zu beten. Anfangs fand sie es manchmal sogar lästig, aber inzwischen wurde sie unruhig, wenn sie es vergessen hatte oder nicht die Zeit dazu fand. Seitdem fühlte sie sich sicherer, getragen von einer Kraft, von der sie gar nicht gewusst hatte, dass sie existierte.

Sie hatte auch angefangen, ihrer Kollegin Christa davon zu erzählen. Aber Christa hatte sie angeschaut, als hätte sie den Verstand verloren, dabei war sie durchaus an übersinnlichen Phänomenen interessiert.

»Wo war denn dein Gott, als er zuließ, dass dein Bruder von einem Diener Gottes missbraucht wurde?«

Sophia dachte angestrengt nach. »Du darfst den Priester, das heißt die Institution Kirche, nicht mit Gott verwechseln«, war alles, was ihr einfiel. »Vielleicht hatte auch dieses Unglück eine karmische Ursache.«

Aber Christa schüttelte nur unwillig ihre blonde Mähne.

Drei Wochen nach der Beerdigung ihres Bruders saß Sophia in ihrem Arbeitszimmer über einen Stapel Korrekturen gebeugt, als sie plötzlich hörte, wie im Wohnzimmer der Fernseher sich von selbst einschaltete. Überrascht stand sie auf und ging hinüber.

Es war eine Dokumentation über Brasilien, die gerade lief. Verwahrloste Kinder in schmutziger, abgerissener Kleidung spielten neben ärmlichen Hütten. Sophia schaute unwillkürlich auf die Uhr. Es war 19 Uhr, die Zeit, als ihr Bruder sich im Speicher erhängt hatte.

KOMMENTAR

Als ich Hetty kennenlernte, litt ich nicht nur unter heftigen Bauchschmerzen, ich war auch in großer seelischer Not. Zu dem damaligen Zeitpunkt befand ich mich in psychotherapeutischer Behandlung, um eine Vergewaltigung aus der Kindheit aufzuarbeiten. Ich war bereits seit längerer Zeit in Therapie. Meines Erachtens hatte ich alles Wesentliche durchgeackert und von allen Seiten beleuchtet. Kurz, ich hatte das Gefühl, dass eine Fortsetzung der Behandlung mir auch nichts mehr bringen würde, obwohl es mir immer noch sehr schlecht ging und ich unter Angstzuständen und Schuldgefühlen litt.

Hetty erzählte mir nun von einem Fall, einem schwer gestörten Mann. In den ersten Monaten der Behandlung betrat er das Zimmer nur mit einer Kapuze, die er tief in die Stirn gezogen hatte. Eine schreckliche Kindheit mit schlimmen Schicksalsschlägen ließ ihn nur noch gebeugt, wie unter einer schweren Last, durchs Leben gehen. Diese Erlebnisse hatten aus ihm einen scheuen, überängstlichen Menschen gemacht. In seinem Dorf und in seiner Kindheit war Psychotherapie ein Fremdwort. Als ich ihm bei Hetty begegnete, war er etwa Mitte fünfzig, ein freundlicher, wenn auch schüchterner Mensch. Nichts erinnerte mehr an das psychische Wrack, das einst durch gutes Zureden seiner Ehefrau zu Hetty gekommen war.

Nach Rücksprache mit meiner Therapeutin entschloss ich mich, die Behandlung bei der Heilerin fortzusetzen. Und meine Zuversicht wurde belohnt. Diese Erfahrung habe ich in Lukas' Geschichte beschrieben.

Fälle wie Christas chronische Stirnhöhleneiterung waren Hettys täglich Brot, also nichts Außergewöhnliches. Ich muss jedoch anmerken, dass eine Freundin (sie kam aus Norddeutschland und hatte nur für vier Behandlungen Zeit) nicht dauerhaft davon befreit wurde.

Der kleine Junge, der jedes Mal tausend Ängste durchlitt, wenn seine Mutter ein Ei aufschlug, wurde mit Sicherheit durch den Heilstrom von seiner Phobie befreit. Nach Anweisung ihres inneren Führers ließ sie in seiner Gegenwart jemanden ein Ei aufschlagen, während sie ihn gleichzeitig behandelte, so lange, bis keine Angst mehr in ihm hochstieg. Interessant ist natürlich auch die Tatsache, dass nach Hettys Erklärung dieser Zustand aus einem früheren Leben herrührte und ihn deshalb auch kein Psychologe davon hätte heilen können.

Alle diese Fälle, einschließlich des Morbus-Crohn-Patienten, dem die Schulmedizin nicht wirklich helfen konnte, wurden mithilfe der stillen Therapie (so nannte die Heilerin diese Art der

Behandlung, wenn sie abwechselnd die Hände und Füße knetete) geheilt, wobei Hetty als Kanal für die Energie ihres inneren
Führers diente.

Der Anblick der jungen Frau, die sich unaufhörlich mit beiden
Armen auf die Brust klopfte, war für mich anfangs außeror-
dentlich befremdlich. Hetty erklärte mir, dass Geistwesen im
Körper der Kranken seien, welche diese Aktion bewerkstelligten.
Denn eine stille Therapie sei zu schwach bei ihrer Krankheit,
einem Lungenemphysem. Durch eine schulmedizinische Untersuchung wurde später der Heilungserfolg bestätigt. Die Ärzte
hatten ihr zuvor nur Linderung verschaffen können, aber keine
Heilung.

Nachdem der »böse« Mann, dem die Therapie verweigert
wurde, den Raum verlassen hatte, legte Hetty kurz ihre Hand
auf meine. Sie war tatsächlich kalt, nicht heiß wie sonst.

Hetty litt sehr, wenn sie Personen behandelte, bei denen
schwarze Magie praktiziert worden war. Es dauerte dann
immer eine Weile, bis sie sich erholt hatte. Auf diese Weise
konnte sie gleichzeitig ihr eigenes Karmakonto abtragen. Ein
Drittel des Schmerzes und des Leids musste sie für einen oder
auch zwei Tage tragen, den Rest übernahmen die Geistwesen.

2

Die beiden Freundinnen hätten nicht unterschiedlicher sein können. Christas halblanges lichtes Blondhaar schien immer leicht vom Wind zerzaust, selbst im Klassenzimmer. Unter feinen regelmäßigen Augenbrauenbogen musterten klare graue Augen kühl ihr Gegenüber. Sie ging stets sehr aufrecht. Neben ihrer hohen, schlanken Gestalt wirkte Anna fast gedrungen, auf jeden Fall rundlich. Anna trug einen praktischen Kurzhaarschnitt, der bei ihrer Arbeit als Bäuerin nicht viel Pflege verlangte. Im Gegensatz zu ihrer verschlossenen Freundin war Anna immer zu einem Scherz bereit. Sie war überzeugt, dass das daher kam, weil sie nicht so viel »Hirn« hatte wie die kluge Christa. Ihre Freundin musste immer so viel nachdenken, infolgedessen hatte sie wenig Zeit zum Lachen.

Unnötig zu sagen, dass Anna ihre Freundin bewunderte. Christa bewunderte ihrerseits Anna, weil sie eine Frohnatur war und nach Herzenslust aß, ohne auf Kalorien zu achten, geschweige denn auf die Waage zu steigen. Wenn der Rockbund wieder mal zu eng wurde, kicherte sie nur und meinte, eine arme Inderin würde sich darüber freuen, in so einem schicken Rock aufzukreuzen. Lippenstift legte sie nur auf, wenn sie mit ihrem Ernst einmal im Jahr auf einen Faschingsball ging. Umso strenger wachte sie über Christas Aussehen. Wenn sie beide eingehakt in Landsberg den Stadtplatz entlangstöckelten, registrierte Anna voller Genugtuung die anerkennenden Blicke, die ihrer Freundin galten. Seit ihrer Kindergartenzeit waren sie befreundet und das würde auch so bleiben bis an ihr Lebensende, das wussten beide. Es gab nur einen einzigen Streitpunkt, nämlich Annas tiefe Religiosität. Christa konnte es nicht lassen, hin und wieder darüber zu sticheln. Seitdem die Heilerin sie allerdings von ihrer chronischen Stirnhöhleneiterung befreit hatte, stichelte sie etwas weniger. Im Gegenteil, einmal fragte sie Anna unumwunden, warum sie denn so sicher sei, dass es einen Gott gäbe.

Anna schaute sie mit großen, runden Augen erstaunt an. »Aber, Christa, er ist immer bei mir, immer, schon seit Kindertagen. Er trägt mich, weißt du – wie soll ich sagen –, er trägt mich durch das Leben.« Ihre Freundin fühlte zum ersten Mal so etwas wie einen Anflug von Neid.

Dann fuhr Anna fort: »Du erinnerst dich doch an meine doppelseitige Lungenentzündung im ersten Schuljahr? Damals hatten die Ärzte mich aufgegeben. Nur meine Mutter nicht. Sie betete die ganze Nacht für mich. Meine Mutter war gerade gegangen, da sah ich auf einmal ein strahlend weißes Licht und eine Stimme sagte zu mir, deine Zeit ist noch nicht gekommen, aber ich bin immer bei dir. Da war so eine tiefe Liebe und Güte, du glaubst es nicht. Verstehst du mich jetzt?«

»Hör zu, Christa«, fuhr sie nach einer Pause fort. »Ich bin nicht so gebildet wie du, aber mein Herz weiß, dass es einen Gott gibt. Deines ›weiß‹ es nicht, dafür weiß dein Kopf viele Dinge, die meiner nicht kennt. Aber das ist ein anderes Wissen. Ich werde Gott bitten, dass er meinen Glauben mit dir teilt.«

Christa spürte einen Kloß im Hals. Warum nur konnte sie nicht glauben wie ihre Freundin? Sie hatte so viele Fragen und zu wenig Erklärungen. Sie würde mit Sophia sprechen. Sophia hatte vielleicht eine Antwort, die auch ihren Verstand befriedigte. Sie wusste, dass ihre Kollegin oft bei Hetty war. Sie selbst war nach sechs Besuchen geheilt gewesen. Sie erinnerte sich allerdings an eine recht merkwürdige Geschichte, die ihr eine andere Patientin erzählt hatte. Sie hatte mit eigenen Augen gesehen, wie das Kaminfeuer in Hettys Stube wie von Geisterhand wieder entfacht wurde, damit die Heilerin während der

Therapie nicht von ihrem Stuhl aufstehen musste. Es gab halt doch mehr Dinge zwischen Himmel und Erde, als sich die Schulweisheit träumen lässt.

Auf der Heimfahrt von Annas Hof kam Christa an einer Bushaltestelle vorbei, an der eine wohlgeformte blonde Schönheit stolz ihren üppigen Busen präsentierte. Christa sah sich wieder an der Hand ihrer Mutter ein Miedergeschäft betreten. Dort verschwand sie in einer Kabine, während Christa draußen wartete. Aber die Mutter kam und kam nicht. Christa mochte nicht mehr still sitzen, sie lief ungeduldig auf und ab, sodass ihre blonden Zöpfe flogen. Da beschloss sie, ihre Mutter in ihrer Kabine aufzusuchen. Aber als sie den Vorhang beiseiteschob, stand vor ihr eine unendlich dicke Frau mit unförmigen Hängebrüsten wie Kuheuter, in denen sich blaue Adern wie Flüsse schlängelten. Ihr Bauch ähnelte einem überquellenden Butterfass. Von Panik ergriffen lief Christa schreiend davon.

Damals fasste sie den Entschluss, niemals so dick zu werden wie diese Frau. Immer wenn die Waage mehr Gewicht anzeigte, als sie sich zugestand, musste sie fasten. Sie konnte nicht wie ihre Freundin unbekümmert essen. Anna musste auch nicht ständig vor dem Spiegel stehen und an sich herumzupfen wie sie. Anna schielte nicht nach bewundernden Blicken. Sie war zufrieden mit sich und der Welt, trotz der Tatsache, dass sie einen unerträglichen Mann an ihrer Seite hatte, der nichts lieber tat, als zu nörgeln und die Mitmenschen zu belehren. Christa seufzte. In der Hinsicht hatte sie es leichter. Sie hielt sich die Männer auf Distanz. Sie bestand auf getrennten Wohnungen; auf diese Weise vermied man auch den Alltagstrott und blieb gleichzeitig sein eigener Herr.

Die arme Anna! Ihr innigster Wunsch war es, einmal im Leben in ein exotisches Land zu fahren. Und einmal im Leben auf einem leibhaftigen Kamel zu reiten und vielleicht der Sphinx ins hehre Antlitz zu schauen. Aber seit die geliebte und bewunderte Schwester von Annas Ehemann – das Vorzeigekind der Familie, weil sie als Einzige studiert hatte – in so einem Land zu Tode gekommen war, lehnte Ernst jegliche Fernreisen kategorisch ab. Die Schwester hatte ahnungslos und entspannt vor dem türkisfarbenen Swimmingpool eines goldblinkenden Hotels auf einer bequemen Liege geruht, umgeben von beflissenen Dienern, um sich von der thailändischen Sonne bräunen zu lassen, als sich ein Einheimischer von der Dachterrasse des angrenzenden Gebäudes in selbstmörderischer Absicht herabstürzte und dabei auf die geliebte Schwester aufschlug. Beide waren auf der Stelle tot. Was für ein wahnwitziger Zufall. Dabei behauptete Sophia immer, es gäbe keinen Zufall.

Am nächsten Tag nach Schulschluss bot Christa ihrer Kollegin Sophia an, sie in ihrem Auto mitzunehmen, weil deren Ford in Reparatur war. Als sich Sophia angurtete, meinte sie: »Ich glaube, ich muss mir jetzt doch wohl ein neues Auto kaufen. Meine Mutter liegt mir schon ständig in den Ohren damit. Mein Ford ist jetzt mehr in der Werkstatt als zu Hause in der Garage.«

»Sag mal, Sophia«, begann Christa zögernd, »du redest immer von Karma. Millionen Juden wurden umgebracht. Willst du etwa behaupten, die wären alle selbst schuld an ihrem Schicksal, weil es ihr schlechtes Karma war?«

»Nein, natürlich nicht, obwohl es so etwas wie Gruppenkarma gibt. So einfach liegen die Dinge nicht. Bei etlichen trifft es sicherlich zu, aber so und so viele haben sich freiwillig geopfert, damit die Menschen daraus lernen. Es ist dasselbe wie mit den Behinderten. Nicht alle sind behindert, weil sie ihr Karmakonto ausgleichen müssen, es sind oft spirituell hochentwickelte Wesen, die in so einem Körper inkarnieren, damit die Eltern beziehungsweise die Geschwister ihre Lektion lernen, sei es Mitgefühl, Verständnis und so weiter.«

»Es ist aber auch nicht so«, fuhr sie fort, »dass man alles passiv hinnehmen muss, weil es ja sowieso Karma ist. Viele Menschen in Indien denken so. Das ist das andere Extrem im

Gegensatz zu Deutschland. Du selbst schreibst den Plot deines Lebens, bevor du inkarnierst, das heißt: Die wichtigsten Prüfungen deines Lebens bestimmst du selbst. Schließlich soll deine Seele wachsen und nicht ausschließlich das Bankkonto. Aber es liegt bei dir, was du daraus machst, wie weit du deine Möglichkeiten ausschöpfst. Es ist deine freie Entscheidung. Du hast die Wahl, die ist ein Geschenk Gottes.«

»Ich pfeif auf die freie Entscheidung. Woher soll ich wissen, ob sie richtig ist?«

»Deshalb hat dir Gott einen Schutzengel gegeben«, fuhr Sophia unbeirrt fort, »diejenigen, welche spirituell interessiert sind, bekommen auch einen inneren Führer. Du musst nur auf deine innere Stimme hören, sie führt dich. Und ganz wichtig ist das tägliche Gebet. Dadurch wird der Kontakt zum Schutzengel und zum inneren Führer gestärkt. Es ist wie bei einer Freundschaft, sie will gepflegt werden, damit sie gedeihen kann.«

Christa war so in Gedanken versunken, dass sie beinahe einen Hund übersehen hätte, der überraschend auf die Fahrbahn gelaufen war. Sie bremste scharf, nicht ohne sich bei ihrer Kollegin zu entschuldigen. Danach verfielen beide in nachdenkliches Schweigen.

»Sag mal«, begann Christa nach einiger Zeit, »wieso hast du angefangen, dich mit diesen Dingen zu beschäftigen?«

»Ich war einige Zeit mit einem Mediziner befreundet. Da er beim Sezieren nicht den Sitz der Seele entdecken konnte, war für ihn das Leben mit dem Tod zu Ende. Ich fand das schlichtweg blöde. Er kam gar nicht auf die Idee, dass es noch andere Dimensionen geben könne. Für ihn zählte nur die Materie. Was ich danach bei Hetty erlebte, gab mir den Anstoß, weiterzusuchen.

Ich hab viel gelesen inzwischen. Und eines hab ich begriffen. Viele sogenannte Gebildete und Intellektuelle sind derart geblendet von ihrem eigenen Hochmut und ihrer Sichtweise, die Dinge zu beurteilen, dass sie schon deshalb die Wahrheit nicht erkennen können. Aber es gibt auch die Vernunft des Herzens, wie Pascal so schön sagt. Manche haben einen Stacheldraht darum gezogen und glauben nur an den Verstand. Der Verstand ist auf den Nutzen aus, die Seele sucht die Liebe. Damit du mich nicht falsch verstehst, Gott hat uns einen Verstand gegeben, und den soll man natürlich auch gebrauchen. Aber er ist eben nicht alles. Wichtig ist die Verbindung von Verstand zum Herzen. Dann entsteht erst Weisheit.«

Sophia hielt kurz inne und schaute abwesend aus dem Fenster. Der Wind strich durch ein Weizenfeld und ließ die Ähren in einem wohligen Schauer erzittern. Über dem Feld kreiste ein Bussard. Christa schwieg, sie schien auf weitere Erklärungen zu warten.

»Als ich eines Tages zu Hetty kam«, fuhr Sophia fort, »saßen neben mir ein Professor und eine einfache Frau einträchtig auf dem Sofa und unterhielten sich über ihre Leiden. Nachdem beide gegangen waren, erzählte mir Hetty, dass die Frau nur noch einmal inkarnieren müsse, der Professor aber noch viele Male. Da frage ich mich doch, wer ist da der Klügere. In unserer Gesellschaft rennen wir den falschen Werten nach. Je unverständlicher einer daherredet oder je mehr Geld einer hat, umso beeindruckter sind wir.«

Sophia zog nachdenklich die Stirn kraus. »Du weißt ja, ich bin schon viel gereist. Du glaubst nicht, wie oft ich angelächelt worden bin in den ›armen‹ Ländern. Einfach so, ohne Hintergedanken, aber mit Herzlichkeit und Wärme. Sie haben nichts, aber sie können sich freuen. Bei uns haben sie alles, aber sie haben die Freude verloren und das Lächeln.«

»Dabei kostet es doch nichts«, unterbrach Christa ihren Redefluss. Ihre Kollegin nickte zustimmend.

»Ich hab einmal von einem Stamm in Afrika gelesen, bei dem die Menschen, nachdem man ihnen ihre Götter genommen hatte, die gleichen Neurosen und Ängste entwickelten wie wir in den Industrieländern. Weißt du, je mehr ich suche, umso mehr Türen öffnen sich. Diejenigen, die schon alles zu wissen glauben, haben im Grunde keine Ahnung. Sie bedienen lediglich ihre Schubläden. Aber jetzt sind wir ja schon da. Hoffentlich hab ich nicht zu viel geredet.«

Christa verneinte vehement und ließ sich noch ein paar Buchtipps geben, bevor sie das Auto wendete und nach Hause fuhr.

Die Kinder waren endlich im Bett und Ernst beim Schafkopfspiel im Wirtshaus. Anna seufzte erleichtert auf. Die Arbeit war getan, nur die Socken waren noch zu flicken, aber das hatte Zeit bis morgen. Bald kam die Zeit für die Zuckerrübenernte. Zerstreut blätterte sie in einer Fernsehzeitschrift. Auf Seite drei glänzten goldene Pagoden im Abendlicht, im Hintergrund flatterten Gebetsfahnen im sachten Wind. Sie schaltete den Fernseher ein. Annas Herz zog sich zusammen. Was war die Welt doch schön. Es musste ja nicht unbedingt die Sphinx sein.

Als Ernst zwei Stunden später die Stube betrat, schaltete er, noch bevor er die Jacke auszog, den Fernseher aus. »Du weißt doch, dass ich diese Länder nicht mag.« Er roch nach Bier und Schnaps. Bisher hatte sich Anna immer gefügt, aber jetzt regte sich so etwas wie leiser Widerstand in ihr. Wortlos ging sie zum Radio und schaltete es ein. Als blecherne Blasmusik ertönte, zuckte sie zusammen und suchte schnell einen anderen Sender.

»Soso, hast Angst, dass du wieder weinen musst«, stichelte Ernst. Anna schnaubte verächtlich, während sie einen Sender mit klassischer Musik suchte. Das Verständnis für diese und die Liebe zu dieser Art Musik hatte ihr Christa nahegebracht. Weil sie ihre Freundin liebte, hatte sie begonnen, die »Kleine Nachtmusik« zu hören. Immer wieder, jeden Abend vor dem Einschlafen. Christa hatte sie ihr geschenkt. Inzwischen hörte sie sogar Mahler mit Vergnügen, sehr zum Verdruss ihres Ehegespons. Als sie jetzt gedankenverloren auf dem Sofa saß und Pachelbels Kanon lauschte, kam die Erinnerung wieder.

Sie war ein kleines Mädchen und es war Volksfest. Mit ihren Eltern und dem jüngeren Bruder saß sie im Festzelt. Die rotwangige Bedienung hatte gerade die Maß für ihren Vater gebracht. Ihr Vater hatte mit Genuss davon getrunken, vorher dem Nachbarn zugeprostet und sich anschließend lächelnd den Schaum vom Schnurrbart gewischt. Der Bruder knabberte hingebungsvoll an einer tellergroßen Brezen. Als ihr Blick zum Zelteingang wanderte, sah sie, wie die Sonne die letzten Regentropfen von den Blättern der alten Eiche wegküsste.

In diesem Augenblick kamen die Musikanten auf die Bühne gestapft und setzten die Trompeten an die Lippen. Die Blasmusik füllte den Raum und ließ goldene Pünktchen in Mutters Augen tanzen. Es war ein vollkommener Augenblick des Glücks. Das war ihr allerdings damals nicht direkt bewusst, das wusste sie erst später, als ihr Vater schon einige Jahre auf dem Friedhof lag.

Sie erinnerte sich, wie sie, als sie nach dem Volksfest wieder zu Hause war, das Radio aufdrehte. Und – o Wunder – wieder ertönte Blasmusik wie in dem vollkommenen Augenblick ein paar Stunden zuvor. Und auf einmal war alles anders. Die Tür wurde aufgerissen, der Nachbar stürzte herein und schrie mit sich überschlagender Stimme: »Resl, er ist tot. Er liegt im Straßengraben mitsamt seinem Motorrad!« Ihre Mutter schaute ihn mit offenem Mund an. Sie schien nicht zu begreifen.

Der Ton der Blasmusik war plötzlich ein anderer. Als wäre Raureif darauf gefallen. Und das mitten im Sommer. Da ging der Nachbar zum Radio und schaltete es aus.

Seitdem musste Anna weinen, wenn sie Blasmusik hörte. Sie fragte ihre Mutter, warum Gott so etwas zuließ. Aber sie wusste es auch nicht, stattdessen fing sie jedes Mal zu schluchzen an. Immer wieder, sooft sie auch fragte. Deshalb gab sie es auf. Nur einmal stellte sie diese Frage noch, diesmal aber ihrer Lieblingstante Hedwig, als sie bei ihr zu Besuch waren. Hedwig war alt und krumm. Aber sie wusste mehr als die anderen Menschen, denn Hedwig legte Karten.

Als Anna nun vor ihr stand, drückte sie ihre Tante liebevoll an ihre karierte Schürze. »Seine Lebensuhr war abgelaufen, mein Kind, ich habe es lange vorher in den Karten gesehen. Seine Seele ist heimgegangen, weißt du, deshalb sollst du versuchen, nicht mehr traurig zu sein.«

Heimgegangen, sinnierte Anna noch lange vor sich hin, heimgegangen. Sie fand ein wenig Trost in dem Wort, es schmeckte süß, wenn sie es auf der Zunge zergehen ließ. Und sie erinnerte sich wieder. Damals vor zwei Jahren, als sie im Krankenhaus lag, da war ER zu ihr gekommen und hatte zu ihr gesagt: »Deine Zeit ist noch nicht gekommen.« Gott wusste, wann man gehen musste.

Damals begann sie, sich enger an Christa anzuschließen. Ihre Noten hatten sich rapide verschlechtert nach Vaters Tod. Anfangs hatte Christa ihr Heft so hingelegt, dass Anna bei ihr abschreiben konnte, wenn sie etwas nicht wusste. Später kam sie immer öfters vom anderen Ende des Dorfes zu ihr, um ihr bei bestimmten Rechenaufgaben zu helfen. Einmal gestand sie ihr, dass sie Annas Mutter eigentlich lieber mochte als ihre eigene Mutter, die immer so unduldsam und herrisch war. Sie war eine von der Sorte, der man nichts recht machen konnte.

»Später, wenn ich groß bin«, sagte Christa mit Nachdruck zu Anna, »mache ich es nur mehr mir recht, vielleicht auch noch dir, aber sonst niemandem, weißt du.«

Christa war die gescheiteste in der Klasse, deshalb ging der Lehrer zu ihren Eltern und sagte ihnen, ihre Tochter müsse aufs Gymnasium. Das machte Anna stolz und traurig zugleich, denn nun würde ihre Freundin nicht mehr in der Schule neben ihr sitzen. Und sie würde auch nicht mehr so viel Zeit haben, zu ihr zu kommen, um mit ihr und den Puppen zu spielen. Christa aber tröstete sie. Sie versprach ihr, dass sie immer Freundinnen bleiben würden. Immer und für alle Ewigkeit.

Christa besaß ein allerliebstes schwarzes Kätzchen. Es trug weiße Söckchen und schnurrte, sobald man es anfasste. Dieses Kätzchen schenkte nun Christa ihrer Freundin Anna vor ihrem ersten Schultag im Gymnasium. Wenn sie selbst jetzt nicht mehr so oft kommen konnte – weil sie ja mehr lernen müsse als vorher –, so war doch das Kätzchen immer bei ihr.

Anna wurde aus ihren Gedanken gerissen, als der Nachrichtensprecher verkündete, dass die Mauer gefallen sei und die Menschen auf beiden Seiten zusammenströmten und feierten. »Ich geh jetzt ins Bett«, grollte ihr Mann, »woanders wird gefeiert, aber meine Frau kann nicht mal Blasmusik hören. Was ist das für ein Leben!«

Wieder spürte Anna, wie sich ihr Magen zusammenkrampfte. War sie wirklich eine so schlechte Ehefrau, wenn sie bei Blasmusik das Radio abstellte? Christa erklärte ihr zwar immer wieder, dass sie vollkommen im Recht sei, aber Christa war nicht wie die anderen Frauen im Dorf. Christa tat nicht, was die Männer von ihr verlangten, sie tat nur das, was sie selbst für richtig hielt, und pfiff auf die Meinung der anderen.

Ihre Freundin hatte ihr einmal von einer Gräfin Reventlow erzählt, einer ungewöhnlichen Frau, die ein Kind wollte, aber keinen Mann. Eine Frau, die wusste, was sie wollte. Und das zur Jahrhundertwende! Bald gab es wieder eine Jahrhundertwende, aber im Vergleich zu dieser Frau war sie altbacken und unselbstständig. Vielleicht würde ihre Tochter Franziska (sie hatte ihr nicht ohne Hintergedanken den Namen gegeben) das Leben führen, das sie sich nicht zutraute?

Anna seufzte. Sie löschte das Licht und ging ins Bett zu einem schnarchenden Ernst. Morgen war auch noch ein Tag.

Gleich nach dem Aufwachen fiel ihr ein, dass sie sich um einen neuen Arzttermin für ihre Tochter kümmern musste. Das Asthma war schlimmer geworden. Als nach dem Mittagessen das Telefon klingelte, fiel ihr wieder der Arzttermin ein. Es war ihre Freundin Christa. Anna erkundigte sich als Erstes, ob

Christa nicht einen guten Arzt wüsste für Franziska. Ihre Freundin schwieg für einen Augenblick, dann erklärte sie kategorisch: »Wenn bisher keiner hat helfen können, musst du zu dieser Hetty. Du weißt schon, die Heilerin, die mir geholfen hat. Ich zeige dir den Weg.«

Christa tätschelte liebevoll Franziskas weißen Nacken. Ihr flaumiger Haaransatz war eine Spur heller als das restliche dunkle Haar, welches sich weich um ihren wohlgeformten Kopf schmiegte. »Ich möcht auch so langes Haar wie die Christa«, maulte Franziska in Annas Richtung. Anna wich geschickt einem Fahrradfahrer aus, und statt ihrer Tochter zu antworten, fragte sie in Richtung Rücksitz: »Wie weit ist es denn noch, Christa?«

»Nicht mehr weit, wir sind bald da. Beim Kirchturm musst du links abbiegen.«

Poldi kläffte wütend, als er die neuen Besucher im Türrahmen stehen sah. Erst als Christas Gestalt auftauchte, beruhigte er sich.

Hetty nickte den Neuankömmlingen zerstreut zu und fuhr ungerührt in ihrer Erzählung fort: »Ich sitz also im Bett, auf der Bettkante, neben mir der Oberarzt. Da geht die Tür auf und nacheinander kommen sie hereinspaziert, im roten Wams und mit grünem Jägerhut. Genau so, wie ich sie immer gebastelt hab, die Wichtel und Waldgeister. Ich denk, ich seh nicht recht, wie einer nach dem anderen den Hut lupft und mir verschmitzt zulächelt. Sie gehen im Kreis, dann verschwinden sie wieder durch die Tür, so, wie sie gekommen sind. Es müssen etwa zehn gewesen sein. Der Oberarzt hat natürlich an meinem Gesicht abgelesen, dass ich etwas gesehen hab, was er nicht sah. Ich weiß nur noch, die Wahrheit hab ich nicht gesagt, der hätte mich doch für verrückt erklärt. Ich hab halt irgendetwas dahergestottert.«

Franziska lauschte ergriffen. Am Schluss der Geschichte zappelte sie unruhig auf dem Sofa herum. »Die Meier Anneliese«, platzte sie heraus, »die hat mir eine ähnliche Geschichte erzählt, ich glaube, da waren es Elfen, die sie gesehen hat. Sie hat das ihrem Vater erzählt, der hat ihr aber eine Watschn gegeben, seitdem hat sie nichts mehr gesehen. Das behauptet sie zumindest.«

Hetty schaute das Mädchen liebevoll an. »Gerade Kinder ›sehen‹ noch viel, aber die ›vernünftigen‹ Erwachsenen glauben das nicht«, fügte sie hinzu und winkte ein kleines Mädchen zu sich heran. Sie nahm seinen leicht deformierten Unterarm und begann ihn zu therapieren.

»Mir wird gerade durchgegeben«, sagte sie zur Mutter des Mädchens, »dass der Arm noch operiert werden muss, damit alles gut wird.«

Dann spann sie ihre Geschichte weiter: »In meiner Kindheit hatte unser Nachbar einen Kobold im Keller. Der hat allerhand Schabernack getrieben und ihm so manches Werkzeug verlegt. Der Bauer hat mir natürlich nicht geglaubt und bildete sich jedes Mal wieder ein, er hätte das Werkzeug selbst versehentlich an andere Stelle aufgeräumt.« Hetty kicherte wie ein junges Mädchen in Erinnerung an das damalige Geschehen.

Franziska hatte aufmerksam zugehört. »Es gibt doch auch Gnome und Feen«, fiel sie der Heilerin ins Wort.

»Ja freilich, auch Nymphen und Zwerge. Das sind alles Elementargeister verschiedener Art, so, wie es bei den Menschen verschiedene Rassen gibt. Elementargeister leben in einer anderen Schwingung, deshalb können die Menschen sie nicht sehen, weil ihre Schwingung dichter und gröber ist als ihre. Menschen töten einander und sehen sich gewaltverherrlichende Filme an, deshalb können sie nicht die Wesen sehen, welche die Blumen zum Blühen bringen und die Bäume zum Wachsen. Es gibt auch den Geist des Windes und des Feuers. Die Elementargeister glauben, dass die Menschen froh sind, dass sie sie nicht wahrnehmen können, dann brauchen sie keine Rücksicht zu nehmen auf die ›unbelebte‹ Natur.«

»Schutzengel gibt es doch auch«, fiel Franziska ihr wieder ins Wort.

Christa schaute ihr Patenkind mit unverhohlenem Stolz an. Selbstbewusst wie die Reventlow, dachte sie bewundernd, während Anna ihre Tochter mit einer vielsagenden Geste zu zügeln versuchte.

»Natürlich«, pflichtete ihr Hetty bei.

»Das letzte Mal hat er mir aber nicht geholfen«, sinnierte Franziska laut.

»Du musst ihn schon bitten, es sei denn, du bist in Gefahr«, erklärte Hetty. »Dein freier Wille wird geachtet, so ist das Gesetz des Universums.«

Franziska schaute sie mit großen Augen an. »Was du nicht alles weißt, das ist viel aufregender als in der Schule.«

Hetty lachte. »Trotzdem ist die Schule wichtig. Vergiss das nicht. Du wirst immer in die Schule gehen. Später allerdings als Lehrerin«, fügte sie schmunzelnd hinzu.

Anna horchte auf. Ihre Tochter, eine Lehrerin, also das gefiel ihr. Mittlerweile war das kleine Mädchen fertig behandelt und verließ an der Hand seiner Mutter den Raum. »Bis heute Abend«, rief ihr Hetty hinterher. »Bis heute Abend«, krähte die Kleine zurück.

»Kommen die denn gleich zweimal am Tag?«, fragte Christa verblüfft.

»Ja«, erwiderte Hetty, »sie kommen aus Norddeutschland und haben sich für drei Wochen beim ›Goldenen Hirschen‹ im Dorf einquartiert. Die Kleine hat eine schlimme Krankheit, Sklerodermie, die ist für die Schulmedizin unheilbar. Die Mutter hat von mir gehört, sie ist Mitglied einer Selbsthilfegruppe. Die Kleine wird gesund.«

Franziska schaute sie mit offenem Mund an. »Was du nicht alles kannst.«

»Aber das bin doch nicht ich«, stellte Hetty richtig. »Das ist mein innerer Führer, ein hoher Prophet. Er arbeitet mit Ärzten zusammen, die ihm unterstellt sind und durch mich als Medium arbeiten.«

Christa schaute Hetty mit neu erwachtem Interesse an. Was es nicht alles gab! Sie würde Sophia weitere Fragen stellen müssen. Die versammelte Runde blickte andächtig zu der Heilerin auf, die wie eine leibhaftige Magna Mater inmitten der Hilfesuchenden thronte, mit einem schläfrigen Poldi als Beschützer zu ihrer rechten Seite.

»Was essen denn die Elementargeister?«, unterbrach Franziska die ungewohnte Stille.

»Sie nehmen nur die Essenz der Nahrung zu sich, nicht die Materie selbst. Wenn Menschen den Elementargeistern – manche können sie ja sehen – Essen anbieten, dann sieht das für die Menschen nach außen hin unberührt aus. Was glaubst du, welches Fleisch besser schmeckt, das von Tieren, die auf engem Raum in der Gefangenschaft gehalten werden, oder Fleisch von Tieren, die auf einer grünen Wiese weiden?« Hetty schaute Franziska fragend an.

Das Mädchen zog die Nase kraus und dachte kurz nach. »Grüne Wiese klingt besser«, meinte sie nachdenklich, »wenn ich es auch nicht richtig erklären kann.«

»Weißt du, wenn ein Tier so ein widernatürliches Leben geführt hat und anschließend in Angst und Schrecken stirbt, dann nimmt der Mensch beim Verzehr diese Schwingung mit auf, wenn er sie auch nicht sieht. Die verschwindet schließlich nicht mit dem Panieren.«

»Dürfen wir denn dann überhaupt kein Fleisch mehr essen?«, hakte Franziska nach.

»Das bleibt jedem selbst überlassen, wichtig ist nur, dass die Tiere artgerecht gehalten und nicht gequält werden. Das Leid der Tiere wird eines Tages auf die Menschen zurückfallen.«

Im Augenblick war Franziska nur erleichtert. Sie konnte also ihre geliebte Leberkässemmel weiterhin essen.

»Lamm ist am gesündesten, Schwein sollte man meiden«, sagte Hetty in ihre Gedanken hinein.

Nachdem Hetty zwei weitere Patienten fertig therapiert hatte, erkundigte sich einer aus der Runde nach dem Verwalter von Sankt Ottilien. »Ach, der war vor vier Wochen da, ein Geist werkelte unter seiner Haut an den Rippen. Als er nach der Therapie aufs Klo ging, lagen anschließend zwei Gewebsstücke in der Kloschüssel. Er nahm sie mit nach Hause und legte sie in Spiritus. Später ließ er sie im Labor untersuchen. Es war Krebs.«

Endlich war Franziska dran. Ihre Mutter schilderte kurz ihr Leiden. »Das kriegen wir schon hin, keine Sorge.« Hetty tätschelte liebevoll Franziskas weiches dunkles Haar.

»Kannst du denn alle heilen?«, fragte sie das Mädchen beeindruckt. Draußen vor dem Fenster zwitscherten die Schwalben im Sonnenlicht.

»Nein, nicht alle. Menschen mit schlechtem Karma kann ich oft nicht helfen, andere müssen lange leiden, ehe ihnen geholfen wird, das ist völlig unterschiedlich.«

»Was ist Karma?«, fragte Franziska wieder.

»Jetzt sei doch endlich mal still«, fuhr eine verärgerte Anna dazwischen. »Christa wird es dir auf dem Heimweg erklären.«

Es war vier Wochen später, nach einem Spaziergang am See, dass Anna ein verlassenes Ei neben einem Schwanennest fand. Erst gestern hatte es Streit mit Ernst gegeben, weil sie wieder einmal die Blasmusik im Radio ausgeschaltet hatte. Anna blieb ganz in Gedanken versunken neben dem Ei stehen. Franziska wurde auch immer aufsässiger. Sie würde das Ei mit nach Hause nehmen. Es tat ihr leid, wie es so verloren und einsam neben dem Nest lag. Der Vogel sollte nicht sterben. Sie würde ihn ausbrüten. Gestern wurde sie durch die Blasmusik an den Tod erinnert, heute sollte ein Wesen davor gerettet werden. Sie spürte einen Juckreiz am linken Busen unter dem BH-Bügel. Ja natürlich, warum war sie nicht gleich darauf gekommen. Nachdem sie sich ausgiebig gekratzt hatte, nicht ohne sich vorher vergewissert zu haben, dass niemand zuschaute, nahm sie das Ei und steckte es entschlossen in die Einbuchtung zwischen ihren beiden Brüsten. Dort war es geschützt und warm.

Natürlich machte Ernst erst einmal ein Riesengeschrei. Er gebärdete sich, als nähme das Ei Besitz von den Brüsten seiner Frau, die doch rechtmäßig ihm zustanden. Dann wagte sie auch noch, das Ei nachts zwischen die Ritze ihrer beiden Betten zu legen. Er hatte eine Frau, die keine Blasmusik hören wollte, wo doch jede rechtschaffene Bäuerin und jeder Bauer sich dabei im bayerischen Himmel wähnten. Und jetzt brütete sie auch noch ein Ei aus wie eine Henne. Wie eine echte bayerische Krampfhenne!

Natürlich wurde sie bei dem Vorhaben von Christa unterstützt. Gegen Christa kam er nicht an. Das wusste er. Christa war sozusagen sakrosankt, das war eines der Wörter, die er von ihr gelernt hatte. Christa war eine aus dem Dorf und Lehrerin noch dazu. Da war nichts zu machen. Seit Neuestem hielt sie ihm auch noch den modernen jungen Bauern von nebenan als leuchtendes Beispiel vor, der sogar auf sein Baby aufpasste, was kein normaler Bauer tat. Und jetzt fuhren die beiden auch noch mit seiner Tochter zu einer Heilerin. Die Welt war aus den Fugen geraten. Jawohl, das war sie. Blöderweise schien die Heilerin sogar zu helfen, deshalb musste er sich wohl oder übel mit seinem Gegeifer zurückhalten. Nur das Gerede von Elfen und Feen, das würde er in seinem Hause nicht dulden, das hatte er sofort ein für alle Mal klargestellt.

Zum Glück geriet der Bub nach ihm. Für den gab es kein größeres Glück, als Traktor zu fahren. Für seine acht Jahre machte er das sogar recht gut. Das sagte er natürlich nicht laut. Gott bewahre! Wo kämen wir denn da hin, der Bub könnte ja hoffärtig werden. Er interessierte sich mehr für Maschinen als für die Lernerei, auch das war ihm recht. Mit der Lernerei kamen die Flausen, das sah er bei seiner Tochter.

Es war an einem stillen Sonntagnachmittag, er war gerade rechtzeitig von seinem Rundgang durch die Felder zurückgekommen, denn es hatte zu nieseln begonnen. Da wurde die Tür aufgerissen. Die junge Bäuerin von nebenan stand im Türrahmen und fragte aufgeregt nach Anna. Ihm fielen ihre ungewöhnliche Blässe und die geröteten Augen auf. »Die ist nicht da, die ist bei Christa.«

In dem Moment schlug sie die Hände vors Gesicht und begann hemmungslos zu weinen. »Sie können ihm nicht mehr helfen, meinem Mann«, schluchzte sie. »Er hat sich am Dutz (Schnuller) verschluckt und ist erstickt daran.«

Das kommt von dem dummen Babysitten, fuhr es dem Bauern durch den Kopf. Er wusste nicht gleich, was er sagen sollte, deshalb kratzte er sich erst mal verlegen am Kopf. Zu dumm auch, dass die Frau nicht da war, wenn man sie brauchte. Er stand auf, etwas musste er ja tun, und weil er immer noch nicht so recht wusste, was, nestelte er am Radio herum, um Zeit zu gewinnen. Als unvermutet laute Blasmusik durchs Zimmer dröhnte, zuckte selbst er zurück und schaltete schleunigst aus. Aber da stand zum Glück schon Anna in der Tür und nahm die schluchzende Nachbarin vorsichtig in die Arme.

Selbst jetzt denkt sie noch an das Ei, dachte der Bauer plötzlich wütend. Er ließ die beiden Frauen allein und verließ eiligst das Zimmer. Die ist noch jung, die hat bald wieder einen, war alles, was ihm einfiel, als er die Haustür hinter sich zuzog.

Als er wiederkam, stellte er fest, dass Anna ihm nicht wie gewohnt sofort die Pantoffeln hinstellte. So etwas war in ihrer dreizehnjährigen Ehe noch nicht vorgekommen. Ernst verschlug es buchstäblich die Sprache. Sie saß still und gedrückt am Tisch, das Strickzeug hatte sie zwar bereitgelegt, aber nicht angerührt. Aus dem Radio ertönte langweilige klassische

Musik. Auch das noch. Keine Pantoffeln, stattdessen klassische Musik! Ernst stand entschlossen auf und drehte den Radioknopf mit einer Geste, als wolle er die Musik regelrecht abwürgen. Noch immer keine Entschuldigung wegen der Pantoffeln! »Das kommt von dem neumodischen Firlefanz wie Babysitten, dass er erstickt ist«, wetterte er gegen das Schweigen an. »So ein Schmarrn«, das war alles, was er Anna entlocken konnte. Als er zu Bett ging, musste er sich beherrschen, um nicht mit einem Fausthieb auf das Ei in der Ritze einzuschlagen.

Christa hatte die letzten Male keine Zeit gehabt, Franziska und Anna bei ihren Fahrten zu Hetty zu begleiten. Den Heilungsprozess ihres Patenkindes verfolgte sie jedenfalls mit Genugtuung, wann immer sie ihre Freundin besuchte. Sie hatte versucht, Franziska den Begriff Karma so gut wie möglich zu erklären. Aber sie selbst hatte das Gefühl, immer noch zu wenig Bescheid zu wissen, und deshalb lud sie Sophia zum Kaffee ein.

»Ich versuch, dir den Begriff an einem Beispiel zu veranschaulichen«, begann Sophia, während sie sich genussvoll einen Krapfen in den Mund schob. Christa wusste, dass Krapfen Sophias Lieblingsspeise waren. Was sie nicht wusste, war die Tatsache, dass Sophia nach dem ersten Bissen entschieden hatte, dass Christas Krapfen denjenigen ihrer Mutter nicht das Wasser reichen konnten.

»Ich entsinne mich an einen Fall bei Hetty«, fuhr sie immer noch kauend fort. »Es war ein kleines Mädchen, das mit einem Beinproblem zu der Heilerin gekommen war. Was es genau war, weiß ich jetzt nicht mehr genau. Auf jeden Fall hatte sie dieses verunstaltete Bein von Geburt an. Und weißt du, warum? Sie hatte in einem früheren Leben, sie war damals ein Mann, in ihrer Wut einen Freund einen Berg hinuntergestoßen. Dieser Mensch musste daraufhin den Rest seines Lebens mit einem verkrüppelten Bein herumhumpeln. Denk an die Bibelstelle ›Auge um Auge, Zahn um Zahn‹.

Weißt du, jede Handlung, jedes Gefühl und jede Vorstellung verbraucht Energie und wird in die Schöpfung abgegeben. Nun verhält es sich aber so, dass diese Energie wie ein Bumerang wieder zu dem zurückkehrt, der sie ausgesandt hat. Oft erst in einem späteren Leben. Merk dir also: Jede Tat, jeder Gedanke, ob positiv oder negativ, kehrt irgendwann einmal zu dir zurück. Insofern bist du deines eigenen Glückes Schmied, verstehst du? Und insofern ist es wichtig, positiv zu denken, wie uns die Psychologen mit Recht raten.«

Christa hörte aufmerksam zu.

»Mir fällt noch ein anderer Fall ein. Ein Mann mit einem Augentumor kam eines Tages zu Hetty. Der hatte in einem früheren Leben einem anderen ein Auge ausgeschlagen.«

»Kann man denn immer davon ausgehen, dass jeder selbst schuld ist an seiner Krankheit?«, fragte Christa verwundert und goss Kaffee nach.

»Nein, nicht unbedingt. Manchmal hat man sich auch eine Krankheit ausgesucht, um daraus zu lernen und seelisch zu wachsen oder um nur einfach das Karmakonto abzutragen. Ein Behinderter hat sich vielleicht diese Krankheit ausgesucht, weil er lernen sollte, Hilfe anzunehmen. Auf jeden Fall ist es nicht Gott oder das Schicksal, das uns ›straft‹, wir selbst haben das Skript geschrieben, bevor wir inkarnierten. Wenn die Seele ihr Karma aufgearbeitet hat und sich bewusst dem Licht zuwendet, dann kann sie heimkehren zu Gott und braucht nicht mehr wiederzukommen.«

»Und ich glaubte immer, es wäre reiner Zufall, wo und wie ich mein Leben lebe, wem ich begegne, welche Krankheit ich entwickle und so weiter«, unterbrach sie ihre Kollegin.

»Nicht die Bohne«, nahm Sophia den Faden wieder auf. Sie stellte vorsichtig die zart geblümte Kaffeetasse auf den Glastisch. »Weißt du, ich hab inzwischen viel gelesen. Anfangs hab ich die Bücher immer von Hetty absegnen lassen, aber mittlerweile hab ich selber ein gutes Gespür dafür entwickelt. Du musst wissen«, fuhr sie mit einem forschenden Blick auf Christa fort, »ich hab bei Hetty einen inneren Führer bekommen, einen Karmelitermönch. Menschen, die regelmäßig beten und sich auf diese Weise mit Gott verbinden, bekommen einen inneren Führer. Du weißt ja, dass ich mich mit Hetty inzwischen angefreundet habe. Ich besuche sie oft. Ihr Führer sagt immer wieder: Die Liebe ist die stärkste Kraft im Universum.

Wissenschaftlich ausgedrückt ist Liebe, die universelle Liebe, eine Energie, die einen neuen Raum schafft, ein neues Ausmaß, eine neue Zeit. Langsam, ganz langsam fange ich an, diesen Satz zu begreifen. Ein Gebet ist positive Energie, die zu dir zurückkommt. Natürlich wird nicht jedes Gebet erhört, aber gehört, verstehst du? Gott weiß am besten, ob du noch eine leidvolle Erfahrung für dein Wachstum brauchst. Ein Einzelner, der mit Gott und dem Licht verbunden ist, kann mehr bewirken als tausend andere, die dem negativen Geist folgen«, schloss Sophia ihre Ausführung.

»Also, nimm es mir nicht übel, aber das leuchtet mir nicht ein«, unterbrach sie Christa schroff.

»Nun, du musst dir vorstellen, ein wirkliches Gebet ist wie ein Licht in der Dunkelheit. Dieses Licht ermöglicht den Lichtarbeitern ihre Tätigkeit auf unserer Erde. So, jetzt muss ich aber aufhören, ich hab genug gelabert. Ich hoffe, es war dir nicht zu viel«, meinte sie mit einem Blick auf die Uhr.

Als Sophia gegangen war, betrachtete sich Christa lange im Spiegel. Die Haare waren fettig, auf der Nase glänzte ein Pickel und der Bauch zeichnete sich schon wieder im engen Rock ab. Sie würde ein paar Tage fasten. Unwillkürlich musste sie an Anna denken. Die dachte nicht daran, zu hungern. Anna musste auch nicht so viel über das Universum nachdenken wie Sophia. Anna wusste tief in ihrem Herzen, dass es einen Gott gab, daraus schöpfte sie ihre Kraft.

Christa beneidete Anna um diesen Glauben, sie würde den Weg Sophias gehen müssen, wenn sie ihn finden wollte. Sie dachte an die bigotte rothaarige Nachbarin ihrer Kindheit. Immer fleißig in die Kirche rennen, aber sonst über die Leute lästern, was das Zeug hielt. Der Pfarrer hatte eine Geliebte und wetterte im Gottesdienst gegen die Pille. Die eigene Mutter war fromm, aber hatte sie als Kind geschlagen.

Als ihr im Gymnasium die Filmaufnahmen von den Konzentrationslagern gezeigt wurden, in denen Bulldozer Berge von Leichen vergaster Juden vor sich herschoben, hatte sie den Gott ihrer Kindheit verloren und bis heute nicht wiedergefunden. Doch ihr Interesse war geweckt.

Dann holte sie das Geburtstagsgeschenk für Anna aus dem Schrank. Morgen würde sie es ihrer Freundin vorbeibringen. Eine schlichte Kette aus Süßwasserperlen. Anna kaufte sich nie Schmuck und der Trampel von Ehemann ihr sowieso nicht. Sie sollte eine Freude haben. Christa liebte Anna. Sie hatte es ihr nie gesagt. Auf dem Dorf machte man so etwas nicht, aber Anna wusste das auch so, sie wusste das mit der gleichen Unerschütterlichkeit, wie sie wusste, dass es einen Gott gab.

Anna küsste die Perlenkette, bevor sie sie anlegte. Manchmal war sie so übermütig. Christa liebte sie dafür umso mehr. Im Spiegel sah sie das grantige Gesicht von Ernst. Sollte er sich ruhig darüber ärgern, dass er ihren Geburtstag vergessen hatte. Durch die Schlafzimmertür ertönte ein zartes Piepsen.

»Was ist denn das?«, fragte Christa und öffnete rasch die Tür. In einer alten Pappschachtel saß ein kleiner grauer Schwan auf sorgsam aufgeschichtetem Heu. »Oh, ist der süß!«, schrie sie voller Entzücken. »Aber was machst du jetzt mit ihm?«

»In den See setzen zu den anderen Schwänen«, seufzte Anna kleinlaut. Ihr Seufzer ging in Türenschlagen unter. Der verärgerte Ehemann hatte das Haus verlassen.

Abends, als Christa gerade die Bettdecke zurückgeschlagen hatte, klingelte das Telefon. Eine wild schluchzende Anna war dran. Christa hatte Mühe, sie zu verstehen. »Er hat dem Schwan den Hals umgedreht.«

»Nein, das darf doch nicht wahr sein«, entfuhr es Christa.

»Ist es aber.«

»Komm sofort zu mir«, befahl die aufgebrachte Freundin. »Du bleibst heute Nacht nicht daheim.«

Zum ersten Mal in ihrer Ehe wechselte Anna kein Wort mit Ernst. Morgens stellte sie ihm schweigend den Milchkaffee hin, mittags den Schweinebraten und abends vor dem Nachtessen die Pantoffeln. Das verunsicherte Ernst mehr, als wenn sie vergessen hätte, ihm diese rechtzeitig zu bringen. Ihr Gesicht blieb hart und verschlossen. Selbst die Kinder konnten sie nicht zum Lachen bringen. Beide schnatterten aufgeregt um die Wette, um das Schweigen ihrer Eltern zu übertönen.

Ernst suchte jetzt auffallend oft klassische Musik am Radio. Einmal erwischte er den falschen Sender und laute Blasmusik schmetterte Anna entgegen, als sie das Essen auftrug. Zum ersten Mal erschrak auch Ernst. Er schaltete auf der Stelle aus. Das geschah am dritten Tag des Schweigens. Damals entschloss sich Anna, wieder zu sprechen.

Anna redete jetzt zwar wieder mit ihm, aber ihr Ton war ein anderer geworden. Nicht mehr so bemüht, ihm zu gefallen und es ihm in allem und jedem recht zu machen. Manchmal schlich sich sogar eine winzige Zornesfalte zwischen ihre Augenbrauen. Daraufhin stellte ihr Ehemann ihr zum ersten Mal eine Auslandsreise in Aussicht. Allerdings nur, wenn die Ernte gut ausfallen würde. Als sie eher mittelmäßig ausfiel, vertröstete er sie auf das nächste Jahr.

Anna bemerkte zum ersten Mal, dass ihr Ernst Geheimratsecken bekam und einen Bauch dazu. Christa versicherte ihr allerdings, dass er schon seit längerer Zeit so aussehe. Das erstaunte wiederum Anna. »Liebe macht blind«, dozierte Christa, »jetzt nimmst du ihn halt deutlicher wahr als früher.«

Ein Jahr nachdem Ernst dem frisch ausgeschlüpften Schwan den Hals umgedreht hatte, ertastete seine Frau einen Knoten in ihrer rechten Brust. Er war eher klein, aber hart. Es war die Härte, die sie beunruhigte.

Christa befahl ihr, sofort einen Frauenarzt aufzusuchen. Diesmal war es Anna, die darauf bestand, zuerst zu Hetty zu fahren. Während sie an einem gelb wogenden Weizenfeld vorbeifuhren, erzählte Anna ihrer Freundin von der neuen abenteuerlichen Theorie ihres Ehegespons.

»Weißt du, was er behauptet? Er behauptet doch tatsächlich, ich hätte den Krebs (wenn es denn einer ist) nur bekommen, weil ich den Schwan ausgebrütet habe.«

Christa lachte nur verächtlich. »Unverschämt«, zischte sie, »den hast du bekommen, weil du dich von ihm drangsalieren lässt.«

Anna, die jetzt eine längere Hasstirade gegen Ernst befürchtete, lenkte schnell ab, indem sie von Franziska erzählte. »Sie wollte unbedingt mitkommen«, erzählte sie, »aber morgen hat sie eine Mathearbeit, da hat sie noch zu tun. Ich hab ihr versprochen, dass sie beim nächsten Mal mitfahren darf. Seitdem Hetty sie von ihrem Asthma geheilt hat, schwärmt sie von ihr.«

Christa nickte zustimmend. »Deine Tochter wird mal nicht so dumm sein, sich herumkommandieren zu lassen wie ihre Mutter«, stichelte sie. »Na ja«, meinte sie nach einem prüfenden Seitenblick auf Anna, »ein bisschen hast du ja schon hinzugelernt.«

Als Christa die Tür öffnete, saßen die Leute dicht gedrängt um die Heilerin. Ihr fiel ein dunkelhaariger Mann im dicken braunen Pullover auf. Neben ihm saß einer im blauen T-Shirt. Die Art, wie er dasaß, ließ sie vermuten, dass die zwei zusammengehörten. Irgendwie ging von den beiden etwas Finsteres, fast Bedrohliches aus. Das schien auch Hetty so zu fühlen. Sie wechselte einen Blick mit ihr, der ihr signalisierte, dass Hetty dasselbe dachte wie sie.

»Na, wie hoch sind denn deine Tageseinnahmen so?«, ergriff plötzlich derjenige im braunen Pullover das Wort.

Hetty zuckte kaum merklich zusammen. »Längst nicht so

hoch, wie du denkst«, sagte sie mit bemüht fester Stimme und knetete heftig das rechte Bein des vor ihr sitzenden Mannes, sodass der sich umdrehte, um den Fragesteller in Augenschein zu nehmen.

»Soso«, sagte der im braunen Pullover gedehnt, während er seinen Nachbarn vielsagend anschaute, »das sagen sie immer.«

Plötzlich fing eine alte Frau gegenüber den beiden zu zucken und zu zappeln an. Die zwei unguten Gesellen glotzten benommen auf das Schauspiel vor ihnen. Christa und Anna taten es ihnen gleich, beide hatten bisher nur eine »stille« Therapie erlebt.

»Ich hab ihr einen Geist in den Körper geschickt«, kicherte Hetty, jetzt wieder ganz gefasst. »Und wenn ihr zwei nicht auf der Stelle verschwindet, wird der gleiche Geist euer Auto auf der Straße draußen umkippen, ehe ihr an der Tür seid.«

Die Anwesenden hielten den Atem an, mit einem Satz sprangen die beiden auf und stürzten zur Tür. Als ihre Schritte sich entfernten, atmete Hetty hörbar auf. »Die hatten vor, mich irgendwann auszurauben, ist mir gesagt worden. Na, die bin ich Gott sei Dank los. Meine Geister lehren selbst solchen Gesellen das Fürchten.« Hetty lachte schallend und alle im Raum lachten mit, sichtlich erleichtert.

Sobald das Lachen verebbt war, sagte sie in die eintretende Stille hinein: »Ich hab den im braunen Pullover schon im Traum ein paar Jahre vorher gesehen. Ich hab mich damals schon gewundert, wieso der bei der Hitze einen so dicken Pulli trägt.« Hettys Blick wanderte nachdenklich zum Fenster, vor dem der Kater in der Sonne lag. Draußen leuchteten rote Geranien im hellen Licht und ein Vogel sang dazu. Sein Gesang schien Hettys Erzähllaune zu beflügeln.

Sie hatte bereits mehrere Schnurren zum Besten gegeben und in Rekordzeit vier Patienten therapiert, da ging die Tür auf und ein auffallend großer Mann mit hängenden Schultern betrat den Raum. Hetty musterte ihn ein paar Minuten lang, ehe er seinen Platz gefunden hatte. Christa stupste ihre Freundin leicht an, dann flüsterte sie ihr ins Ohr. »Wenn ihr ein Mensch zum ersten Mal gegenübertritt, sieht sie wie in einem Bogen links die Vergangenheit und rechts die Zukunft. Ich wette, nach ihrem Gesichtsausdruck zu schließen hat sie nichts Gutes gesehen bei dem.« Anna nickte beklommen, da hörte sie, wie jemand Hetty eine Frage zur Reinkarnation stellte.

»Vor drei Monaten kam eine junge, hübsche Frau zu mir«, begann die Heilerin. »Mit der Geschichte kann ich die Frage gut beantworten. Diese Frau hatte eine sonderbare Angst davor, in den Spiegel zu schauen. Jedes Mal, wenn sie hineinblickte, überkam sie eine Todesangst. Dabei war sie doch alles andere als hässlich.«

Hetty kicherte leise. »Mein Führer gab mir folgende Erklärung dafür. In einem früheren Leben war sie die Frau eines Försters gewesen. Eines Tages, ihr Mann war gerade in den Wald gegangen, stand sie vor ihrem Spiegelbild und zupfte an sich herum, als unvermutet hinter ihr im Türrahmen ihr Mann auftauchte. Er hatte die Patronen vergessen. ›Für wen machst du dich denn schön?‹, fragte er sie in scharfem Ton, als er sie so vor dem Spiegel stehen sah. ›Für dich nicht‹, antwortete sie ungerührt, ›für meinen Liebhaber natürlich.‹ Er erschoss sie auf der Stelle.

Deshalb hat sie jetzt in diesem Leben diese Spiegelangst. Kein Psychologe konnte sie davon befreien. Ich bat sie, den Oberkörper freizumachen, und zeigte ihr am Rücken ein kleines Mal, so ähnlich wie ein Muttermal. Das war die damalige Einschussstelle. Seitdem ist sie von ihrer Spiegelangst befreit. Mein Führer hat mir erklärt, dass man bei einer erneuten Inkarnation auch das Zellgedächtnis mitbringt. Da könnte ich viele solche Geschichten erzählen«, schloss sie achselzuckend.

»Am wenigsten glauben das die Pfarrer«, fügte sie noch hinzu, »weil die Bibel es nicht vorsieht. Wir glauben halt nur das, was man uns eingetrichtert hat.«

Als Anna endlich an der Reihe war, war die Stube bereits in Dämmerlicht getaucht. Poldi knurrte kurz im Schlaf. Die Sonne war verschwunden, stattdessen türmten sich dunkle Wolken am Himmel. Hetty schaute besorgt zum Fenster, dann lächelte sie Anna liebevoll an.

»Das wird schon«, meinte sie aufmunternd. »Du solltest aber trotzdem zum Arzt gehen.«

Als sie die beiden Freundinnen zur Tür begleitete, suchten ihre Augen angstvoll den Himmel ab. »Ich hab keine Angst vor Geistern«, meinte sie lächelnd, »aber ich fürchte mich vor Gewitter. Ich werd sie bitten, dass sie das Gewitter teilen, dann kommt es nicht mit seiner ganzen Wucht, es einfach weiterzuschicken wäre auch nicht recht. Andere Leut haben auch Angst.«

Sie nickte den beiden zu, drehte sich abrupt um und ging langsam in ihr Haus zurück.

Anna fuhr nun regelmäßig zweimal die Woche zu Hetty. Auf Geheiß der Heilerin und auf Drängen der Familie begab sie sich auch in ärztliche Behandlung. Die Chemotherapie machte ihr zu schaffen, aber dank Hettys Hilfe überstand sie diese in leidlich gutem Zustand. Ihr graute allerdings vor dem Operationstermin, doch Hetty beruhigte sie: »Der Krebs ist gefährlich, aber du wirst keine Operation brauchen.«

Zwei Wochen vor dem Termin war Christa mit ihr bei Hetty. Die Heilerin ließ sich in aller Gemütsruhe ihren geliebten Schweinebraten schmecken und wischte sich anschließend die Hände an ihrer Schürze ab. Am Ende der Therapie wandte sie sich an Christa: »Mir wird gesagt, du sollst für Anna beten, es wird euch beiden guttun. Als ich einmal zur Gottesmutter betete, hat sie mir gezeigt, wie viel Leid ein aufrichtiges Gebet von den Menschen nehmen kann.«

Während Christa den Wagen sicher durch die nächtlichen Schatten steuerte, sagte Anna leise zu ihr: »Christa, du musst nicht für mich beten, ich weiß doch, dass du das nicht magst.«

Ihre Freundin antwortete nicht gleich. Nach einem längeren Schweigen meinte sie: »Ich hab lange über diese Dinge nachgedacht, ich war auch noch einmal bei meiner Kollegin, Sophia, ich hab dir ja von ihr erzählt, erinnerst du dich? Also, sie hat mir berichtet, dass es inzwischen sogar eine wissenschaftliche Untersuchung gibt, die bestätigt, dass Gebete wirksam sind, genauso wirksam wie Medikamente. Erinnert mich an den Placeboeffekt. Wie auch immer, ich werd für dich beten, du bist mir das wert, weißt du.«

Sie drehte sich zu ihrer Freundin um, mit einem Gesichtsausdruck voller Liebe und Anteilnahme. Selbst im Mondlicht sah sie, dass Anna bis zu den Haarwurzeln errötete. Wie eine scheue Braut, dachte Christa bei sich. »Für deinen Ernst würde ich das nicht tun«, fügte sie hinzu. Beide lachten befreit.

Anna erkannte ihren Mann nicht wieder. Nach jedem Essen ließ er es sich nicht nehmen, sein Geschirr selbst zur Spüle zu tragen. Ertönte Blasmusik im Radio, schaltete er sofort wortlos um, sobald seine Frau das Zimmer betrat. Wenn die beiden Kinder sich laut und vernehmlich stritten, forderte er sie barsch auf, augenblicklich still zu sein, weil ihre Mutter Ruhe brauche. Eine Woche vor dem angesagten Operationstermin stellte er ihr sogar eine Ägyptenreise in Aussicht.

Als Anna an diesem Abend ihr gewohntes Nachtgebet sprach, flehte sie die Gottesmutter gleich dreimal an, ihr zu helfen. »Wenn du mich gesund werden lässt«, bat sie, »dann geh ich zu Fuß nach Andechs. Weißt du, ich möcht halt so gern die Sphinx sehen, einmal im Leben.« Als sie in den Schlaf hinüberdämmerte, wartete ein dunkelhäutiger Ägypter mit einem weißen Turban auf sie, um ihr auf sein Kamel zu helfen. Anna war glücklich.

Sie war deshalb sehr erstaunt, als Hetty am nächsten Tag sich tadelnd an die neben ihr sitzende Freundin Christa wandte. »Das bringt nicht viel, wenn du das Gebet runterleierst«, donnerte sie, »auf diese Weise verpufft die Energie des Gebetes ins Leere.« Christa schaute sie völlig verschreckt an. So hatte Anna ihre sonst so selbstbewusste Freundin noch nie gesehen.

»Nimm dir das nicht so zu Herzen«, tröstete sie hinterher im Auto ihre schweigsame Freundin.

Zu ihrer Überraschung aber meinte Christa: »Weißt du, ich glaub, sie hat ja recht. Aber wenn man so lange wie ich nicht gebetet und auch nicht daran geglaubt hat, dann lernt man das nicht von heut auf morgen.«

Anna dachte ein Weilchen nach. »Wenn du die Gottesmutter anrufst, dann stell dir einfach vor, dass sie deine himmlische Mutter ist, eine, wie du sie gerne im wirklichen Leben gehabt hättest, eine, bei der du dich ganz fallen lassen kannst, eine, welche dich ganz und gar annimmt, so, wie du bist, eine, die dich tröstend in die Arme nimmt. Je öfter dir das Bild gelingt, desto stärker wirst du die Wirkung spüren. Ihr ›Gschtudierte‹ habt damit eure Probleme, ich weiß.«

Christa runzelte die Stirn, ihr Blondhaar schien sich im Wind zu bauschen. Aber sie enthielt sich jeglichen Kommentars.

Bei der letzten Therapie vor der Operation befahl Hetty Anna, den Arzt zu bitten, die Brust noch einmal zu untersuchen, weil der Knoten weg sei.

An der Art und Weise, wie ihr Doktor sie anschaute, als er das Röntgenbild in die Lasche heftete, erkannte Anna, dass die Heilerin recht gehabt hatte.

»Ich kann es mir eigentlich nicht erklären...«, begann er, aber in diesem Moment unterbrach ihn Christa rüde.

»Sie war bei einer Heilerin«, stieß sie triumphierend hervor.

»Meine Freundin hat für mich gebetet«, frohlockte Anna.

Der Arzt schaute befremdet. Vor dem Fenster landete flügelschlagend eine Taube. Sie äugte aufmerksam ins Zimmer und musterte eingehend die drei Menschen, die sich ihr zuwandten. Jetzt hob der Arzt missbilligend die Augenbrauen, räusperte sich kurz und begann von Neuem. »Ich kann mir nur vorstellen, dass das die Wirkung der Chemotherapie ist.«

Als Ernst von der Heilung erfuhr, strich er seiner Frau zaghaft über das Haar. Anna wusste nicht, wie ihr geschah, sie konnte sich nicht an eine solche Geste erinnern. Die Kinder stießen ein Freudengeheul aus. Franziska wischte sich verstohlen eine Freudenträne aus den Augenwinkeln. Ernst zog feierlich einen Reiseprospekt aus der Schublade. Auf dem Titelblatt prangte die Cheopspyramide.

Anna fiel Christa spontan um den Hals. Beide Frauen wirbelten um Ernst herum. Und Ernst lächelte. Christas Blondhaar leuchtete im Sonnenlicht.

Daran würde sich Anna noch oft erinnern in späteren Jahren. Wie er einfach dasaß und lächelte. Keinen schiefen Mund machte und sich angewidert umdrehte. Sondern nur lächelte. Seit damals hörte Ernst nie mehr Blasmusik in Annas Gegenwart und Anna schaltete von Klassik auf Schlagermusik, wenn Ernst in die Küche kam.

Christa hatte gerade eine unglückliche Liebe hinter sich, als Anna ganz in froher Erwartung mit Ernst nach Kairo flog.

Dieses Gehupe und Gedränge. Männer in wallenden, bodenlangen Gewändern. Hitze und Gestank. Betäubender Blumenduft und frühmorgens der Ruf des Muezzins von der fernen Moschee. Fremdartige Speisen und eine üppige Bauchtänzerin, die sich im Takt zu einem Trommelwirbel schlangengleich bewegte. Jetzt war auch Ernst hypnotisiert.

Und erst die Wüste. So viel Sand. Wo kam der nur her? Ganze Hügel nur aus Sand. Des Nachts die Sterne so hell und strahlend nah. Wenn man die Hand hob, glaubte man sie berühren zu können. Dann die Pyramiden, die bunt bemalten Grabkammern. Die überwältigende Wucht der hohen Tempel. Ihre festgefügten Mauern schienen zu tönen und zu singen. Das saftige Grün der Oase, das übergangslos aus dem gelben Sand wuchs. Der träge Nil, der dem Land Reichtum bescherte und den Touristen, wenn sie darin badeten, Bilharzie, eine Wurmkrankheit, die tödlich enden konnte.

Wieder zu Hause wurde Anna nicht müde, wochenlang über die Wunder Ägyptens zu berichten. Anfangs hörten die Kinder mit glänzenden Augen zu. Selbst Christa, die schon so viel gesehen hatte, schien interessiert. Doch mit der Zeit gähnten sie hinter vorgehaltener Hand. Nur Anna schien es nicht zu bemerken.

Das Leben war wieder gut zu ihr. Ernst erwähnte mit keinem Wort mehr das Schwanenei, die »Ursache« ihrer Krankheit. Ein paar Jahre hintereinander war er sogar mit der Ernte zufrieden. Und er stellte – o Wunder – eventuell eine weitere Reise in Aussicht. Franziska lernte gut in der Schule, der Sohn schlecht und recht. Aber darüber sah der Vater großzügig hinweg.

Christa sorgte sich noch viele Jahre, ob der Krebs bei Anna wohl wiederkäme. Nur Anna selbst war absolut sicher, dass nichts dergleichen geschehen würde. Hetty hatte es ihr gesagt und ihr Herz sagte ihr das Gleiche. Sie dachte noch oft an die Heilerin, auch Christa griff das Thema immer wieder auf.

Als Franziska monatelang unter heftigen Kopfschmerzen litt, kam sie als Erste auf die Idee, doch wieder Hilfe bei Hetty zu suchen. Ihr Vater meinte zwar, dass das Übel von der vielen Lernerei käme, doch diesmal sträubte er sich nicht dagegen.

Als Christa mit der inzwischen fünfzehnjährigen Franziska Hettys Stube betrat, nickte ihnen die Heilerin erfreut zu, um alsdann gut gelaunt in ihrer Geschichte fortzufahren.

»Ich war ein junges Mädchen«, wiederholte sie noch einmal, »und zu Fuß auf dem Heimweg, als junge Burschen in einem alten Opel anhielten. Sie fragten mich, ob sie mich mitnehmen könnten, und ich sagte Ja. Ich stieg ein, hocherfreut, muss ich sagen. Da bemerkte ich, wie sich nach einiger Zeit die zwei Burschen auf dem Vordersitz vielsagend anschauten. Ich war immer noch arglos, da erklärte mir der Beifahrer ungerührt, dass sie beide mit mir ihren Spaß haben wollten. Mir blieb schier das Herz stehen, so erschrocken war ich. In meiner Not begann ich zu beten: ›Heilige Mutter Maria, hilf mir, bitte, bitte hilf mir, lass einen Reifen platzen, bitte.‹ Ob ihr es glaubt oder nicht, zehn Minuten später platzte ein Reifen und in dem allgemeinen Durcheinander konnte ich entkommen.«

Nach Beendigung der Therapie schüttelte Hetty energisch ihre Arme und Hände aus, um die schlechte Energie der Kranken loszuwerden, bevor sie dem Nächsten winkte, Platz zu nehmen. Franziska spürte, wie sich ihr schlechtes Gewissen regte. Sie hatte schon so lange nicht mehr gebetet. Vor lauter Büffeln hatte sie doch glatt die Gottesmutter vergessen.

»Hilft sie denn immer?«, fragte sie in die plötzliche Stille hinein.

»Fast immer, soweit das Karma es halt erlaubt«, antwortete Hetty. »Du weißt doch jetzt, was Karma bedeutet, oder? Ich kann dir noch eine ähnliche Geschichte erzählen. Ich war eine junge Frau und ziemlich verzweifelt, weil kein Geld mehr in der Geldbörse war, und ich musste doch drei hungrige Mäuler stopfen. An dem bewussten Tag war ich im Wald und sammelte Reisig. In meiner Not beschloss ich, wieder einmal die Gottesmutter anzurufen. Ich glaube, ich war bereits zwei Stunden mit Sammeln zugange – währenddessen hatte ich unaufhörlich gebetet –, da entdeckte ich zu meiner Überraschung eine abgeschabte blaue Geldbörse im Moos. Als ich sie öffnete, fielen 300 Mark auf den Waldboden. Ich war gerettet! Das war viel Geld damals«, beendete sie ihre Geschichte.

In dem Augenblick läutete das Telefon. Poldi knurrte kurz, beruhigte sich aber wieder schnell. Hetty horchte eine Minute in sich hinein, dann bat sie Christa, die neben dem Telefon saß, es ihr zu geben. »Das ist die Metzgersfrau«, erklärte sie den Wartenden. Sie nahm den Hörer ab und lauschte geduldig dem Wortschwall, bis sie ärgerlich die Stirn runzelte.

»Er wird die Prüfung bestehen, ich weiß es doch, also reg dich nicht auf.« Der Wortschwall schien zu verebben, denn Hettys Miene glättete sich nun und sie kam hin und wieder auch zu Wort. Nachdem sie aufgelegt hatte, meinte sie seufzend: »Dafür, dass ich ihr sage, was ich bei ihr seh, revanchiert sie sich mit Fleisch und Würsten. Und die sind gut.«

Franziska zappelte unruhig auf ihrem Stuhl hin und her, schließlich platzte sie heraus: »Sag mal, Hetty, hat die Gottesmutter die Geldbörse für dich materialisiert?«

Die Heilerin dachte kurz nach. »Ich weiß es nicht«, sagte sie wahrheitsgemäß. »Vielleicht lag sie schon da und sie hat mich lediglich geführt, damit ich sie finde. Das Materialisieren ist natürlich für die Gottesmutter kein Problem. Erst letzte Woche hat mein innerer Führer für mich einen 100-Mark-Schein materialisiert, weil ich keine Zeit hatte, zur Bank zu gehen.«

Franziska gab der neben ihr sitzenden Christa heimlich einen Schubs. »Schier nicht zu glauben«, murmelte sie aufgeregt.

»Komm schon, du bist dran«, winkte Hetty ihr zu. Ihre junge, frische Schönheit schien das Herz der Heilerin zu rühren. Sie strich ihr liebevoll über die glühenden Backen. »Das kriegen wir schon hin«, meinte sie zuversichtlich. »Du bist auf den Kopf gefallen, wird mir gesagt. Fährst du Ski?«

Franziska nickte. »Stimmt, letzten Winter ist mir das passiert.«

Als sie aufstand, um für den nächsten Patienten Platz zu machen, meinte sie verwundert: »Heute hab ich die Therapie aber ganz stark gespürt.«

»Ich hab meine ganze Liebe hineingelegt«, erwiderte Hetty. »Du weißt doch: Die Liebe ist die stärkste Kraft im Universum. Das glauben leider viel zu wenige. Mein innerer Führer sagt, sie besitzt Dichte und selbst eine physikalische Gesetzmäßigkeit.« Über das vorletzte Wort stolperte die Heilerin fast. Aber niemand lachte. Am wenigsten Franziska.

Auf der Heimfahrt grübelte Franziska lautstark darüber, wie der Satz zu verstehen sei, dass die Liebe die größte Kraft im Universum sei. »Ich kapier das einfach nicht, kannst du mir das erklären, Christa?«, fragte sie.

Christa warf ihr einen amüsierten Seitenblick zu, dann konzentrierte sie sich wieder auf die regennasse graue Straße.

»Das hab ich auch lange nicht verstanden, aber inzwischen glaube ich, dass ich es ein wenig begriffen habe. Ich hab dir doch von meiner Kollegin Sophia erzählt«, fuhr sie fort, während sie gleichzeitig geistesgegenwärtig einem überfahrenen Tier auf der Fahrbahn auswich. »Du erinnerst dich doch, nicht wahr? Nun, diese Sophia hat sich mit Hetty angefreundet, sie hat bei ihr einen inneren Führer bekommen, einen Karmelitermönch. Spirituell interessierte Menschen erhalten einen solchen, verstehst du?«

Franziska nickte zum zweiten Mal.

»Einen Schutzengel hat jeder. Manchmal kann der allerdings auch gehen, wenn eine Person überhaupt nicht auf ihn hört und zu sehr das eigene Ego aufbläht. Wie auch immer, meine Kollegin hat in ihren Ferien mehrere Kurse in medialer Ausbildung gemacht. Unter anderem lernte sie dort, Kontakt zu Verstorbenen aufzunehmen. Und weißt du, was dabei passierte?«

Franziska lauschte atemlos. »Kontakt zu Verstorbenen, gibt's das wirklich?«

Diesmal nickte Christa. »Sicherlich, aber erzähl das nicht deinem Vater, hörst du?«

Franziska versprach es feierlich.

»Also hör zu. Diese Kontaktaufnahme geschieht während eines sogenannten Sittings. Nachdem nun dem Medium bei einer Frau der verstorbene Ehemann, eine Tante und ein Onkel erschienen waren, kam doch tatsächlich auch noch ihr Hund, ein Cockerspaniel. Er sprang wie wild um diese Frau herum, außer sich vor Freude. Die Frau war fassungslos, als ihr dies das Medium berichtete. Sie konnte schier nicht glauben, dass ihr Liebling aus der Jenseitswelt zu ihr gekommen war. Du kannst also zweierlei aus der Begebenheit lernen: Liebe ist das stärkste Band, es überdauert auch den Tod. Und auch Tiere leben weiter, ob das allerdings auch für Spinnen zutrifft, weiß ich nicht. Vielleicht nicht«, meinte sie nach kurzem Nachdenken. »Spinnen verbindet kein Band der Liebe mit Menschen. Auch das wirst du deinem Vater nicht erzählen, der erklärt mich sonst für verrückt.«

Franziska saß mit offenem Mund da.

»Ja«, spann Christa den Faden weiter, »da gibt es einen japanischen Wissenschaftler, Masaru Emoto heißt der, wenn ich mich recht erinnere. Sophia hat mir das Buch empfohlen. Weißt du, was der gemacht hat? Jetzt hör gut zu: Er fotografierte Wasser in gefrorenem Zustand, nachdem er es mit Musik beschallt hatte. Das Wasser, das Mozart und Vivaldi gehört hatte, bildete wunderschöne Kristalle, so schön wie strahlende Diamanten. Die Eiskristalle, die aber Death Metal gehört hatten, zerfielen. Das Wasser reagierte aber nicht nur auf Musik, sondern auch auf Fotos. Bei Fotografien von Delfinen formten sich wieder herrliche Kristalle, bei dem Anblick von zerstörter und verwüsteter Landschaft aber zerfielen sie.«

Nach einem Seitenblick auf ihre Patentochter, um sich zu vergewissern, dass sie auch zuhörte, fuhr sie fort: »Dann ging er dazu über, die Wörter ›Liebe‹ und ›Teufel‹ auf ein Stück Papier zu schreiben und auf die Flaschen zu kleben. Na, was denkst du, was passierte?«

Franziska starrte Christa ungläubig an. »Aber das Wasser kann doch nicht lesen.«

»Natürlich nicht, aber es nimmt die Schwingung des Wortes auf. Er wiederholte das Experiment in verschiedenen Sprachen, mit dem gleichen Ergebnis. Das Wasser reagierte ebenso positiv auf Gebete. Jeder Buchstabe, jede Zahl, jedes Foto, jeder Stein, jede Pflanze besitzt eine eigene Schwingung und befindet sich so im Austausch mit der Umgebung. Verstehst du jetzt, warum Liebe die stärkste Kraft im Universum ist, wenn man es auch nicht direkt so wahrnimmt? Liebe heilt, wie du heute bei Hetty erfahren hast. Hass zerstört. Was machen übrigens deine Kopfschmerzen?«

Franziska machte eine wegwerfende Handbewegung. »Warum lässt Gott Hass und Zerstörung zu?«

»Der Mensch hat die freie Wahl. Vergiss nicht, wir leben in einer Welt der Dualität. Verstehst du, was ich meine?«

Franziska nickte heftig und ungeduldig zugleich. »Ohne das Böse würde der Mensch auch nicht das Gute, nämlich die Liebe, erkennen. Wo Licht ist, ist auch Schatten und Dunkelheit. Das eine bedingt das andere.«

Christa hielt scheinbar erschöpft inne. Schweigen breitete sich aus.

»Das muss ich mal meinen Schulkindern beibringen.«

»Na, da hast du aber noch Zeit.«

»Wieso lernen wir so etwas nicht in der Schule?«

»Die Behörden glauben eben, dass Wissen am wichtigsten ist. Ein Irrtum, wie ich meine. Wissen allein ist tot, die Erkenntnis muss dazukommen. Dann wirst du also doch Lehrerin, wie Hetty prophezeit hat?«

Franziska nickte: »Seit heute weiß ich es.«

Später, nachdem die Leute Ernst im Krankenhaus besucht hatten, wollten sie von Anna wissen, wann es denn eigentlich passiert sei. Anna würde dann berichten, dass sie gerade im Reisebüro war, um die zweite große Fernreise zu buchen. Es gab Unklarheiten und bevor sie eine Entscheidung traf, wollte sie sich mit Ernst absprechen. Deshalb rief sie zu Hause an. Mitten im Gespräch redete er plötzlich mit schwerer Zunge, gerade so, als hätte er zu viel getrunken und Mühe, die richtigen Worte zu finden. Dann war seine Stimme weg und sie hörte einen dumpfen Aufprall. Bei ihrem Eintreffen lag er reglos mit weit geöffneten Augen am Boden. Er schien etwas zu sehen, was Anna nicht sah.

Es würde lange dauern, bis Ernst wieder sprechen könne, wenn überhaupt, sagten die Ärzte. Doch Anna ließ sich nicht beirren. Sie hatte immer regelmäßig gebetet, jetzt verdoppelte sie ihre Anstrengungen. Unter unsäglichen Mühen lernte er wieder gehen, der Schweiß stand ihm auf der Stirn, aber Anna ließ nicht locker. Wenn es Anna zu viel wurde, übernahm Franziska das Kommando. Manchmal bockte Ernst und war nicht zu bewegen, weiterzumachen. Dann saß er regungslos in seinem Rollstuhl und stierte unverwandt auf die Tür, als käme durch sie die Erlösung. Mit dem Sprechen ging es etwas besser.

Es war Franziska, die als Erste anfing, auf ihren Vater einzureden, er möge doch Hettys Hilfe in Anspruch nehmen. Aber da wurde er richtiggehend wild. Er machte beiden Frauen unmissverständlich klar, dass das für ihn nicht infrage käme, indem er mit beiden Krücken auf die Steinfliesen einschlug.

Ein Winter und zwei verregnete Sommer waren ins Land gezogen seit dem Gehirnschlag ihres Mannes. Anna saß nachdenklich auf einer Bank vor dem See und beobachtete eine Entenmutter mit ihren vier Jungen im Schlepptau. Mit gesammeltem Ernst und stiller Würde zogen sie an ihr vorbei, ohne ihr auch nur einen Blick zu schenken.

Annas Gedanken wanderten in die Vergangenheit. Ihr Schwan würde jetzt auch seine Bahnen ziehen in dem gleichen See wie diese Entenmutter, wenn ihr Mann ihm nicht den Hals umgedreht hätte. Einen Moment lang wurde ihr Blick starr. Damals hatte Christa auf sie eingeredet, sich doch scheiden zu lassen. Dann aber hatte sich etwas Grundlegendes verändert in ihrer Ehe. Die Veränderung vollzog sich wie von selbst, sie kam, weil sie durch das Verhalten ihres Mannes eine andere geworden war. Und Ernst beugte sich der Veränderung. Weil er sie behalten wollte. Zweiundzwanzig Jahre waren sie nun verheiratet. Zweiundzwanzig lange Jahre, in denen ihre Freundin eine Liebschaft nach der anderen gehabt hatte.

Eine Zeit lang schien Christa dies durchaus zu genießen, doch in letzter Zeit spürte Anna, wie ihr Blick oft nachdenklich, fast mit einer gewissen Rührung auf ihr und Ernst ruhte, wenn sie beide in der dämmrigen Küche einträchtig nebeneinandersaßen und Christas Reiseerzählungen lauschten.

Welch ein Glück, dass der Bub inzwischen auf dem Hof mithelfen konnte, denn Ernst würde nie wieder seine frühere Kraft zurückgewinnen. Er hinkte immer noch leicht und wenn er sich aufregte, konnten Fremde ihn nur schwer verstehen.

Mittlerweile war ein kühler Wind aufgekommen. Anna fröstelte. In der Ferne ballten sich dunkle Gewitterwolken am Himmel und die wenigen Segelschiffe strebten dem Ufer entgegen. Anna zog sich gerade ihre Strickjacke an, als sie Schritte hinter sich hörte. Zwei Hände legten sich um ihre Augen. Einen Augenblick war Anna irritiert. Doch dann entspannte sich ihr Körper. Diese weichen Hände gehörten ihrer Freundin Christa. Sie löste sie sanft.

»Woher wusstest du, dass ich hier bin?«

»Franziska verriet es mir.« Christa ließ sich neben Anna auf die Bank fallen.

»Weißt du, was mir heute passiert ist?«, fuhr Christa aufgeregt fort. »Man hat mir bedeutet, mich doch für die Konrektorenstelle zu bewerben.«

»Nein, wirklich, ist das wahr?« Annas Augen funkelten vor Stolz und Bewunderung.

»Freilich ist es wahr.« Zwischen Christas fein gezeichneten Brauen erschien eine winzige, steile Falte. »Aber ich weiß nicht, ob ich annehmen soll.«

In dem Augenblick, in dem Christa ihrer Freundin das erste weiße Haar auszupfte, hörten beide das Donnergrollen, gleichzeitig verstärkte sich der Wind.

Anna stand auf. »Wir müssen gehen, sonst erwischt es uns.«

Wie in früheren Kindertagen legte Christa schützend den Arm um ihre Freundin. »Du hast wieder ein wenig zugenommen, nicht wahr?«, neckte sie ihre Freundin liebevoll.

»Na wenn schon, macht doch nichts. Da kriegen wieder ein paar Schwarze ein Betty-Barclay-Kleid. Ich versteh sowieso nicht, wie du das schaffst, so schlank zu bleiben.«

»Es wird immer mühsamer«, murmelte Christa.

Als der erste weiße Blitz am Himmel zuckte, schauten die beiden noch einmal zurück. Wie weiße Gänsefedern tauchten die Segelboote ins tintenschwarze Wasser des Sees.

Die Sturmwarnung ertönte zum zweiten Mal. Die beiden Freundinnen nahmen einander an die Hand und liefen lachend davon.

»Jetzt bräuchten wir Hetty, sie würde das Gewitter teilen«, schrie Christa gegen den Wind.

Die Antwort war ein gewaltiges Donnerkrachen.

KOMMENTAR

Ich kann mich nicht bewusst an einen Asthmafall erinnern, den Hetty geheilt hat. Ich weiß aber definitiv, dass sie mir von solchen Heilerfolgen berichtet hat.

Die Genesung des Mädchens, das an Sklerodermie litt – in der Schulmedizin nicht heilbar –, habe ich selbst miterlebt. Die Behandlung war eine Kombination von »stiller« Therapie und »Operationen« durch ein Medium. Bei letzterem Vorgang »operierte« ein Medium (also eine andere anwesende Person, die mit der Heilerin kooperierte) von einem Geistwesen gesteuert die Aura.

Falls auch eine schulmedizinische Behandlung notwendig war, wie bei Annas Brustkrebs, wurde dies Hetty von ihrem inneren Führer gesagt. Dennoch bin ich, wie damals auch Hetty, davon überzeugt, dass das Verschwinden des Karzinoms nicht nur auf die Chemotherapie, sondern auch auf den Heilstrom zurückzuführen ist. Hetty hat mir von mehreren ähnlichen Fällen berichtet, wobei sie im Laufe der Therapie des Öfteren selbst einen Knoten in ihrer Brust ertasten konnte. Sie war jedoch durch Eigentherapie in der Lage, sich davon zu befreien.

Was Franziskas chronische Kopfschmerzen betrifft, habe ich eine solche Heilung bei einer Arzthelferin erlebt, die seit einem

Motorradunfall darunter litt und auf keinerlei medizinische Behandlung ansprach. Sie selbst hatte den Unfall schon längst vergessen. Die Heilung erfolgte durch mehrmalige »stille« Therapie und durch Handauflegen auf die betroffene Stelle.

Die alte Frau, die plötzlich zu zucken und zu zappeln anfing und damit die potenziellen »Räuber« in die Flucht schlug, war von Geistwesen besetzt. Ich habe immer wieder beobachtet, wie erschreckt und ungläubig die Menschen auf den Anblick reagierten, der sich ihnen in Hettys »Behandlungszimmer« bot, wenn Geistwesen vom Körper eines Menschen Besitz ergriffen. Ich erinnere mich lebhaft an einen Abend – ich war mit einer Freundin bei Hetty –, als drei Personen mit deren Hilfe die unglaublichsten Verrenkungen vollführten.

Eine alte Frau, die normalerweise kaum noch gehen konnte, saß dann im Sessel, wobei ihre Beine ohne ihr Zutun nur so durch die Luft wirbelten. Ein junger Mann, spastisch gelähmt, lag am Boden auf einer Luftmatratze. Arme und Beine waren ständig in Bewegung, aber es waren gezielte, wohlkoordinierte Bewegungen. Und in der Ecke saß ein junger Mann – sein ganzer Körper war von Viren verseucht, die Krankenkasse kam schon nicht mehr für die ärztliche Behandlung auf –, der mit beiden Händen unter schmerzhaften Zuckungen scheinbar ziellos ins Leere griff. (Ich habe damals nicht nachgefragt, aber ich nehme an, dass die Geistwesen auf diese Weise die Viren aus der Aura herausholten.)

Meine Freundin und ich schauten uns an, beide dachten wir dasselbe: Ein Uneingeweihter hätte gedacht, er sei im Irrenhaus gelandet.

Manchmal gab das Geschehen aber auch Anlass zur Heiterkeit. Ich entsinne mich, wie die Bekannte mit dem Augentumor (ich habe sie im Vorwort erwähnt) eines Tages zur Nachbehandlung ihres Leidens mit mir zur Heilerin fuhr. Es war schon spätabends, meine Bekannte war die Letzte, die behandelt wurde, und ein Geistwesen laborierte – für alle Anwesenden durch Zuckungen sichtbar – an ihrem Auge herum. Ich hatte schon mehrmals verstohlen auf die Uhr geschaut. Und um die Wahrheit zu sagen: Ich wollte zu meinem Schweinebraten ins Dorfwirtshaus, das bekannt für diese Köstlichkeit war. Aber der Geist wollte nicht aufhören, er werkelte unverdrossen weiter am Auge meiner Bekannten herum.

Schließlich platzte ich heraus: »Ich hab Hunger!«

Augenblicklich blieb das Auge ruhig, das Geistwesen hatte seine Arbeit eingestellt. Wir alle brachen in ungläubiges Gelächter aus.

3

Nicht schon wieder kratzen, Beate!«, schrie Frau Besenreiser aufgebracht. Die Tochter zuckte schuldbewusst zusammen, selbst die Großmutter im Hintergrund fuhr aus ihrem Dämmerschlaf auf. Das Mädchen versuchte vergeblich, den Ärmel ihres Pullovers über die wunde Stelle zu ziehen, aber ihrer Mutter entging das Bemühen nicht.

»Du weißt doch, dass die Kratzerei das Ganze nur noch verschlimmert.«

»Ja, freilich weiß ich das«, schluchzte Beate. Ein paar Tränen tropften auf den Küchentisch vor ihr und verwischten das Geschriebene.

»Dös ah no, Herrgott, pass doch auf.«

Wütend riss die Mutter das Blatt aus dem Heft, woraufhin Beate ihren blonden Lockenkopf schicksalsergeben auf ihre gekreuzten Arme über das Heft bettete und hemmungslos weinte.

Der Großmutter entfuhr ein gurgelndes Geräusch, für alle ein untrügliches Zeichen, dass sie in Alarmstimmung war, und das bedeutete, dass man sie unter keinen Umständen weiter aufregen durfte. Geschwind setzte sich das Mädchen wieder aufrecht hin, putzte sich die Nase und sah, wie seine Mutter hektisch aufsprang, sodass der Stuhl hinter ihr umkippte, was wiederum bei der Großmutter ein weiteres Gegurgel auslöste.

Frau Besenreiser beugte sich jetzt liebevoll zu ihrer Mutter herab und wischte ihr mit einem Taschentuch behutsam den Speichelfluss vom Kinn, während sie beruhigend auf sie einredete. Als sie sich zu Beate umdrehte, zischte sie ihr zornig zu:

»Du bist schuld, dass sie sich aufgeregt hat.« Beate senkte den Blick. Sie wusste genau, dass sie jetzt nicht widersprechen durfte. Sie angelte sich das Heft und fing an, in bedächtigen und betont langsamen Zügen zu schreiben. Gegen die Fensterscheibe flog ein schwarzer Vogel. Er stürzte ab und blieb ein paar Minuten wie betäubt auf dem Sims liegen, bevor er sich wieder in die Lüfte erhob.

Als Herr Besenreiser wenig später die Küche betrat, erkannte er mit einem Blick die Situation. Die Art und Weise, wie die Tochter sich mit ihrer Schularbeit abmühte und seine Frau betulich an der Kleidung ihrer Mutter herumzupfte, signalisierte ihm, dass kurz vor seinem Erscheinen dicke Luft geherrscht haben musste.

Er beschloss, heute nicht nachzufragen, sondern ging zielstrebig ins Bad, um sich die Hände zu waschen, obwohl er das bereits vor Verlassen der Praxis getan hatte.

Eine halbe Stunde später saßen sie scheinbar einträchtig beim Abendessen um den eichenen Esstisch der Sitzecke. Während der warme Lichtschein der Küchenlampe goldene Kringel in Beates Haar zauberte, erzählte Frau Besenreiser von ihrer Kratzerei. Die Mutter war bereits abgefüttert und saß jetzt still und teilnahmslos in ihrem Rollstuhl daneben. Während ihrer Schilderung geriet Frau Besenreiser zunehmend in Erregung, ihr Ehemann aber war mit seinen Gedanken noch bei einem schwierigen Fall in seiner Praxis. Als ihr Ton schärfer wurde, warf er ihr mit einer Kopfbewegung in Richtung Großmutter einen warnenden Blick zu. Sie reagierte sofort.

Eigentlich wollte er jetzt seine Ruhe haben und nicht noch mehr Krankengeschichten hören, schon gar nicht die von seiner Tochter. All seine Bemühungen hinsichtlich ihrer schrecklichen Neurodermitis waren fruchtlos geblieben. Keine Tinktur, keine Salbe, selbst die Akupunktur und eine Diät brachten nur vorübergehende Linderung. Er wusste einfach nicht mehr, was er noch ausprobieren sollte. Diese Tatsache und der Gedanke an seinen schwierigen Praxisfall stimmten ihn verdrießlich.

»Es wär an der Zeit, dass du dich mal beim Elternabend sehen lässt«, sagte seine Frau Hiltrud in seine Überlegungen hinein. »Beates Lehrerin soll auch mal den Vater kennenlernen.«

»Und wann ist der?« Er kratzte sich missmutig am Kinn.

»Nächste Woche am Mittwochabend.«

»Hm«, brummelte der Ehegatte zurückhaltend.

Nachdem Beate beim Geschirrabtragen geholfen hatte, setzte sich Hiltrud neben ihre Mutter. Sie tätschelte ihr die Wange und strich ihr eine graue Strähne aus dem Gesicht hinter das Ohr. »Wir müssen noch aufs Klo vor dem Bettgehen.« Nach einem raschen Blick auf die Wanduhr setzte sie den Rollstuhl in Bewegung, wobei sie ihrer Mutter in gespielter Fröhlichkeit zurief: »Sag schön gute Nacht zu allen.« Die Mutter murmelte etwas Unverständliches, Herr Besenreiser schlug resigniert den Wirtschaftsteil der Zeitung auf und Beate verzog sich mit einem Buch in ihre Leseecke.

Am nächsten Morgen verkündete Beates Lehrerin ihrer Klasse, dass nächste Woche ein Diktat geschrieben werden müsse, das auch benotet werde. In dem Augenblick wurde der Juckreiz unerträglich, sodass Beate unverzüglich zu kratzen begann. Sie tat es mit Genuss und Hingabe. Sie hielt erst inne, als sie einen Blick auf sich ruhen fühlte, den ihrer Lehrerin und bald den der halben Klasse.

»Beate, komm doch bitte nach dem Unterricht zu mir«, bat sie das Mädchen. Beate zuckte zusammen. Jetzt regt die sich auch noch auf! War Kratzen etwa verboten wie Schwätzen und Abschreiben?

Doch die Lehrerin nahm sie ganz lieb beiseite und meinte, dass sie ihren Kampf gegen die Hautkrankheit nun schon eine geraume Zeit verfolgt habe und ob sie beziehungsweise ihre Eltern nicht mal an eine alternative Behandlungsmethode gedacht hätten. Beate verstand das Wort »alternativ« nicht ganz, da biss sich die Lehrerin kurz auf die vollen Lippen, runzelte die Stirn und sagte, sie würde mit ihrer Mutter am Elternabend reden.

»Ich glaub, diesmal kommt mein Vater.«

»Dein Vater! Ist der nicht selbst Arzt?«, fragte die Lehrerin.

»Ja, das ist er«, bekräftigte das Mädchen, »aber er hat mir auch nicht wirklich helfen können.«

»Ja, das sieht man. Dann werd ich halt versuchen, mit deinem Vater zu reden.«

Beim Abendessen – im Hintergrund dudelte Schlagermusik – berichtete Beate von ihrem Gespräch mit der Lehrerin. »Hast du am Ende schon wieder gekratzt?«, schrie ihre Mutter dazwischen. Ihr Mann legte beruhigend die Hand auf den Arm seiner Frau, bevor die Gurgellaute seiner Schwiegermutter ertönten. Hiltruds Stimme wurde sogleich eine ganze Spur leiser, ließ aber an Schärfe weiterhin nichts zu wünschen übrig.

»Was mischt die sich denn da ein, schließlich ist dein Vater Arzt, der wird schon noch was finden, gell, Herbert?« Der Ehemann blieb die Antwort schuldig. Stattdessen nahm er sich noch eine Scheibe vom Leberkäse, obwohl er schon satt war. Ihm graute vor dem Elternabend.

Es roch nach Bohnerwachs und Kreide und verschüttetem Kakao. Doch die Lehrerin war eine Überraschung, nicht nur ihre angenehme Art, nein, auch ihr Aussehen. In seiner Jugend sahen Lehrerinnen anders aus. Er erinnerte sich noch gut an seine Geschichtslehrerin: graues Harr, zu einem strengen Knoten gebunden, formloser Kittel von undefinierbarer Farbe. Die stämmigen Beine endeten in flachen abgewetzten Halbschuhen. Im Schulhof kreischte eine Säge und riss Herbert aus seinen Erinnerungen.

Nachdem sich Beates Lehrerin ausführlich über den Leistungsstand seiner Tochter ausgelassen hatte – ja, sie war durchaus zufrieden mit ihr, ein bisschen verspielt manchmal, zu Tagträumen neigend, aber kein Grund zur Beunruhigung –, kam sie zögernd zur Sache.

Sie wisse ja nicht, wie er über Geistheilung denke, er halte sie womöglich jetzt für übergeschnappt, aber sie selbst habe sehr gute Erfahrungen gemacht mit einer bestimmten Heilerin, ganz gewiss keiner »selbsternannten«. Sie hoffe, er sei ihr nicht böse, fuhr sie mit fester Stimme fort, als sie sah, wie er in seinem Stuhl befremdet zurückwich. Sie wisse natürlich, dass er selbst Mediziner sei und deshalb wohl solche Dinge eher als anrüchig, wenn nicht sogar lächerlich empfinden würde. Das verstehe sie sehr wohl. Trotzdem sehe sie es als ihre Pflicht an, ihn auf diese Möglichkeit hinzuweisen, schließlich sei sie Beates Lehrerin und wolle nicht, dass dieses Leiden die Leistungen seiner Tochter beinträchtige und so weiter und so fort.

Als Sophia eine Stunde nach diesem Gespräch mit Christa im Auto saß, erwähnte sie die Sprechstunde mit Beates Vater. »Das ist auch so einer mit einem wissenschaftlichen ›Tunnelblick‹, wie ich das nenne, weißt du«, räsonierte sie, während sie die Nase krauszog.

»Für solche Typen zählt nur, was sie mit ihrer eng begrenzten wissenschaftlichen Vorgehensweise erkennen, alle anderen Phänomene werden sofort als unwissenschaftlich abgetan und deshalb ignoriert. Sie ziehen überhaupt nicht in Betracht, dass sie auch wirksam sein könnten, wenn natürlich auch auf andere Weise. Aus lauter Angst, einer unwissenschaftlichen Vorgehensweise bezichtigt zu werden, berücksichtigen sie nur, was sie mit ihrem wissenschaftlichen ›Fernrohr‹ sehen. Was sich außerhalb dieses Gesichtsfeldes befindet, ist für sie tabu, will sagen: wird nicht wahrgenommen. Denn es erzeugt bei ihnen eine solche Angst, als würdest du dem Papst vorschlagen, doch den Teufel anzubeten.«

»Warum sitzt diese Angst so tief?«, unterbrach Christa Sophias Redefluss, als diese einmal scharf abbremste. Wäre Christa nicht angeschnallt gewesen, dann wäre sie beinahe gegen die Windschutzscheibe geknallt.

»Ach, weißt du«, fuhr Sophia nachdenklich fort, »das hat außer den streng wissenschaftlichen Vorgaben noch viele andere, manchmal persönliche Gründe. Ich war einmal mit einem eingefleischten Mediziner zusammen. Für den zählte einfach nur die Materie. Mit dem Tod eines Menschen war für ihn auch das Bewusstsein des Betreffenden ausgelöscht. Der konnte sich einfach nicht vorstellen, dass der Geist weiterlebt und irgendwann einmal wiederkehrt. Das ging über sein Fassungsvermögen. Die Welt war für ihn auf diese Weise einfach durchschaubarer, die Dinge leichter zu ordnen. Schließlich hat der Mensch einen Verstand. Das war sein Lieblingsspruch. Dass der Mensch auch ein spirituelles Wesen ist, hat ihn nicht weiter interessiert.«

Sophias Wagen stand an einer roten Ampel. Eine Nonne in Schwesterntracht überquerte eiligst die Straße.

Bevor Christa etwas erwidern konnte, fuhr Sophia fort: »Wenn ich es mir recht überlege, hat meine Mutter ähnlich reagiert. Natürlich nicht aus wissenschaftlichen Gründen. Sie war bibelgläubig, das heißt, sie nahm die Aussagen wortwörtlich. Hetty hat mir versichert – sie selbst ist streng katholisch erzogen worden –, dass ihr innerer Führer ihr gesagt hat, dass vieles in der Bibel nicht stimme – Fehlinterpretationen, nicht korrekte Übersetzungen usw., du weißt schon, was ich meine. Ich hab daraufhin auch angefangen, darin zu lesen. Und was las ich da? Homosexualität ist die gleiche Ungeheuerlichkeit wie Muschelessen. Wenn ein Rindvieh einen Menschen verletzt, muss es dafür gesteinigt werden. Wird der Mensch sogar getötet dabei, soll man das Vieh gemeinsam mit dem Besitzer zu Tode steinigen. Überhaupt wird im Alten Testament munter gesteinigt. Aber da schimmert halt der damalige Zeitgeist durch. Trotzdem ist da alle Weisheit drin, keine Frage. Die meisten Menschen aber machen sich nicht die Mühe, zu differenzieren, deshalb werden sie dogmatisch. So, jetzt hab ich aber genug doziert«, endete Sophia mit Nachdruck.

Christa schien in Gedanken versunken zu sein. Sie überhörte die letzte Bemerkung ihrer Kollegin und fragte in die plötzliche Stille hinein: »Wann genau kam eigentlich die Kehrtwende in der Denkweise der Menschen?«

»Ach, das begann nach der Hexenverfolgung«, nahm Sophia den Faden wieder auf. »Davor glaubten die Menschen hauptsächlich an den bösen Blick, Hexerei und schwarze Magie. Heute braucht man für alles und jedes eine verstandesmäßige Erklärung. Nach drei Jahrhunderten Hexenverfolgung besann man sich auf den Verstand, was ja auch richtig und absolut notwendig war. So wäre es ja nicht weitergegangen. Aber jetzt ist die Ratio, überspitzt ausgedrückt, die neue Inquisition.

Das Universum wurde leer geräumt von Geistern, guten wie bösen, Engeln und Dämonen. Es zählte nur mehr das, was man sah. Alles andere waren Hirngespinste, Aberglaube und so weiter. Newton entwickelte ein rationales, mechanisches Weltbild, in dem alles seine Ordnung hatte, ein Weltbild eben, das nicht von bösen Geistern gestört werden konnte, um es mal einfach auszudrücken.«

»Du glaubst also wirklich, dass es böse Geister gibt?«, warf Christa ein, als Sophia wieder einmal kräftig Gas gab.

»Natürlich gibt es die. Es gibt gute Geister, und wenn es gute gibt, muss es notwendigerweise auch böse geben. Schließlich leben wir in einer Welt der Polarität. Aber wieso fragst du mich diese Dinge? Die hast du doch schon bei Hetty mitgekriegt. Das Ganze ist lediglich eine Frage der Schwingungsebene, das hab ich dir doch schon einmal erklärt. Die feinstoffliche Welt zählt nicht für den Materialisten, der nur die grobstoffliche Welt wahrnimmt beziehungsweise anerkennt. So, da wären wir«, verkündete sie, als sie mit jähem Schwung vor Christas Wohnung hielt.

Aber Christa dachte nicht daran, gleich auszusteigen. Gedankenverloren wickelte sie sich eine blonde Haarsträhne um den Finger. »Du bist so viel weiter als ich – in spiritueller Hinsicht, meine ich«, seufzte sie. »Meine Freundin Anna ist viel weiter als ich, was den Glauben anbelangt. Ich komme mir irgendwo ganz dumm vor neben euch beiden.«

»So ein Unsinn. So darfst du die Dinge nicht sehen. Alles hat seine Zeit. Es hat keinen Zweck, etwas erzwingen zu wollen. Auf jeden Fall bist du schon weiter als ich, was die Korrekturen angeht.«

Beide lachten befreit. Sophia tätschelte liebevoll Christas linken Arm, als sie sich anschickte auszusteigen. An der Gartentür drehte sich ihre Kollegin noch einmal um, um ihr zuzuwinken. Sophia erwiderte die Geste, dann gab sie kräftig Gas, sodass die Reifen quietschten.

Beim Gedanken an Beates Lehrerin beschleunigte Herr Besenreiser die Geschwindigkeit. Sie war nicht unsympathisch, ganz im Gegenteil! Aber wie um alles in der Welt stellte sie sich das vor? Er als Arzt sollte mit seiner Tochter eine Heilerin aufsuchen. Nie und nimmer! Er könnte ja dort einer Patientin begegnen! Diese Peinlichkeit. Außerdem verstieß diese Frau gegen das Heilpraktikergesetz. Geistheilung, so ein Schmarrn. Da drehte sich ihm ja der Medizinermagen um. Er spuckte verächtlich aus, als er aus dem Wagen stieg und heftig das Garagentor zuschlug.

Am nächsten Tag kam eine freudestrahlende Sophia, einen Brief in der rechten Hand schwenkend, auf Christa zugestürzt. Einige Schüler blieben stehen und schauten ihr verwundert nach. So hatten sie ihre Lehrerin noch nie erlebt.

»Hast du etwa im Lotto gewonnen?«, rief ihr Christa über die Kinderköpfe hinweg zu.

Sophia lachte, während sie ihr den Brief unter die Nase hielt. »Ich hab was viel Besseres, ich bin angenommen worden für einen Workshop, in dem mediale Fähigkeiten ausgebildet werden. Hetty hat mir schon prophezeit, dass es klappen wird«, fügte sie hinzu.

»Und wo findet der statt?«

»In England, in den Osterferien. Nicht gerade billig, aber mir ist es das wert. Der erste Teil dauert ganze vier Tage. Wenn sie mich für gut befinden, kann ich nach zwei Tagen Pause auch am zweiten Teil für Fortgeschrittene teilnehmen. Menschenskind, ich freu mich ja so.« Immer noch den Brief in der Hand wie eine Trophäe mit sich tragend, verschwand sie um die Ecke, als das Klingeln ertönte. Christa schaute ihr gedankenverloren nach. In der Pause hakte sie nach.

»Und was machst du, wenn sie dich nicht für den zweiten Teil nehmen?«

»Dann schau ich mir eben London an. Ich war da vor etwa zehn Jahren für lausige zwei Tage.«

»Du musst mir aber ausführlich berichten, wenn du wieder da bist. Welchen Eindruck machte denn Beate heute?«

Ein Schatten huschte über Sophias Gesicht. »Sie ist mir ausgewichen.«

Familie Besenreiser saß gemeinsam am Mittagstisch. Im Radio erörterten zwei Politiker die Rolle Gorbatschows, während man schweigend die Suppe löffelte.

»Sie ist zu scharf gewürzt«, tadelte Herbert seine Frau.

Die reagierte nicht, weil sie gerade ihrerseits ihren Mann getadelt hatte, dass man die Tochter vielleicht doch zu einem Spezialisten schicken solle. »Die neue Salbe hat auch wieder nichts gebracht, schau ihn dir doch an, den Arm.«

Einen »Spezialisten«, als ob er selbst nicht gut genug wäre! »Warum probiert ihr denn nicht diese Heilerin aus, die Beates Lehrerin empfohlen hat?«, fragte er zu seiner eigenen Überraschung.

Frau Besenreiser ließ den Löffel fallen, sie schaute von ihrem Mann zu ihrer Tochter und dann zu ihrer Mutter, die zu ihrem Erstaunen der Unterhaltung gefolgt war und nun zustimmend nickte. Frau Besenreiser nahm den Löffel wieder an sich.

»Meinst du das wirklich im Ernst?«, fragte sie ungläubig.

»Ja, warum denn nicht, Mama«, fuhr Beate dazwischen, »meine Lehrerin ist doch nicht blöd. Die wird schon wissen, warum sie diese Frau empfohlen hat.«

Nachdem Hiltrud ihre Mutter zum Nachmittagsschlaf in ihr Zimmer gefahren hatte, zog sie sorgfältig die Vorhänge zu und strich ihr beruhigend übers Haar. »Alles wird gut«, flüsterte sie ihr zu, »ich werde mit Beate zu dieser Heilerin fahren.«

Ihre Tochter war mittlerweile unterwegs zum Sportunterricht und ihr Mann hatte vor zehn Minuten das Haus verlassen, um in die Praxis zu fahren. Hiltrud setzte sich mit ihrem Strickzeug ans Fenster mit Blick auf den Garten.

Der Magnolienbaum prunkte mit seinen weißzartrosa gefärbten Blütenkelchen. Er schien sie dem lichtblauen Himmel zu Füßen zu legen wie Opfergaben. Etwas hatte sich verändert. Herbert hatte zugestimmt, dass man seine Tochter zu einer Heilerin brachte. Wie konnte er nur! Bisher hatte sie geglaubt, er würde mit allem fertig werden, er war doch so tüchtig, wusste bei allen Dingen Rat, war selbst bei Reparaturen im Haus so geschickt. Wo war der strahlende Held von früher, der auf alles eine Antwort parat hatte? Und jetzt konnte er nicht einmal der eigenen Tochter bei einer banalen Hautgeschichte helfen. Was sie nicht schon alles ausprobiert hatten! Die hässlichen roten Punkte, die so entsetzlich juckten, tauchten immer wieder auf, sogar im Gesicht. Nein, ihr hübsches Kind war lange genug entstellt geblieben.

In letzter Zeit schienen Beates gerade, wie fein ziselierten Augenbrauen in der Mitte fast zusammengewachsen zu sein. Nein, das dann doch nicht, entschied Hiltrud, eher zusammengerückt, was ihr einen ernsthaften Gesichtsausdruck verlieh. Die hellbraunen Augen waren jetzt in ein dunkleres Braun getaucht, es tanzten auch nicht mehr so viele goldene Lichter darin. Der ewige Schmerz hatte sie wohl zum Erlöschen gebracht. Das Grübchen am Kinn war fast verschwunden. Vielleicht wirkte sie auch nicht mehr so kindlich, weil sie seit

Neuestem die Haare straff zurückgekämmt zu einem Pferde-schwanz trug.

Die Dinge verändern sich, ob man will oder nicht, einfach ohne eigenes Zutun, dachte sie bei sich, als ihr Blick wieder beim Magnolienbaum hängen blieb. Gestern waren diese prachtvollen Blüten noch geschlossen gewesen.

Einer plötzlichen Eingebung folgend, trennte sie das bunte Muster des Ärmelrandes von Beates Pullover auf. Ein schlich-ter Streifen wäre angebrachter, fand Hiltrud. Ja, doch, die Dinge ändern sich, so, wie sich ihr Blick auf ihren Mann geän-dert hatte.

Herbert wartete inzwischen bereits acht Minuten im Stau vor der Ampel. Eine dunkle Wolke schob sich vor eine matte Sonne, als er das Sirenengeheul eines Unfallwagens hörte. Das fehlte gerade noch. Hiltrud hielt ihn wohl für einen Mann, der einfach alles im Griff hat. Wie konnte man nur so dumm sein! Er war schließlich nicht der liebe Gott. Sollte sie doch zu dieser Heile-rin gehen, die würde auch nichts ausrichten können. Wie auch!

Er erinnerte sich an sein erstes Treffen mit seiner Frau. Sie trug ein hellblaues Kleid mit einem Gürtel, der ihre schmale Taille betonte. Das kastanienbraune Haar fiel ihr in großen, weichen Locken über die Schulter, sie glänzten, als seien sie mit Lack besprüht. Wo andere Frauen eine Nase hatten, war bei ihr ein Näschen. Die braunen Augen lagen vielleicht eine Spur zu tief in ihren Höhlen, aber das Grübchen, das ihr Lächeln her-vorzauberte, machte alles wieder wett. Herbert runzelte die Stirn. Das Grübchen, wo war das geblieben? Zuletzt hatte er es bei seiner Tochter gesehen. Das Haar trug Hiltrud inzwischen kurz, weil es praktischer war. Kein Gürtel betonte länger eine nicht mehr vorhandene schmale Taille, stattdessen war Schlab-berlook angesagt.

Unwillkürlich musste er an Beates Lehrerin denken. Die Leh-rerinnen von heute waren wirklich anders als in seiner Jugend.

Sie hatte Jeans getragen. Was sie sich durchaus leisten konnte, so schmalhüftig wie sie war. Der eng anliegende graue Pullover zog die Aufmerksamkeit auf einen prachtvollen Busen. Das Haar hatte sie zu einem züchtigen Knoten gebunden, wohl ein Zugeständnis an ihren Beruf. Es verlieh ihrem Profil etwas Madonnenhaftes, befand er, nachdem er lange nach einem passenden Ausdruck gesucht hatte. Und diese großen dunklen Augen. Die waren ihm als Erstes aufgefallen. Sie strahlten Würde, Wachheit und gleichzeitig eine gewisse Sensibilität aus. Bestimmt war sie auch humorvoll! Warum ihm wohl ausgerechnet jetzt diese Frau in den Sinn kam?

Auf der linken Seite, zum Glück nicht auf seiner Fahrbahn, hatte sich mittlerweile der Unfallwagen hindurchgequält. Die Ampel hatte bereits ein zweites Mal auf Rot geschaltet. Beim nächsten Grün würde er es schaffen, dachte er bei sich, nachdem er einen flüchtigen Blick auf seine Armbanduhr geworfen hatte. Wieder schob sich das Bild dieser Lehrerin vor sein Auge. Wie es wohl mit ihr im Bett wäre? Mit Hiltrud war es keine Offenbarung mehr, schon lange nicht mehr.

Wenn er es recht bedachte, hatte er anfangs die Art und Weise, wie sie ihn bedingungslos anbetete, durchaus genossen. Sie war anschmiegsam wie ein liebeshungriges Kätzchen, tat alles, um ihm zu gefallen. Jetzt war die Mutter mehr oder minder der neue Lebensinhalt geworden. Er wusste, es war ein Fehler gewesen, sie ins Haus zu holen. Aber sie hatte mit ungewohnter Hartnäckigkeit darauf bestanden, und er wollte sich letztendlich als der großzügige Mensch erweisen, für den sie ihn hielt, wenngleich er es nicht war.

Hinter ihm ertönte lang anhaltendes Gehupe. Die Ampel zeigte Grün. Herbert drückte aufs Gaspedal.

Es war nach der Ostermesse, während Hiltrud gemeinsam mit ihrer Tochter den Tisch abräumte – sie kehrte dabei ihrem Mann den Rücken zu –, dass sie verkündete, am nächsten Tag mit Beate diese Heilerin aufzusuchen.

116

Der erwartete Protest blieb aus, stattdessen stand ihr Mann von seinem Stuhl auf und trat ans Fenster. »Der Magnolienbaum steht ja schon in voller Blüte«, war alles, was er daraufhin erwiderte.

Als Hiltrud wieder aus der Küche kam, um das restliche Geschirr abzutragen, ging sie vorher rasch zu ihrer Mutter, die sie für diesen Festtag besonders herausgeputzt hatte. Lächerlich, dachte Herbert gereizt, diese Rüschenbluse bei dem ausgezehrten und faltigen Häuflein Elend. Seine Schwiegermutter saß zusammengesunken im Rollstuhl, während seine Frau an deren Rüschen herumzupfte und ihre eingefallene Wange tätschelte. »Sind wir nicht schön heute?«, rief sie mit gekünstelter Fröhlichkeit. Die Großmutter schrak kurz zusammen, nahm aber gleich wieder die vorherige gekrümmte Haltung ein.

»Beate, komm her zur Oma, zeig ihr deine Arme«, befahl sie mit schriller Stimme. Beate tat wie ihr geheißen. »Das wird jetzt anders werden«, fuhr sie fort, »der Otterer Leni hat sie auch geholfen.«

Als Beate an der Hand ihrer Mutter das Zimmer der Heilerin betrat, sah sie als Erstes das Marienbild neben einem dunklen Kreuz an der rechten Wand. Die Gottesmutter blickte mit gefalteten Händen und einem leichten Lächeln auf sie herab. Wie schön sie doch ist, dachte Beate und schaute sich noch einmal nach dem Bild um, während ihre Mutter entschlossen auf zwei leere Stühle zusteuerte, eine leicht widerstrebende Beate hinter sich herziehend.

Die Heilerin musterte die beiden Neuankömmlinge kurz. »Ihr habt Glück, heute müsst ihr nicht allzu lange warten. Gell, dir gefällt das Bild der Gottesmutter?«, wandte sie sich an Beate.

Das Mädchen nickte errötend.

»Kein Mensch glaubt mir, wie ich an das Bild gekommen bin«, sagte sie, während sie heftig ihre Arme ausschüttelte, bevor sie ihre Therapie fortsetzte. »Es war im Sommer nach einem Hagelsturm, nachdem ich aus dem Krankenhaus entlassen worden bin. Ich ging in den Speicher hinauf, um etwas Bestimmtes zu suchen, und da lag zu meinem Erstaunen dieses Bild. Ich hab es nie vorher in meinem Leben gesehen. Mein innerer Führer sagte mir, dass ich es hier in diesem Zimmer, in dem ich die Menschen behandeln würde, aufhängen solle. Es geht viel Kraft und Energie von diesem Bild aus«, fügte sie hinzu.

Poldi knurrte ein bisschen, als der Patient, ein alter Mann, sich mühsam aus dem Sessel vor Hetty hochrappelte. »Du hast Glück im Unglück gehabt«, sagte sie zu ihm mit einem aufmunternden Lächeln. »Ohne deinen Schutzengel wärst du jetzt nicht mehr hier.«

Während der nächste Patient umständlich Platz nahm, schaute die Heilerin in Beates Richtung. »Magst du meine Geschichte mit dem Schutzengel hören?«, fragte sie Beate, die gleich eifrig nickte.

»Ich war abends mit dem Auto unterwegs«, begann sie. »Es herrschte dichter Nebel, so dicht, dass ich buchstäblich nichts mehr sehen konnte. Das gibt es öfters hier in der Gegend am See, weißt du. Ich musste anhalten, bin sogar kurz ausgestiegen, um mich zu orientieren. Hat aber auch nicht viel gebracht. Da begann ich in meiner Not, zu meinem Schutzengel zu beten. Plötzlich tauchten vor meinem Wagen die roten Rücklichter eines Autos auf. Ich fuhr hinter ihnen her, da lichtete sich der Nebel schlagartig, gleichzeitig war auch das Auto vor mir wie vom Erdboden verschluckt.«

Beate hörte gebannt zu, ihre beiden Brauen bildeten vor lauter Aufmerksamkeit eine Linie. Zwischendurch fiel ihr Blick auf ein Mädchen ihres Alters, das auf dem Ecksofa neben einer Frau mit Hut saß, die wohl seine Mutter war. Als Hetty Beates intensiven Blick auffing, versprach sie ihr noch eine weitere Schutzengelgeschichte, bevor sie nach Hause fahren würde.

Jetzt stand die Frau mit Hut auf. Das Mädchen blieb sitzen.

Als die Frau vor Hetty saß, sah Beate nur einen wohlgerundeten Nacken mit dunklem Flaum, der sich am Rand des blauen Hutes kräuselte, am Ohrläppchen schimmerte eine große, matt glänzende Perle.

Die Frau begann leise und stockend zu erzählen. Sie käme eigentlich nicht wegen eines körperlichen Gebrechens. Sie käme, weil sie fast andauernd von Ängsten verfolgt werde. Genauer gesagt, von der Angst, verlassen zu werden. Sie kicherte nervös und knetete ein wenig verlegen ein Taschentuch in ihren Händen. Eine Psychotherapie habe auch nichts gebracht, obwohl sie ihre ganze Kindheit durchgekaut habe. Sicherlich habe das nicht geschadet und ihr auch einige Erkenntnisse beschert, aber was trotz alledem geblieben sei, das sei diese alles beherrschende Angst vor dem Alleinsein und Verlassenwerden.

Sie hob den Kopf und neigte ihn ein wenig zur Seite, sodass Beate eine kräftige, aber gerade Nase erkennen konnte. »Ich weiß nicht, ob Sie mir helfen können.« Diesen letzten Satz flüsterte sie fast. Das Mädchen, das zu ihr gehörte, rutschte unruhig auf ihrem Platz hin und her. Hetty hatte konzentriert zugehört, zwischendurch waren ihre Augen geschlossen.

Als die Dame mit Hut geendet hatte, öffnete die Heilerin die Augen, räusperte sich kurz und vernehmlich und begann, ohne Umschweife zu sprechen.

»Mir wird gesagt, dass deine Angst, äh, Ihre Angst«, verbesserte sie sich, »aus einem früheren Leben kommt. Ihr Vater war Kaufmann und hat Sie als Kind oft allein gelassen. Die Mutter war früh verstorben. Sie waren zwar in der Obhut eines Kindermädchens, aber die hat sich nicht so um Sie gekümmert, wie sie es hätte tun sollen. Außerdem hingen Sie nach dem Tod Ihrer Mutter sehr an dem Vater. Daher also die Angst. Damals haben Sie übrigens in Verona gelebt.«

»Nein, das gibt's doch nicht.«

»Ja, warum denn net? Es ist nicht immer die Kindheit, wie die meisten glauben, viele Ängste stammen aus früheren

Leben. Hab ich auch erst lernen müssen«, schloss sie ihre Rede und tätschelte dabei Poldi zu ihren Füßen.

Beate und ihre Mutter schauten sich vielsagend an. Die Frau mit Hut saß wie betäubt da und rührte sich nicht vom Fleck. »Wissen Sie, wie ich heiße, ich meine, mit Vornamen?«

»Da müsste ich erst oben nachfragen«, entgegnete Hetty etwas unwirsch.

»Sie werden es nicht glauben, ich heiße Verena.«

Ein Raunen ging durch die wartende Gruppe. Beate stupste ihre Mutter an, die unbeweglich neben ihr saß. In Hiltruds Kopf wirbelte alles durcheinander. Was sie hier sah und hörte, machte ihr teilweise Angst. Sie schaute unwillkürlich zum Bild der Gottesmutter neben dem Kreuz. Das gab ihr Halt. Die Geschichte mit dem Schutzengel war freilich in Ordnung, geradezu beruhigend. Während die Dame mit Hut, das Mädchen an der Hand haltend, den Raum verließ, fasste sich Hiltrud ein Herz und fragte die stille runzlige Frau links von ihr, ob Hetty ihr denn auch geholfen habe.

»Ja, freilich, mir geht's schon viel besser«, erwiderte die Nachbarin viel zu laut, sodass Hiltrud mit einem raschen Blick auf die Heilerin zusammenzuckte. Aber die war zum Glück schon wieder mit einer neuen Patientin beschäftigt. Da läutete das Telefon.

»Nicht abnehmen!«, befahl sie der Frau, die daneben saß und eben nach dem Hörer greifen wollte. »Ich weiß schon, wer das ist, die fehlt mir grad noch. Dös lassen wir jetzt einfach klingeln.«

Die Anzahl der Anwesenden hatte sich mittlerweile merklich gelichtet. Da waren wohl viele Neugierige dabei, wunderte sich Hiltrud, als Hetty sich plötzlich wieder an ihre Tochter wandte.

»So, die Nächste bist du, deshalb erzähl ich dir vorher noch die versprochene Geschichte mit dem Schutzengel. Die wird euch beiden guttun«, setzte sie listig lächelnd hinzu.

Hiltrud fühlte sich ertappt und errötete unmerklich. Sie spürte, wie sich ihre Tochter vor Anspannung ganz gerade hinsetzte.

»Es war nachts, als ich wieder einmal mit dem Auto unterwegs war. Diesmal war kein Nebel, stattdessen waren die Straßen spiegelglatt. Ich war schon einmal ins Rutschen gekommen, deshalb hab ich angefangen, zu meinem Schutzengel zu beten. Mitten im Gebet senkte sich so etwas wie ein Vorhang vor mein Auto. Zum Glück war ich langsam gefahren, sodass ich rechtzeitig abbremsen konnte. Ich stieg aus, da war aber kein Vorhang mehr, sondern vor mir lag ein umgekipptes Auto. Hätte ich nicht angehalten, wäre ich direkt hineingefahren.«

Während Hiltrud nach Beates Therapie einen stattlichen Geldschein in das graue Fässchen steckte, sagte Hetty unvermutet zu ihr: »Ich hab auch meine gelähmte Mutter gepflegt. Ich weiß, was das bedeutet. Du, ich meine, Sie tragen auf diese Weise Karma ab«, fügte sie nach kurzem Zögern hinzu.

Hiltrud fiel vor Überraschung keine Antwort ein, sie kramte umständlich in ihrer vollgestopften Handtasche herum, um den Geldbeutel wieder zu verstauen. Dann ließ sie die Handtasche geräuschvoll zuschnappen und bedeutete ihrer Tochter mit einer knappen Geste, zu ihr zu kommen. »Wann sollen wir wiederkommen?«, fragte sie, als sie schon die Türklinke in der Hand hatte.

»Die nächsten Tage halt, zweimal pro Woche solltet ihr schon kommen«, antwortete Hetty.

Poldi winselte im Schlaf neben ihr. Im gleichen Augenblick sprang Schnurri in elegantem Schwung vom Fensterbrett auf den Stuhl direkt neben Hetty. Diese streichelte ihn liebevoll. »So, jetzt kommst du dran, ich hol dir deinen Quark, und mir holt jemand meinen Schweinebraten vom Jägerwirt.« Sie drehte sich um und lächelte in die zwei Männergesichter vor ihr. Der jüngere von beiden stand sofort diensteifrig auf.

Draußen dämmerte es bereits, als Beate mit ihrer Mutter

dem Auto zustrebte. Beate fing gleich an zu schnattern, aber Hiltrud wehrte mit einer Handbewegung ab. »Sei bitte still, das muss ich erst mal verdauen.«

Am ersten Schultag nach den Osterferien wartete eine ungeduldige Christa auf Sophia am Eingang des Schulhauses. Sie starrte durch die Glastür, auf die unaufhörlich der Regen eindrosch. In fünfzehn Minuten würde der Unterricht beginnen und Sophia war immer noch nicht aufgetaucht. Das sah ihr überhaupt nicht ähnlich, sie war ja sonst so pünktlich. Das Geschrei der Buben verhallte allmählich in den Gängen. Sie trugen noch ihre letzten Rempeleien untereinander aus, bevor sie das Klassenzimmer verschluckte. Christa hatte bereits zum dritten Mal auf die große Wanduhr geschaut, als sie durch die regenblinde Scheibe eine Gestalt, die ihr ähnelte, die Stufen heraufhasten sah. In diesem Augenblick kam die Direktorin mit ihrer unförmigen, abgewetzten Schultasche festen Schrittes um die Ecke gebogen. Sie hob vorwurfsvoll die Augenbrauen in Christas Richtung. Ein ungeschriebenes Gesetz besagte, dass der Lehrer sich spätestens zehn Minuten vor Unterrichtsbeginn im Anmarsch zum Klassenzimmer zu befinden hatte. Christa senkte schuldbewusst den Blick, da flog die Tür auf und eine durchnässte Sophia keuchte herein.

Sie wirkte erschöpft und glücklich zugleich. »Mein Gott, ich hab dir vielleicht viel zu erzählen«, plapperte sie drauflos. »Komm heute Nachmittag zum Kaffee zu mir. Drei Uhr – ist das recht?« Sie fing gerade noch Christas zustimmendes Nicken auf, bevor sich die Klassenzimmertür hinter ihr schloss.

»Weißt du, ich weiß gar nicht, wo ich anfangen soll. Du nimmst keinen Zucker, hab ich recht?«, fragte Sophia, während sie Christa Kaffee eingoss.

Christa nickte ungeduldig. »Das weißt du doch, die leidige Linie. Und du musst auch keine Musik auflegen, ich möchte nicht abgelenkt werden.«

Sophia tat wie ihr geheißen, setzte sich wieder folgsam hin, legte ihre Hände auf den Tisch, musterte sie gründlich, als hätte sie sie noch nie gesehen. Dann nahm sie genussvoll einen Schluck Kaffee zu sich, wobei sie auf den Marmorkuchen deutete.

»Hab ich extra für dich gekauft, der macht nicht so dick wie meine Prinzregententorte. Ehrlich gesagt, ich weiß gar nicht, wo ich anfangen soll. Ich hab dir doch erzählt, dass ich bei Hetty einen Karmelitermönch als inneren Führer bekommen habe. Nun, seit einiger Zeit sehe ich ihn, ich meine, vor meinem geistigen Auge. Klein, dick, pralles Bäuchlein und ein spitzbübisches Lächeln im runden Gesicht. Als er sich zum ersten Mal zeigte, dachte ich, ich fang an zu spinnen. Was war ich vielleicht froh, als das Medium, das den Workshop in London leitete, ihn auch sah und mir beschrieb. Jetzt weiß ich, dass ich nicht spinne.«

»Hast du denn nicht Hetty fragen können?«

»Doch, natürlich hab ich das, aber es beruhigt mich einfach, wenn mir das eine weitere Person bestätigt.«

In diesem Augenblick läutete das Telefon. Sophia nahm den Hörer ab, wobei sie eine entschuldigende Geste in Richtung Christa machte.

»Ach, du bist es. Was – nach Brasilien?« Sophia lachte ungläubig, beeilte sich aber, das Gespräch so bald wie möglich mit dem Hinweis, sie habe Besuch, zu beenden.

»Das war mein Bruder Lukas«, erklärte sie, als sie sich wieder setzte. »Er wird nach Brasilien fahren.«

»Wie geht es ihm denn zurzeit?«, fragte Christa aus Höflichkeit.

»Gut so weit, du weißt ja, dass er das Theologiestudium aufgegeben hat und jetzt im Wirtshaus arbeitet. Also, wo war ich stehen geblieben?«

»Innerer Führer!«

»Ach so, ja, ich glaub, ich erzähl dir, wie das Ganze so ablief. Der Leiter des Workshops erklärte uns anfangs die Techniken, die man anwendet, um die Aura zu sehen. Zu meinem Erstaunen sah ich sie tatsächlich nach einer Weile, später sogar in Farbe.

Nachmittags wurde es dann spannend. Zuerst wurde ein Gebet gesprochen, in dem die geistige Welt aufgerufen wurde, uns in ihre Liebe, ihre Fürsorge und ihr Wohlwollen zu hüllen. Dann bat man die Schutzengel, sich um unseren Kreis zu versammeln. Und ob du es glaubst oder nicht, ich hab sie gesehen. Gestalten, in wunderschönes Licht getaucht, traten hinter jeden einzelnen Teilnehmer. Dann forderte der Leiter eine männliche Person auf – wohlgemerkt, wir kannten einander nicht –, sich in die Mitte des Kreises zu setzen. Wir sollten uns ein weißes Zimmer vorstellen und im Geiste den Namen dieser Person an die weiße Wand schreiben. Wir sollten uns fragen, was diese Person beruflich macht, wo und wie sie wohnt. Ja, und dann kamen die Bilder. Das war wirklich erstaunlich. Diese Ebene war der ›psychic level‹.

Auf dem ›spiritual level‹ setzten wir den Mann im Geiste auf einen Stuhl in dem weißen Raum und warteten, bis die Verstorbenen kamen. Der Mann, der in der Mitte unseres Kreises saß, hatte vor einem Jahr seine Frau verloren und, ob du es glaubst oder nicht, sie kam zu uns in der geistigen Dimension. Sie hatte ihm durch uns Bewegendes ausrichten lassen. Er weinte.« Sophia schien im Nachhinein noch sichtlich gerührt.

Christa hatte gebannt zugehört, ohne ihre Kollegin auch nur einmal zu unterbrechen.

»Ich hab gelernt, die Chakren zu öffnen und sie nach der medialen Arbeit wieder zu schließen, aber weißt du, was mich am meisten beeindruckt hat?«, fuhr sie aufgeregt fort.

»Und was war das?«

»Ich glaube, es war im dritten Teil des Workshops, der für Fortgeschrittene, da gesellten sich ein paar neue Teilnehmer hinzu. Eine Frau, sie hieß Karen, war besonders tierlieb und besonders medial veranlagt. Sie erzählte mir, dass sich bei ihr abends vor dem Einschlafen die Tiergeister versammeln, um ihr Leid zu klagen. Sie wurde regelmäßig von einem Affen mit bandagiertem Kopf heimgesucht (du weißt schon, Tierversuche). Mit am schlimmsten, sagte sie, litten die Hühner, die man in Käfigen zusammengepfercht hält. Sie erzählte, sie habe eine Weile gebraucht, um Techniken zu entwickeln, die es ihr erlauben, sich von diesem Leid abzugrenzen.«

Sophia hielt abrupt inne, um Kaffee zu trinken. Christa starrte sie derweil mit weit aufgerissenen Augen an.

»Hühner«, wiederholte sie entgeistert. »Ich fass es nicht.«

»Ja, verstehst du denn nicht? Hinter jeglicher Materie steht der Geist. Besonders sensitive Menschen reagieren darauf, sie können mit ihm kommunizieren. Du weißt doch, Indianer können sich auch mit Tiergeistern austauschen«, setzte Sophia ungeduldig hinzu.

»Weißt du, was ich auch unglaublich fand?«, fuhr sie unvermittelt fort. »Eine scheinbar biedere, aber sehr medial veranlagte britische Hausfrau hatte einen schwarzen Medizinmann als Geistführer. Ich hab mal Hetty gefragt, wie die da oben« – dabei deutete sie mit dem Kinn nach oben – »uns Menschen hier unten sehen. Man gab ihr zu verstehen, dass wir auf sie wie Ameisen wirken. Verstehst du das Bild? Ameisen rennen unaufhörlich nur in eine Richtung, sie schauen nicht nach links und rechts. Genau wie wir.«

Sophia schob sich gedankenverloren ein zweites Stück Torte auf ihren Teller. Christa schaute ihr voller Bewunderung und Neid zu.

»Hast du's gut, dass du nicht zunimmst, aber erzähl weiter.«

»Tja, wir haben bestimmte Meditationsübungen gemacht, mit erstaunlichen Ergebnissen übrigens. Das Ganze aber ist wirklich anstrengend und kostet enorm viel Kraft und Energie. Abends war ich völlig erschöpft.«

Kaum hatte sie den Satz beendet, klingelte das Telefon. Sophias Gesicht spiegelte Überraschung und Freude wider.

»Aber natürlich komm ich dich besuchen und berichte dir ausführlich. Was, Beate geht es schon besser? Einen neuen schweren Fall hast du?« Sophia hörte eine Weile stumm zu. »Dein innerer Führer hat wohl ein besonderes Interesse an dem jungen Mann. Na, den werd ich bestimmt mal bei dir zu Gesicht bekommen.«

Nachdem sie den Hörer aufgelegt hatte, runzelte sie nachdenklich die Stirn.

»Hetty hat einen sehr schweren Fall bekommen, einen jungen Mann. Nach jeder Therapie, die ihm Hetty gibt, geht es ihr selbst furchtbar schlecht. Sie war schon mehrfach so weit, dass sie seine Mutter anrufen wollte, um ihr zu sagen, dass sie ihren Sohn nicht länger behandeln könne. Aber jedes Mal, wenn sie den Hörer in der Hand hielt, wurde ihr gesagt, sie solle wieder auflegen, sie müsse den jungen Mann behandeln.«

Sophia war plötzlich mit ihren Gedanken weit weg. Christa schaute unschlüssig auf die Uhr. Von da wanderte ihr Blick auf das Fenster, vor dem sich schwarze Wolken ballten. »Wie in England«, sagte sie, »es wird gleich zu regnen beginnen. Ich muss gehen, weil ich noch korrigieren muss. Ich war in den Ferien faul und hab nicht alles korrigiert, was ich vorhatte. Was du mir heute erzählt hast, werd ich nie vergessen. Meine Güte, was es nicht alles gibt!«

Christa hatte schon die Türklinke in der Hand, als ihr Sophia noch nachrief: »Hast du gehört, Beate geht es schon besser!«

Die Geschichte mit dem Karma hatte Hiltrud keine Ruhe gelassen, deshalb hatte sie die Heilerin beim zweiten Besuch direkt gefragt, was es damit für eine Bewandtnis habe. Und die hatte in ihrer unverblümten Art geantwortet:

In einem früheren Leben war die Mutter eine Nachbarin gewesen und sie, Hiltrud, hatte schwarze Magie an ihr praktiziert, mit dem Ergebnis, dass ihre Mutter und damalige Nachbarin von da an bettlägerig und pflegebedürftig war. Diese

Schuld musste sie jetzt in diesem Leben wiedergutmachen. Dass ihre Mutter in diesem Leben an den Folgen des Schlaganfalls litt, war natürlich ihr selbstverschuldetes Karma, aber beide seien deshalb in diesem Leben zusammengekommen, um Karma aufzuarbeiten. Besonders der letzte Satz der Heilerin hatte sich in Hiltruds Gedächtnis eingegraben: »Was man einander Böses angetan hat, lässt sich nur mit Liebe auflösen.«

Nach sechs Behandlungen bei Hetty hörte Beate mit dem Kratzen auf. Herbert wurde zum ersten Mal neugierig auf diese Heilerin. Er liebäugelte mit dem Gedanken, die Frau höchstpersönlich in Augenschein zu nehmen, aber das Geschwätz von Karma und Wiedergeburt seiner beiden Weiber während des Essens ließ ihn den Gedanken wieder aufgeben.

Hiltrud wuselte mehr denn je um ihre Mutter herum, für Herbert ein Beweis von Hettys schlechtem Einfluss. Auf der anderen Seite war nicht zu übersehen, dass Beates Haut sich merklich gebessert hatte. Erst vor zwei Tagen hatte seine Tochter ihm triumphierend eine neue rosa gefärbte Hautfläche ohne juckende rote Pickel unter die Nase gehalten. Es war nicht zu leugnen, die Frau hatte bestimmte Kräfte.

Morgen wollten die beiden wieder zu Hetty fahren, aber seine Schwiegermutter war derart von Darmkrämpfen und Durchfall geplagt, dass Hiltrud kaum mit Windelwechseln nachkam. Sie hatte zwei Nächte nicht durchschlafen können. Er sah ihre Erschöpfung an ihren Augenringen und der blassen Haut. Deshalb konnte er schlecht Nein sagen, als sie ihn bat, Beate zur Behandlung zu fahren.

Als er mit seiner Tochter auf das kleine, geduckte Haus zuging, hörte er durchdringendes Säuglingsgeschrei und, nachdem er die Tür geöffnet hatte, empfing ihn das wütende Gebell eines kräftigen Hundes. Eine unendlich dicke Frau thronte mit hochrotem Gesicht inmitten einer gläubigen Gemeinde und fuhrwerkte mit beiden Armen in der Luft um den schreienden Säugling herum, der von einer Frau, wohl die Mutter, gehalten wurde.

Die Heilerin musterte ihn mit einem raschen Blick: »Der hört gleich wieder auf zu bellen, das macht er bei jedem, der neu hereinkommt. Deine Tochter weiß das schon.«

Als sie seine befremdete Miene sah, setzte sie hinzu: »Ich bin grad dabei, dem Kleinen die Aura zu richten, der hat seit einer Woche Tag und Nacht geschrien. Heute Abend wird er zum ersten Mal wieder durchschlafen«, fügte sie in Richtung der Mutter hinzu.

»Ich kann mir nicht vorstellen, dass der mal aufhört mit seinem Geschrei«, erwiderte die entnervt und verdrehte die Augen.

Herbert schaute forschend in die Runde, in ängstlicher Erwartung, dem Augenpaar eines seiner Patienten zu begegnen. Während Beate ihn zu einem freien Platz zog, konnte er erleichtert aufatmen. Die erste Runde war geschafft. Irgendwie würde er diesen Irrsinn hier schon überstehen. Er war froh, als der immer noch greinende Säugling mitsamt der Mutter den Raum verließ, da kam schon der zweite Schock.

»Der junge Mann war in einer Nervenheilanstalt gewesen, da konnten sie ihm auch nicht helfen«, hörte er die Heilerin erzählen. »Auf Umwegen kam er zu mir. Ich hab gleich gesehen, dass er besetzt war. Mein innerer Führer, der war übrigens ein hoher Prophet gewesen, hat die Besetzung herausgeholt. Der Geist wurde von einem goldenen Strahl der Gottesmutter« – dabei deutet sie auf das Marienbild an der gegenüberliegenden Wand – »aufgesogen.«

Beate schaute sichtlich aufgewühlt von Hetty zu dem Marienbild. Aura, Besetzungen, was mochte da wohl noch alles kommen? Herberts Schädel begann zu dröhnen.

»In der Nervenheilanstalt haben sie eine Psychose diagnostiziert und ihn mit Medikamenten vollgestopft.«

Zum Glück kam dann die Rede auf die bevorstehende Kanalisation des Dorfes, die horrenden Kosten dafür, den damit verbundenen Ärger und dergleichen mehr. Herbert war gerade im Begriff, sich wieder zu beruhigen, da läutete das Telefon. Hetty bat eine daneben sitzende Frau, den Hörer abzunehmen.

»Ein Herr Maier, er will dich sprechen, du hast ihm vor drei Wochen die Karten gelegt.«

Die Heilerin dachte kurz nach, dann nahm sie den Hörer, den die Frau ihr hinhielt. Sie lauschte eine Weile, ein zufriedenes Lächeln huschte über ihr Gesicht. »Na, dann bin ich aber froh, dass alles gut gegangen ist«, sagte sie und schob sich eine graue Haarsträhne hinter das rechte Ohr.

»Manchmal kann man wirklich das Schicksalsrad herumdrehen durch einen Hinweis«, erzählte sie der alten Frau, während sie ihr den Hörer zurückgab. »Ich hab in seinen Karten gesehen, dass ein Unfall droht, wenn er nicht aufpasst. Ich sah eine dreispurige Autobahn und Nebel. Ich hab ihm geraten, einen Zettel auf das Armaturenbrett zu legen, der ihn daran erinnern soll, wenn er in diese Situation gerät.« Sie hielt kurz inne, dann fuhr sie fort: »Gestern war es so weit, tatsächlich dachte er an meine Warnung und konnte rechtzeitig abbremsen.«

Herbert horchte auf. Kartenlegen hatte er immer für Blödsinn gehalten. Seine Mutter ging auch immer zu einer Kartenlegerin, der Vater hatte sich darüber jedes Mal furchtbar aufgeregt und es gab deshalb regelmäßig Streit. Er spürte, wie sich seine Nackenmuskeln anspannten. Jetzt redete ihn die Heilerin direkt an.

»Bei mir wird niemand krank, ich meine, keiner steckt den anderen an, die Reinigung hier erfolgt auf geistigem Wege.«

Herbert nickte mechanisch, ohne das Geringste zu verstehen. Er brauchte dazu Sagrotan und hier wurde es also auf geistigem Wege gemacht. Bevor Beate auf dem Schemel vor ihr Platz nahm, richtete Hetty wieder das Wort an ihn:

»Vor ein paar Jahren rief mich ein Professor der Medizin

an«, erzählte sie ihm. »Sein Sohn war schwer erkrankt und er wollte von mir wissen, was ihm fehlt. Ich sagte ihm, dass ich dazu sein Foto brauche. Als ich eines erhalten und angeschaut hatte, sah ich, dass er einen Strandurlaub gemacht hatte, wo er von einem Floh gebissen worden war. Der hatte ihn wiederum mit einem Virus infiziert. Jetzt wollte der Professor wissen, wie dieses Virus aussehe. Ich sah die Form eines Sichelmondes. Daraufhin wollte er wissen, ob es die eines ab- oder zunehmenden Mondes sei. Der glaubte doch tatsächlich, ich könne die Information einfach so aus dem Ärmel schütteln. Ich musste ihm am Telefon erst klarmachen, dass ich dazu wieder Ruhe und Konzentration brauche. Die haben vielleicht Nerven! Selber sehen sie ohne Apparate sowieso nichts.«

Hetty machte eine kurze nachdenkliche Pause, dann fuhr sie fort, den Blick auf einen verblüfften Herbert gerichtet.

»Auf jeden Fall hat der Professor aufgrund meiner Beschreibung das Virus gefunden und ein Gegenmittel entwickelt. Dafür wurde ihm schließlich noch ein Preis verliehen. Kennen Sie den Mann?«, fragte Hetty ganz naiv.

Herbert schüttelte benommen den Kopf. Das war zu viel für ihn. Geistesabwesend beobachtete er, wie die Heilerin seine Tochter therapierte, ohne wirklich etwas wahrzunehmen. Sein Blick wanderte zur Kommode an der hinteren Tür, wo Papierrosen in sattem Rot und sanftem Gelb zwischen weißen Magnolien und einer blauen Iris im zitternden Sonnenlicht aufleuchteten.

Wieder schrillte das Telefon. Hettys Gesicht hellte sich auf, während Poldi zu ihren Füßen zu knurren anfing. »Das ist Sophia. Nimm doch bitte den Hörer ab«, sagte sie zu derselben alten Frau, die immer noch daneben saß. »Und sag ihr« – sie schaute kurz zur Wanduhr gegenüber – »dass ich sie in einer Stunde zurückrufe.«

»War das meine Lehrerin?«, fragte Beate neugierig, nachdem die alte Frau den Hörer wieder aufgelegt hatte.

130

»Ja, das war sie, sie ist eine gute Lehrerin, hab ich nicht recht?«, fragte sie Beate, als das Kind aufstand, um der nächsten Person Platz zu machen.

»Freilich hast du recht«, antwortete Beate fröhlich, »eine so gute hab ich noch nie gehabt.«

Jetzt wurde Herbert wieder munter. Sophia ruft die Heilerin an! Warum das denn? Als er sie zum letzten Mal gesehen hatte, machte sie durchaus einen energiegeladenen, frischen Eindruck, keinen kranken.

Auf der Fahrt nach Hause lenkte er das Gespräch geschickt auf Sophia. Und seine Tochter begann zu erzählen, sie sprudelte nur so. Und er saugte alles auf, gierig wie ein Verdurstender.

Fünf Stunden später fiel er in einen unruhigen Schlaf. Sophia kam auf ihn zu, das Haar zu einem anmutigen Knoten hochgesteckt, und überreichte ihm eine scharlachrote Rose.

Den nächsten Termin bei der Heilerin nahm wieder Hiltrud wahr. Sie kam mit einem Kranz aus künstlichen Blumen in der einen Hand zurück – durchaus geschmackvoll, wie Herbert zugeben musste –, an der anderen hing eine aufgekratzte Beate.

»Stell dir vor, Papa, das Baby, das beim letzten Mal so fürchterlich geschrien hat, hat die Nacht nach der Behandlung tatsächlich geschlafen. Seine Mutter hat angerufen, als wir dort waren. Was sagst du jetzt?« Sie drehte sich zu ihrer Mutter um. »Stimmt doch, Mama, gell?« Dann plapperte sie übergangslos weiter: »Weißt du, wer heute auch bei Hetty war? Sophia, meine Lehrerin. Ich glaub, die beiden sind Freundinnen.«

Eine so kultivierte Frau wie Sophia hatte sich also mit dieser einfachen Heilerin angefreundet. Während er, von einer plötzlichen Nervosität gepackt, an der Wand einen passenden Platz für den Kranz suchte, stolperte er über die Füße der Schwiegermutter, die kurz vorher eingenickt war. Mit einem gurgelnden Geräusch schreckte sie hoch und schaute verwirrt um sich.

Seine Frau ließ sofort die Hand der Tochter los und stürzte zur Mutter. »Ist ja nichts passiert, meine Kleine«, redete sie beruhigend auf sie ein, während sie ihre eingefallene Wange tätschelte. Mit einem vorwurfsvollen Blick entriss sie ihrem Mann den Kranz und hängte ihn entschlossen über die obere rechte Kante des Bücherregals.

Später, beim Abendessen, führten seine Zähne einen erbitterten Kampf mit einem besonders harten Stück Brotrinde. Dabei brach der linke Eckzahn ab und landete scheppernd in seinem Teller. Seine beiden Weiber schienen sein Unglück gar nicht zu bemerken. Sie schnatterten weiter, als wäre nichts passiert. Herbert aber war gewaltig erschrocken. Erst heute Morgen hatte er im Spiegel die Entdeckung gemacht, dass seine Schläfen von silbrigen Strähnen durchzogen waren. Früher hatte er nur einzelne graue Haare bemerkt, die aber nicht weiter beachtet. Dann gab es da plötzlich eine steile Stirnfalte. Auf einmal, von heute auf morgen, war sie gekommen und hatte sich in seiner Stirn eingenistet. Und jetzt war ihm auch noch der linke Eckzahn abgebrochen!

Als er sich an diesem Abend wusch, betrachtete er sich eingehend im Badezimmerspiegel. Die Schläfen leuchteten ihm im Neonlicht weißsilbern entgegen und die Stirnfalte konnte er auch nicht durch gezieltes Grimassieren wegzaubern. Ob wohl der Bürstenhaarschnitt inzwischen zu jugendlich war? Er strich sich durch das blonde, von feinen grauen Fäden durchzogene Haar. Es fühlte sich noch genauso dicht an wie früher. Er seufzte erleichtert auf. Die Haut war wie eh und je gut durchblutet. Zum Glück hatte er rechtzeitig mit dem Rauchen aufgehört. In den Augenwinkeln hatte sich ein Gespinst von kleinen Fältchen breitgemacht, was ihn aber nicht weiter störte. Die Nase war gerade und wohlgeformt, nur die Lippen hätten eine Spur voller sein können. Ob dieses Gesicht, das ihm jetzt aus dem Spiegel entgegenblickte, ob er wohl damit das Interesse von Sophia erregen könnte? Er spürte, wie sich sein Herzschlag beschleunigte. Er betastete kurz seinen Bauch. Die geringfügige Wölbung war nicht stärker geworden. Nur, wo könnte er seiner heimlichen Angebeteten erneut begegnen?

Er sah sich wieder im Zimmer der Heilerin, spürte auch erneut sein Unbehagen und Misstrauen. Aber dann hörte er auch wieder das Läuten des Telefons. War der Ton nicht ein anderer gewesen? Gleich von Anfang an. Als ginge eine besondere Schwingung davon aus. Dessen war er sich auf einmal ganz sicher. Eine Schwingung, die von Sophia ausging.

Er würde wohl oder übel Beate noch einmal zur Heilerin begleiten müssen, in der Hoffnung, sie dort anzutreffen. Der nächste Elternabend war in weiter Ferne. So lange konnte er nicht warten. Morgen würde er seinen Zahnarzt anrufen. Die Zahngeschichte würde bald erledigt sein und er konnte Sophia unbesorgt anlächeln. Mit diesem Gedanken schlief er ein.

Christa hatte Sophia seit ihrem Besuch nach dem Englandaufenthalt nur kurz gesehen. In der Schule wurde sie in der Pause entweder von den Schülern belagert oder die Direktorin wollte sie unbedingt sprechen. Aber gestern hatten sie ein längeres Telefonat miteinander und Sophia hatte zugesagt, sie heute auf eine Tasse Kaffee zu besuchen. Am Ende des Gesprächs hatte sie noch angedeutet, dass sie eine Überraschung für sie habe.

Eigentlich hatte Christa Anna besuchen wollen, doch Ernst fühlte sich nicht wohl, sie hörte ihn im Hintergrund husten, als sie mit ihrer Freundin telefonierte, und unter diesen Umständen zog sie es vor, das Treffen mit Anna zu verschieben. Ein kranker Ernst war nicht zu ertragen, er war als Gesunder schon unausstehlich. Sie hatte vorgehabt, ihrer Freundin von ihrer missglückten Affäre mit Hermann zu berichten. Solche Dinge besprach sie nur mit Anna und mit niemand sonst. Sophia war für Spiritualität zuständig. Christa schaute auf die Uhr. Fünf vor zwei! Noch eine Stunde Zeit zum Korrigieren, bis Sophia klingeln würde. Sie dachte flüchtig an die Überraschung, von der ihre Kollegin gesprochen hatte.

Nachdem sie die erste Seite eines Aufsatzes gelesen hatte, hörte sie das vertraute Kratzen an der Tür. Christa ließ den Rotstift sinken und ging zur Tür. Mustang kam ohne Umschweife herein. Er schob sich sofort zwischen ihre Beine und miaute anklagend. Dann stolzierte er hocherhobenen Schwanzes in die Küche und schaute erwartungsvoll in die Ecke, wo neben der Kaffeemaschine seine Brekkies lagerten. Er würde keine Ruhe geben, bis sie ihm die gegeben hatte. Das wusste Christa ebenso wie Mustang.

Nachdem der Kater genussvoll gespeist und sich ausgiebig die Lippen geleckt hatte, sprang er geräuschlos auf den aufgeschlagenen Aufsatz vor Christa, um sich dort niederzulassen. Er schaute sie unverwandt mit seinen bernsteinfarbenen Augen an und begann behaglich zu schnurren. Von Zeit zu Zeit küsste er sie, indem er ihre Nase mit seiner Stirn anstupste. Als Christa ihn sanft wegschieben wollte, um weiterzuarbeiten, weigerte er sich standhaft und schnurrte stattdessen umso heftiger. Mustang war ganz anders als ihre Liebhaber, die bereitwillig die Flucht ergriffen. Warum nur war keiner ihrer Männer wie er? Mustang war ein starker Kater mit weißen Pfoten und weichem schwarzem Fell, das er hingebungsvoll pflegte. Christa suchte in seiner Iris den schwarzen, kleinen Punkt. War es das linke oder das rechte Auge? Der Kater schaute sie unverwandt an und rückte noch näher heran.

Als sein weiches Fell ihr Gesicht liebkoste, stieg ein Schluchzen in ihr hoch, und sie begann zu weinen wie ein Kind. Warum nur wurde sie immer wieder allein gelassen? Sie hörte Annas eindringliche Stimme an ihrem Ohr: »Aber du willst es doch gar nicht anders.«

Nein, das stimmte nicht, sie wollte es sehr wohl anders. Ihr Schluchzen wurde heftiger, der Kater hatte wieder begonnen, sich intensiv zu lecken, zwischendurch leckte er an ihrem Gesicht. Manchmal beneidete sie sogar Anna um ihren Ernst. Die beiden würden den Rest ihres Lebens zusammenbleiben. Sie aber war dazu verdammt, alleine durchs Leben zu marschieren. »Wie die Reventlow«, hörte sie wieder Annas Stimme, »nur ohne Kind, aber mit genauso vielen Liebhabern.«

Nachdem sie eine Weile geweint hatte, fielen ihr nach und nach wieder die Vorteile des Singledaseins ein. Vielleicht hatte ja Anna wirklich recht, überlegte sie. Wie es wohl Sophia in dieser Hinsicht erging? Bei dem Gedanken an Sophia schaute sie wieder zur Uhr. Sie würde bald kommen, sie täte besser daran, jetzt die Kaffeemaschine in Gang zu setzen.

Mustang streckte sich wohlig, dann gähnte er herzhaft, wobei seinem Maul ein fauliger Geruch entströmte – Christa schreckte jedes Mal wieder davor zurück. Dann setzte der Kater zu einem eleganten Sprung auf den Fußboden an. Christa hatte gerade den Kaffee in die Filtertüte gegeben, als er herrisch an der Tür kratzte. Sofort rannte sie hin, um sie ihm zu öffnen.

Zehn Minuten später klingelte Sophia. Beim Kaffee besprachen sie zuerst die allgemeine Schulsituation. Die Direktorin beraumte inzwischen wegen jeder Kleinigkeit – sehr zum Ärger des Kollegiums – eine Sitzung an. Die neue Kollegin kam grundsätzlich zu spät dazu, die hochgezogenen Augenbrauen der Schulleiterin souverän ignorierend. Die Klasse 8b war kaum noch zu bändigen; das musste an der Klassenleiterin liegen, sie hatte sich noch nie durchsetzen können.

»Warum hast du eigentlich damals die Konrektorenstelle ausgeschlagen?«, wollte Sophia plötzlich wissen.

»Ach, weißt du, Verwaltungskram liegt mir nicht so, da unterrichte ich lieber. Aber jetzt erzähl mal von deiner Überraschung. Was hast du denn damit gemeint?«

Sophia rutschte zur Stuhlkante vor und rührte gedankenverloren in ihrem Kaffee. »Na ja, ich hab dir doch von meinem Workshop in England erzählt. Ich hab mir gesagt, wozu hab ich das alles gelernt, ich muss das jetzt üben. Hetty hat mich übrigens darin bestärkt. Ja, das hab ich dann auch getan.

Freunden, die dafür offen sind, hab ich ein Sitting – du weißt schon, so nennt man das – angeboten. Da kam allerhand Überraschendes dabei heraus.«

Sophia schaute ihr jetzt direkt in die grauen Augen. »Wenn du willst, kannst du auch eines haben.«

»Und was muss ich dabei tun?«

»Nichts, nur still dasitzen.«

»Sonst nichts? Ist das alles?«

»So ist es.«

Christa überlegte nicht lange. Aufgeregt strich sie sich das lange blonde Haar hinter das Ohr und befeuchtete sich erwartungsvoll die Lippen.

»Ist der Pulli neu?«, fragte Sophia noch, als sie sich ihren Stuhl gegenüber von Christa zurechtrückte. Christa nickte ungeduldig, während Sophia ihre beiden Hände in die ihren nahm.

»Ach so, beinahe hätte ich es vergessen. Ich muss zuerst für das Gelingen des Sittings beten und dann öffne ich meine Chakren. Es wird einige Minuten dauern, bis sich die Bilder einstellen. Du musst also etwas Geduld haben.« Sie ließ Christas Hände wieder los, um ein kurzes hingebungsvolles Gebet zu sprechen, worin sie Gottvater und die Gottesmutter sowie die Engel und Geistführer um Unterstützung und Wohlwollen bat. Danach schloss sie die Augen. Erst dann ergriff sie wieder Christas Hände, die genau ihr Tun beobachtete.

»Ich sehe einen alten Mann am Stock«, begann sie nach einer Weile zögernd, die Augen weiterhin geschlossen. »Er hat einen silbernen Haarkranz, ist von mittlerer Statur und geht etwas gebeugt. Sagt dir das etwas?«

»Das könnte mein Vater sein.«

»Jetzt stopft er sich eine Pfeife und zündet sie an.«

»Ja, natürlich, das ist er, er war Pfeifenraucher.« Christa wurde zunehmend aufgeregt.

»Er sagt, du sollst dich nicht grämen wegen deines Verflossenen, da kommen noch andere.«

»Gleich mehrere?« Christas Stimme klang etwas enttäuscht.

Sophias Gesicht wurde ganz blass und schmal vor Anstrengung und Konzentration. »Er lässt Grüße ausrichten an deine Mutter. Er sagt, sie solle endlich zum Arzt gehen wegen ihres Herzens. Und sie solle endlich aufhören, ihm innerlich den einen Ehebruch, den er jemals begangen hatte, vorzuhalten. Sie kann nicht verzeihen. Das ist auch nicht gut für sie selbst. Denn damit hält sie die Vergangenheit weiterhin fest. Du kannst ihr dabei helfen, indem du für sie betest und Kerzen anzündest.«

Christa errötete leicht. Sie musste schlucken.

»Jetzt sehe ich einen anderen Mann mittleren Alters neben ihm. Er trägt einen Trachtenjanker.«

Christa runzelte die Stirn und dachte angestrengt nach. »Hm, ich weiß nicht, wer das sein soll. Vater hatte zwei ältere Brüder.«

»Jetzt kommt ein jüngerer Mann in Uniform, er sieht aber dem mittelalten Mann ähnlich. Einer von den beiden ist im Krieg gefallen.«

Christa war weiterhin ratlos.

»Jetzt zeigt sich ein Junge im Matrosenlook. Er steht vor einem Tisch mit bestickter Decke und hält eine Kerze in der rechten Hand. Das muss eine Kommunionskerze sein. Auf dem Tisch steht ein Korb mit einem Blumengebinde.«

Christas Gesicht hellte sich auf. »Ich weiß, wer das ist. Onkel Albert. Ich hab das Foto in einer Blechschachtel.«

Sophia blieb ein paar Minuten stumm.

»Da ist plötzlich eine rundliche, pausbäckige Frau zwischen dreißig und vierzig. Sie trägt eine geblümte Schürze und sie sagt, sie sei unendlich stolz auf dich, dass du Lehrerin geworden bist.«

Christa traten Tränen in die Augen. »Das ist Mathilde«, rief sie aufgeregt, »sie starb ganz überraschend. Als meine Mutter mich auf das Gymnasium schickte, sagte sie immer, ich müsse Lehrerin werden. Sie war Hausmagd bei uns. Ich hing sehr an ihr. Ich hab ihr immer meinen Kummer anvertraut. Nicht meiner Mutter, du weißt, ich hab nicht das beste Verhältnis zu ihr. Deshalb fällt es mir auch schwer, für sie zu beten.«

Christa verstummte wieder, als sie das hochkonzentrierte Gesicht ihrer Freundin sah.

»Da ist ein kleines blondes Mädchen«, fuhr Sophia fort. »Sie trägt ein Dirndl, ich schätze, sie ist etwa zwischen sechs und sieben Jahre alt. Sie steht auf einer Wiese, vor einer Kapelle. Hinter ihr, also vor der Kapelle, sehe ich eine Landstraße.«

Christa überlegte fieberhaft. »Ein blondes Mädchen? Ich wüsste nicht, wer das sein sollte. Was hat sie denn für eine Frisur?«

»Sie trägt Zöpfe, sie sind um den Kopf geschlungen.«

»Ach so, das ist ja Gretl, sie wohnte zwei Bauernhöfe weiter. An die hab ich schon lange nicht mehr gedacht. Wir haben als Kinder miteinander gespielt. Sie ist überfahren worden vor der Kapelle, an Peter und Paul.«

Sophia hatte mittlerweile die Augen geöffnet. Sie wirkte angestrengt. »Ich muss noch ein Gebet sprechen und mich bei der geistigen Welt bedanken. Anschließend muss ich meine Chakren wieder schließen.«

Christas Gedanken überschlugen sich derweil. »Mein Gott, was du alles siehst. Hast du denn gewusst, dass mein Vater tot ist?«

Sophia schüttelte den Kopf. »Über solche Dinge haben wir ja so gut wie nie gesprochen. Wir haben doch lange auf rein kollegialer Ebene verkehrt.«

Eine Weile saß Christa mit geistesabwesendem Blick da, dann sprang sie auf und stürzte zu der weißen Bücherwand. Hastig zog sie ein paar Schubläden heraus und kramte herum. Schließlich kam sie triumphierend mit einer alten verkratzten Blechschachtel in der Hand wieder. »Da muss das Foto drin sein«, verkündete sie.

Als sie die Erschöpfung in Sophias Gesicht gewahrte, sprang sie gleich wieder auf. »Ich hol uns frischen Kaffee«, rief sie von der Küche aus. Während sie den Kaffee einschenkte, wollte sie wissen, ob Sophia auch in ihrer eigenen Familie Sittings gemacht habe.

Ihre Freundin verneinte: »Als ich meiner Mutter gegenüber nur den Hauch einer Andeutung machte, war die so entsetzt, dass ich sofort meinen Mund hielt. ›Du sollst die Toten nicht rufen‹, zitierte sie gebieterisch aus der Bibel. Dabei tu ich das ja gar nicht, abgesehen davon, wüsste ich nicht, wie das geht. Ich will es auch nicht wissen«, fügte sie mit Nachdruck hinzu. »Alles, was ich mache, ist, dass ich Kontakt aufnehme mit denen, die sowieso um uns herum sind.«

Nach einem genussvollen Schluck Kaffee lehnte sich Sophia wieder zurück. »Du musst nämlich wissen«, fuhr sie fort, »nachdem man gestorben ist, kann man selbst entscheiden, ob man Lichtarbeiter werden und auf diese Weise seiner Verwandtschaft helfen will. Du weißt schon, durch Eingebungen usw. Also meine Mutter kommt auf gar keinen Fall infrage für ein Sitting, und mein Bruder auch nicht. Nachdem er das Theologiestudium geschmissen hat, will er von solchen Dingen nichts mehr wissen. Außerdem ist jetzt sein Kopf voll mit dieser Brasilianerin, die er kennengelernt hat.«

Christa hatte mittlerweile gefunden, was sie gesucht hatte. »Da hab ich es«, rief sie entzückt und reichte das Foto weiter an Sophia. Der Bub stand sehr aufrecht und ernst da wie ein Zinnsoldat und hielt seine Kommunionskerze etwas verkrampft in der Hand, fast wie eine Waffe, dachte Sophia bei sich.

»Ja, natürlich, das ist er. Das erste Bild, das er von sich vermittelte, das mit der Uniform, das sagte dir nichts, deshalb schickte er dir ein zweites, nämlich dieses hier.«

Christa nickte, gleichzeitig seufzte sie tief auf. »Mein Vater sprach von mehreren Männern, dabei hätte ich doch gerne endlich eine dauerhafte Beziehung. Bilde ich mir zumindest ein«, setzte sie hastig hinzu.

»Na, ich warte auch auf eine solche. Hetty hat mir prophezeit, ich würde bei ihr den Mann meines Lebens kennenlernen. Bisher ist er nicht aufgetaucht, obwohl sie mir den schon vor Monaten versprochen hat.«

»Irrt sich denn eine Hetty nie?«

»Doch, natürlich, speziell bei den Zeiten und wenn sie selbst emotional involviert ist. Nachdem ich bei ihr meinen inneren Führer bekommen hatte, rief sie mich einmal in einer bestimmten Angelegenheit an. Ein befreundeter Schweizer hatte ein kostbares Rennpferd verloren, es hatte gescheut und war kopflos auf und davon galoppiert. Er wollte nun von Hetty wissen, ob er es wiederfinden werde. Sie bat mich, nachzufragen. Ich bekam ein Nein als Antwort. Hetty hatte solches Mitleid mit dem Mann, dass sie tatsächlich davon überzeugt war, er würde sein Pferd wiederfinden. Das war aber nicht der Fall. Diese Dinge kommen vor, bei den besten Medien.«

Beates Neurodermitis hatte sich inzwischen eindrucksvoll gebessert, das war nicht zu leugnen. Herberts Tochter freute sich jetzt auf Sonne und Wärme, sie musste ihre Haut nicht mehr schamhaft verstecken wie im letzten Sommer noch. Herbert wollte sie jetzt möglichst bald zur Heilerin begleiten in der Hoffnung, dort Sophia zu begegnen. Er hatte lange gegrübelt und nach einem anderen Ausweg gesucht, um Sophia wiederzusehen. Eine schlechte Note seiner Tochter wäre ihm jetzt gerade recht gewesen, er hätte damit bei ihr in der Sprechstunde den besorgten Vater herauskehren können. Aber Beate schrieb zu seinem Verdruss bessere Noten denn je. Diese Ausrede fiel also weg.

Ein erneuter Gang zur Heilerin blieb ihm also nicht erspart, wenn er auch dabei ein flaues Gefühl im Bauch verspürte. Doch bei dem Gedanken an eine samtäugige Sophia durchrieselte ihn ein wohliger Schauer, der das flaue Gefühl verscheuchte. Aber wie konnte er nur sichergehen, dort auch Sophia zu treffen? Als er zum Gutenachtkuss in Beates Zimmer kam, saß seine Tochter in einem pinkfarbenen Schlafanzug in ihrem Bett. Die geschlossenen Augen, die sorgsam gefalteten Hände, die ganze Körperhaltung drückten eine Ernsthaftigkeit und Hingabe aus, die ihn rührten. Er küsste sie zärtlich und behutsam auf die leicht feuchte Stirn, woraufhin seine Tochter ihn mit beiden Armen umschlang.

»Weißt du, warum ich gebetet habe? Ich habe mich bei Gott bedankt für meine Heilung. Schau«, sie schob das Oberteil des Schlafanzugs hoch, »schau nur, Papa.« Dabei reckte sie ihm ein Bäuchlein mit gesunder rosig schimmernder Haut entgegen. »Ist das nicht toll? Hetty hat mir gesagt, was man von ganzem Herzen erbittet, bekommt man auch. Falls das Karma es natürlich zulässt«, setzte sie altklug hinzu. »Aber man muss sich auch dafür bedanken.«

Als Herbert vor dem Badezimmerspiegel stand und darin das Gesicht Sophias suchte, wusste er, was er zu tun hatte. Er würde beten, was Besseres fiel ihm im Augenblick nicht ein. Vielleicht hatte ja seine Tochter recht. Er erinnerte sich wieder an einen Krebsfall vor Jahren, bei dem die Geschwulst praktisch ›weggebetet‹ worden war. Er hielt das damals für einen Fall von Autosuggestion, aber wer weiß, vielleicht gab es doch noch andere Kräfte.

Gleich beim Betreten des Zimmers fiel ihm der junge Mann mit der blonden Mähne auf. Er schlug die Hände vors Gesicht und weinte bitterlich. Der Raum dampfte geradezu, die Menschen saßen dicht gedrängt in ihren teilweise regenfeuchten Mänteln still da, alle Augen waren auf diesen jungen Mann gerichtet.

»Du hast jetzt wieder einen Schutzengel, er steht rechts von dir. In Zukunft solltest du regelmäßig zu mir kommen, mindestens zweimal pro Woche, damit dir geholfen wird.« Nachdem er zusammen mit einer braunhaarigen Frau – wohl seine Mutter, mutmaßte Herbert – das Zimmer verlassen hatte, murmelte die Heilerin geistesabwesend vor sich hin: »Ich glaub, das ist mein schwierigster Fall, den ich je hatte.«

Jedes Mal, wenn die Türklinke sich bewegte und Poldi ein empörtes Knurren ausstieß, weil sich ein neuerlicher Eindringling ankündigte, begann Herberts Herz aufgeregt zu schlagen. Selbst Beate spürte, dass ihr Vater anders war als sonst, wenn sie sich auch keinen Reim darauf machen konnte. Ständig rutschte sie auf ihrem Stuhl hin und her, in froher Erwartung, der Heilerin ihre schöne neue Haut zu zeigen, bis ihr Vater sie mit einer unwirschen Bewegung fest am Arm packte und ihr ins Ohr flüsterte, sie solle endlich still sitzen. Hetty warf ihm einen forschenden Blick zu.

Jemand erzählte der Heilerin von einem neuen Rezept, das sie ausprobiert hatte. »Ich riech den Braten schon«, schmunzelte Hetty, »aber ich würd nicht so viel Knoblauch hintun.« Auf die erstaunten Blicke der neben ihr sitzenden alten Dame erklärte sie: »Ich sehe auch die Orte, von denen mir die Leute erzählen, die sie auf Reisen besichtigt haben.«

Als Beate an der Reihe war, fehlte von Sophia immer noch jede Spur. Mit einem Blick auf ihren Vater meinte Hetty: »Na, das haben Sie wohl nicht geglaubt, dass das so hinhaut. Hab ich nicht recht?«, setzte sie listig lächelnd hinzu. Herbert nickte nur.

In diesem Augenblick bewegte sich die Türklinke, aber zu Herberts Enttäuschung kam ein kleiner, kahlköpfiger Mann mit dünnem Schnurrbart hereinspaziert. Hetty streifte Beates Vater mit einem wissenden Blick und öffnete den Mund, wie um ihm etwas zu sagen. Doch in diesem Augenblick fing Poldi wie wild zu kläffen an. Während sie ihn beruhigte, beobachtete sie, wie Herberts Adamsapfel aufgeregt hin- und herhüpfte.

Als nach Beates Therapie ein erschöpfter und mutloser Herbert mit seiner Tochter im Schlepptau aus dem Vorgarten der Heilerin trat, stand plötzlich wie von der Dunkelheit entlassen Sophia, in das warme Licht der Straßenlaterne getaucht, in ihrer ganzen Frische und Schönheit vor ihm.

Die Frau, die ständig unter der Angst litt, verlassen zu werden, habe ich selbst nicht kennengelernt. Hetty hat mir davon erzählt, wie sie überhaupt von mehreren ähnlichen Fällen berichtete, in denen Erlebnisse aus früheren Inkarnationen das jetzige Leben beeinflussten beziehungsweise beeinträchtigten. Ich habe mich in diesem Buch bewusst auf wenige Fälle beschränkt.

Als Hetty den Säugling therapierte, der Tag und Nacht schrie, war ich zugegen. Es war das erste Mal, dass ich sie dabei beobachtete, wie sie die Aura zog. Ihr Gesicht lief puterrot an, während sie mit äußerster Anstrengung scheinbar an unsichtbaren »Seilen« zerrte. Eine Krankheit manifestiert sich zuerst in der Aura, bevor sie auf den materiellen Körper übergreift. Deshalb ist es manchmal sinnvoll, zuerst die Aura in Ordnung zu bringen.

Später erzählte sie mir, dass sie diese Arbeit fürchtete, weil sie so viel Kraft erforderte. Bei dem Säugling wurde ihr aber befohlen, diese Art der Therapie durchzuführen, und sie war damit erfolgreich, wie sie mir am nächsten Tag triumphierend am Telefon berichtete.

Eine Heilung von »Besessenheit« habe ich selbst nie miterlebt. Hetty hat mir davon erzählt, und ich habe nicht den geringsten Zweifel daran, dass es sich auch so zugetragen hat. Auf mein Befragen hin erläuterte sie mir, dass es zu solchen Fällen kommen kann, wenn der Kranke im Koma liegt oder emotional sehr gestört ist. In beiden Fällen muss zwischen dem Besetzten und dem Geistwesen eine ähnliche Schwingung herrschen oder aber die Aura ist nicht mehr gesund und weist »Löcher« auf. Manchmal kann aber auch eine Person von einem Verstorbenen besetzt werden, der von der betroffenen Person nicht ablassen will.

Ich erinnere mich an eine überaus sonderbare Geschichte, von der sie mir einmal erzählte. Sie war gerade dabei, eine Frau zu behandeln, als sich der rechte Arm der Patientin – wie ohne ihr

Zutun – hochreckte, wobei die Hand die Form einer Klaue annahm, die sich drohend auf Hetty zubewegte. Im Hintergrund hörte sie die Stimme ihres inneren Führers: »Fürchte dich nicht, ich bin bei dir.« Die Patientin selbst war sichtlich peinlich berührt über das Geschehen.

Jahre später, als die Heilerin bereits schwer krank und nicht mehr in der Lage war, selbst zu behandeln, rief ich sie an, um sie um Rat zu fragen wegen einer Geistheilerin, die ich kennengelernt hatte. Sie warnte mich vor ihr mit der Begründung, dass diese selbst keinen hohen Schutzgeist habe, was später Probleme geben könne.

Neurodermitisfälle, die die Schulmedizin nicht wirklich heilen konnte, habe ich mehrfach bei der Heilerin kennengelernt. Allen, denen ich bei ihr begegnet bin, wurde durch den Heilstrom dauerhaft geholfen.

4

Auf dem Weg zum Auto fragte Johannes seine ernst drein-
blickende Mutter, ob er fahren solle. Sie antwortete nicht
gleich. Aber dann straffte sie ihre leicht hängenden Schultern
und meinte in bemüht munterem Tonfall, dass es ihr recht sei,
wenn er sich selbst dazu in der Lage fühle.

Nachdem sie schon eine ganze Weile in der dunklen Nacht
unterwegs waren, brach seine Mutter schließlich das Schweigen, das sich wie ein feines Gespinst über beide gelegt hatte.
»Immerhin hast du jetzt wieder einen Schutzengel. Ich bin
noch ganz geschockt, dass sich der von dir abgewandt hatte.
Du hast ihn sicher mit deiner Drogensucht vertrieben.«

Johannes nickte nur, gab aber weiter keinen Kommentar
dazu. Das weizenblonde Haar fiel ihm seitlich in die Stirn, er
streifte es mit einer ungeduldigen Handbewegung zurück.

»Hast du eigentlich seine plötzliche Gegenwart gespürt?«,
hakte seine Mutter nach.

»Ja, hab ich, auf einmal stieg in mir eine Energie und Wärme
hoch, wie ich das noch nie in der Art und Weise erlebt habe.«

Dann versanken beide wieder in Schweigen, während das
Auto wie ein schnelles Schiff durch die Dunkelheit glitt. Anja
schloss die Augen und lehnte sich zurück. Ihre Gedanken wanderten in die Vergangenheit. Was für ein langer, mühseliger
Weg!

Zuerst klagte er darüber, dass er nachts aufwachte, weil er
spürte, dass sein Atem aussetzte. Niemand hatte eine Erklärung
dafür, auch die Ärzte im Schlaflabor nicht. Sie hatte ihn dorthin geschleppt, weil sie den Verdacht einer Schlafapnoe hegte,

den diese Ärzte aber nicht teilten. Eine dazu befragte Psychologin tippte auf eine schwere Neurose.

Später jammerte er über empfindungslose Beine, die sich wie Holz anfühlten. Diesmal befragte man einen Verhaltenstherapeuten, der den Beginn einer Psychose prophezeite. Ein Venenspezialist konnte auch nichts Auffälliges feststellen. Schließlich konnte er sich nicht mehr in Räumen aufhalten, in denen geraucht wurde. In der Uniklinik war man ratlos. Die Ärzte witterten einen interessanten Fall, konnten sich aber auch nicht auf eine Rauchallergie einigen.

Erst nachdem man alle möglichen Ärzte, Fachleute und Psychologen ohne nennenswertes Ergebnis konsultiert hatte, war Johannes bereit, einen anderen Weg einzuschlagen. Sein wissenschaftlich geschulter Verstand – er studierte Physik – hatte sich strikt dagegen gewehrt. Er war auch jetzt noch skeptisch, das spürte sie. Aber das Eis war gebrochen, er hatte geweint. In seiner Seele hatte sich etwas gelöst.

Herbert hatte es beim Anblick Sophias buchstäblich die Sprache verschlagen. Beate rettete die Situation, indem sie spontan losplapperte. »Ich bin so gut wie gesund«, krähte sie vergnügt.

Sophia strich ihr gerührt übers Haar. »Wie mich das freut«, murmelte sie ein ums andere Mal, »wie mich das freut.«

Herbert räusperte sich vernehmlich. Er hatte sich scheinbar wieder gefangen. »Ich muss Ihnen wirklich danken«, sagte er steif. Mehr fiel ihm im Augenblick nicht ein.

Sophia nickte leichthin. »Gern geschehen.«

Es entstand eine verlegene Pause, währenddessen sich Herbert das Hirn zermarterte, wie er weiter vorgehen sollte. »Ich würde ja gern mehr von diesen Dingen verstehen«, fuhr er unsicher fort, »vielleicht haben Sie Literatur für mich?«

Sophia musterte ihn überrascht. »Wirklich? Ja, so was! Ich muss mal überlegen.« Sie zog nachdenklich die Stirn kraus. Herbert hätte sie dafür küssen mögen. Sein Herz klopfte so laut, dass er befürchtete, sie könne es in der ländlichen Stille hören. Zum Glück ratterte ein Auto vorbei.

»Ehrlich gesagt«, fuhr sie fort, »auf die Schnelle fällt mir da nichts ein. Ich werde Ihnen eine Liste zusammenstellen.«

»Darf ich Sie anrufen?«, unterbrach sie Herbert aus Angst, sie würde vorschlagen, die Liste Beate mitzugeben.

»Aber ja, tun Sie das.« Sie schenkte ihm einen verwunderten Blick.

»Ja dann«, meinte er zufrieden lächelnd, indem er ihr die Hand hinstreckte. »Bis bald.«

»Bis bald.« Ihr Händedruck war fest und entschlossen.

Er mochte die Art, wie sich ihre Hand in seiner anfühlte. Bevor sie in der Türöffnung verschwand, drehte er sich noch einmal abrupt um. Ein gelber Lichtschein umfloss ihre hohe, schlanke Gestalt.

»Gell, die ist nett, Papa.« Beates Stimme brachte ihn wieder in die Gegenwart zurück.

»Ja, das ist sie. Aber jetzt müssen wir nach Hause.«

Dort wartete eine missvergnügte Hiltrud auf sie. Ihre Mutter war den ganzen Tag über reizbar und übellaunig gewesen. Sie hatte mittags kaum etwas gegessen und auf die wiederholten Fragen ihrer Tochter nur höchst unwirsch reagiert. Wie war das Leben doch ungerecht! Da rackerte man sich ab für eine kranke alte Mutter und man erntete nur Undank. Der eigene Ehemann nahm einen überhaupt nicht mehr wahr und die ehemals verschmuste Tochter zeigte plötzlich verstörende Tendenzen zur Selbstständigkeit.

Während des Essens erzählte Beate ausführlich die Geschichte von einem gewissen Johannes. Herbert aß mit gesundem Appetit, ohne aber das Essen selbst zu loben. Die Großmutter war bereits vor dem Eintreffen der beiden von ihr abgefüttert worden. Sie saß jetzt rechts von ihr halb eingenickt in ihrem Rollstuhl. Sie hatte wieder einmal gekleckert, stellte Hiltrud missbilligend fest.

Die gelbe Bluse wies braune Flecken von der Kartoffelsuppe auf, für die Herbert kein Wort des Lobes fand, dabei war das seine Lieblingssuppe. Seit drei Abenden war Beate nicht mehr zum Gutenachtkuss gekommen.

Nach dem Abendessen schichtete Hiltrud mit einem gewissen Ingrimm die Teller aufeinander, sodass einer scheppernd zu Boden krachte. Ein braunes Rinnsal suchte sich seinen Weg auf den dunkelroten Keramikfliesen. Die Großmutter schreckte hoch und stieß ihr gurgelndes Geräusch aus. Alle erstarrten wie auf Kommando. Sehr zum Erstaunen von Herbert zögerte Hiltrud eine Sekunde, bevor sie losstürzte.

Herbert stand etwas linkisch und verlegen im Türrahmen, nachdem ihm Sophia geöffnet hatte. Mit List und Tücke hatte er sie am Telefon so weit gebracht, dass er hier willkommen war, nur jetzt wusste er nicht so recht weiter. Er schaute sich verstohlen in der geräumigen Diele um. Ein alter bemalter Bauernschrank diente als Garderobe. Rechts davon hing ein geflochtener Kranz mit rotem Blütenschmuck und einem gleichfarbigen Seidenband, das sich zärtlich um den Kranz wand. Unverkennbar ein Werk von Hetty.

Als er ihr seinen beigen Trenchcoat übergab, war er dankbar für Hettys floristische Künste. Er hatte ein Stichwort.

Das Wohnzimmer gefiel ihm ebenfalls, ein Mix aus alten Bauernmöbeln und einem modernen Esstisch, dazwischen Mitbringsel aus aller Herren Länder, geschmackvoll angeordnet.

»Kaffee oder Tee?«

»Egal, was Sie gerade dahaben.« Eigentlich hasste er Tee, aber vielleicht liebte sie den, er wollte keinen Fehler begehen. Zu seiner Erleichterung brachte sie Kaffee. »Wissen Sie«, nahm er den Hetty-Faden wieder auf und rutschte dabei etwas nervös auf der Couch hin und her, »ich würde gern mehr davon verstehen, wie Hettys Heilkräfte funktionieren, ich bin ja gewissermaßen auch vom Fach, wenn auch aus dem anderen Lager. Sie verstehen schon, was ich meine«, fügte er hilflos hinzu.

Sophia nickte, sie schien erfreut. »Ehrlich gesagt, das hätte ich nicht von Ihnen erwartet«, antwortete sie mit entwaffnender Ehrlichkeit. »Aber ich weiß nicht so recht, wie ich anfangen soll. Ich hab schon ein paar Bücher bereitgelegt.« Dabei deutete sie auf einen Stapel auf dem Glastisch zwischen ihnen.

Sie zog die Stirn kraus. »Ich versuche so gut ich kann, das Phänomen zu erklären.« Sie sprach mit einer Ernsthaftigkeit und einer Eindringlichkeit, die erkennen ließen, dass es das Thema ihres Lebens war.

»Der Ansatz von Hettys Heilkunst ist ein völlig anderer als Ihrer. Was sie betreibt, ist Geistheilung mittels Energieübertragung, so etwa kann man es, um es sehr vereinfacht auszudrücken, erklären.«

»Woher kommt diese Energie?«

»Die kommt nicht von ihr, es ist eine Gottesgabe, das betont sie immer wieder. Die Hilfe kommt aus der geistigen Dimension, und zwar von ›geläuterten‹ Ärzten und einem großen geistigen Führer, der den notwendigen Schutz garantiert.«

»Was heißt ›geläuterte‹ Ärzte?«

»Das sind Ärzte, welche die karmischen Aufgaben auf Erden bereits vollständig hinter sich gelassen haben und in höhere Dimensionen aufgestiegen sind. Menschen, die so weit aufgestiegen sind, haben die Erlaubnis, uns im irdischen Leben beizustehen und uns zu heilen«, fügte sie ein wenig lahm hinzu. »Das ist nicht leicht zu erklären, jemand, der nur die Materie sieht, jemand, der kein Bewusstsein entwickelt hat für die geistigen Dimensionen, für so einen Menschen ist das nur schwer zu verstehen.«

»Ehrlich gesagt, so einer bin ich.«

»Das dachte ich mir schon.«

»Nun, die Heilung meiner Tochter hat mich nachdenklich gemacht.«

»Das ehrt Sie.«

Ein Lächeln huschte über Herberts Gesicht. Der Zahn war

wieder in Ordnung, er konnte getrost lächeln. »Ich bin Ihnen auch sehr dankbar, dass ich hier sitzen darf.«

»Fragen Sie ruhig weiter.«

»Wer steuert das Ganze und wann hat sie diese Gabe bekommen?«

»Als sie im Sterben lag. Ihr innerer Führer, ein hoher Prophet übrigens, ist sozusagen der Steuermann. Er steht über allen Ärzten. Ich hab es selbst einmal erlebt«, fügte sie nachdenklich hinzu, während sie an ihrem Kaffee nippte, »dass sie mich nicht therapieren konnte, weil keine Energie rüberkam. Das geschah an Allerheiligen. An dem Tag wollte die geistige Welt nicht aktiv sein, damit Hetty endlich zur wohlverdienten Ruhe kam. Ansonsten kam es nur bei wirklich bösen Menschen vor, dass die geistige Welt die Hilfe durch Therapie nicht gewährte. Hetty dachte zuerst, dass die da oben nicht wollen, weil sie lieber feiern.« Sophia lächelte.

Sie machte eine kurze Pause und schien in sich hineinzuhorchen. »Sie hat mir übrigens erzählt, dass sie abends, nach getaner Arbeit, wenn Stille einkehrt in ihr Haus, den Lobpreis der Engel hört. Die hört Hetty, weil sie die feinstoffliche Ebene wahrnimmt. Anfangs hab ich das nicht verstanden, weil ich ja dergleichen nicht höre. Erst mit den Jahren, ich hab wie eine Wilde gelesen in dieser Richtung, hab ich begriffen.« Dabei legte sie ihre schmale beringte Hand an ihren Solarplexus.

Herbert schaute sie ungläubig an. Sophia lachte, stand auf und legte eine CD ein. Pachelbels Kanon flutete in den hellen Raum und erfüllte ihn mit Schönheit.

»Hildegard von Bingen beschreibt es sinngemäß so, dass der Lobpreis der Engel eine Antwort auf Schönheit, Gnade und Freude ist. Die Energie bewegt sich von Gott fort zu den Engeln und zu den Menschen. Gott braucht die Gebete der Menschen und den Lobpreis. Das hab ich früher auch nicht verstanden. Die Liebesenergie des Kosmos ist der Stoff, der das Universum

150

in Bewegung hält. Sie strömt von den Menschen wieder zurück zu Gott und so weiter und so fort. Ich glaube, Sheldrake hat das gesagt, aber das sagt auch sie, dass es viele Bewusstseinsebenen außerhalb der menschlichen gibt. Das wird natürlich von den Materialisten geleugnet, die sich die Ganzheit der Natur als unbewussten, blinden Mechanismus vorstellen. In dieser Hinsicht hat die Aufklärung das Bewusstsein verengt, indem sie es auf die menschliche Vernunft und unser Verständnisvermögen beschränkt hat.«

Sophia hielt kurz inne und dachte angestrengt nach. »Jedes Teil hängt vom Ganzen ab. Ich glaube, ich zitiere schon wieder Sheldrake«, setzte sie stirnrunzelnd hinzu.

»Aber man kann doch nicht ewig lobpreisen angesichts all des Leids und des Unglücks auf der Welt«, platzte Herbert heraus. »Was ist das für ein Gott, der all dies zulässt?« Eine steile Zornesfalte erschien auf seiner Stirn. Pachelbels Kanon war eben verklungen.

»Gott will kein Leid«, widersprach da Sophia mit Nachdruck. »Wir selbst schaffen es mit unseren Gedanken und Gefühlen, durch falsche Taten, die dann letztendlich zu Leid werden. Diese oft gewalttätigen Handlungen wie Kriege, Vergewaltigungen oder Ähnliches sind rein selbstverschuldet und nicht Gottes Absicht. Ganz im Gegenteil, es ist die Aufgabe des Menschen, sein Herz und seine Gedanken beziehungsweise Gefühle rein zu halten und schlechte gar nicht erst im Ansatz zuzulassen. Würden alle nach dieser Maxime handeln, gäbe es bald kein Leid mehr. Aber das begreifen die Menschen nicht. Sie suchen immer die Schuld außerhalb. Das Unglück ist keine Strafe, sondern die Wirkung einer Ursache, die, wie ich bereits sagte, ihren Ursprung in unseren Gefühlen und Gedanken hat, also rein geistiger Natur ist. Jesus Christus hat uns gesagt, wer falsch denkt, sündigt bereits.«

Sophia runzelte die Stirn. »Ich sage ja nicht, dass es leicht ist, nach dieser Maxime zu handeln, aber sie ist die einzig richtige.«

»Und wie ist es mit Krankheiten?«, hakte Herbert nach.

»Die Wurzel aller Krankheit liegt in der Astralsphäre, in jener Zone, wo Gedanken aufgezeichnet werden, bis sie sich manifestieren. Wäre der Mensch rein in seinen Gedanken, könnte er auch nicht erkranken. Das heißt, Krankheiten können natürlich auch karmisch bedingt sein, da muss ich mich korrigieren. Falsche Taten aus früheren Leben können uns im jetzigen einholen und zu Krankheiten führen. Die Wurzel jeglicher Krankheit liegt also wieder bei uns selbst. Das heißt aber nicht, dass man einem Kranken gegenüber kein Mitgefühl zeigen soll, nach dem Motto, bist ja selber schuld. Manche haben sich ja auch eine Krankheit ausgesucht, um eine Lektion zu lernen«, fügte Sophia ernst hinzu.

Bei dem Wort »Karma« zuckte Herbert zusammen. Er musste erst einmal das Gehörte verkraften. Sophia deutete lächelnd auf den Stapel Bücher. »Das können Sie alles hier nachlesen.« Dann schaute sie nervös auf die Uhr. »Ich glaube, ich muss mich langsam an meine Korrekturen machen. Ich bin schon wieder im Rückstand.«

Johannes war aufgrund seiner Aversion gegen Rauch nicht in der Lage, die Vorlesungen in der Uni zu besuchen. Seine Mutter setzte jetzt alle Hoffnung auf die Heilerin, die versprochen hatte, ihn wieder studierfähig zu machen. Während sie ihn nun therapierte, forderte sie einen Raucher in der Runde auf, zu rauchen. War keiner da, dann zündete sie halt einfach so eine Zigarette an, damit sich Johannes auf diese Weise wieder mit dem Rauch »aussöhnen« konnte. Ihr innerer Führer hatte ihr gesagt, dass es keine Rauchallergie im eigentlichen Sinne war, sondern dass sich in der Aversion ein Ekel äußerte, mit dem er auf seinen früheren übermäßigen Haschischkonsum reagierte, den er jetzt nachträglich verabscheute.

Zu Hause hatte es harte Auseinandersetzungen zwischen Anja und ihrem Mann gegeben, einem rothaarigen, pragmatisch denkenden Prokuristen, der gewohnt war, mit nüchternen

Zahlen umzugehen, und nichts wissen wollte von Geistführern und Geistheilung. Erst als der schulmedizinische Weg sich als erfolglos herausgestellt hatte, war er bereit, den anderen zu akzeptieren. Er wusste, dass seine Anja Geschichten über Elfen und Engeln verschlang. Er tolerierte dies nur, weil er seine Frau liebte.

Als nach einiger Zeit das Rauchproblem verschwunden war, konzentrierte sich Hetty in ihrer Therapie auf die Wiederherstellung der Durchblutung der Beine. Als sich die vielen kleinen Blutgefäße zu öffnen begannen, schrie Johannes vor Schmerz, seine Mutter musste ihn dabei halten und stützen.

Hetty hatte in ihrer unverblümten Art Anja einmal zu verstehen gegeben, dass es ihr buchstäblich grauste, wenn die Tür aufging und ihr Sohn hereinkam. Der erbärmlich schlechte Allgemeinzustand von Johannes aufgrund seines Drogenkonsums übertrug sich während der Therapie auf ihren Körper und es dauerte immer Stunden, bis sie sich davon erholte. Aber jedes Mal, wenn sie den Hörer aufnahm, um Anja zu erklären, dass sie ihren Sohn nicht weiterbehandeln könne, wurde ihr befohlen, ihn wieder aufzulegen. Als sie Sophia davon erzählte, meinte sie lakonisch: »Das Schicksal hat wohl noch einiges vor mit ihm, wenn die da oben ihn so unterstützen.«

Ein halbes Jahr später sollte dies offenkundig werden. Aber noch war es nicht so weit.

Die »stille Therapie«, wie Hetty es zu nennen pflegte, reichte längst nicht mehr bei Johannes. Die Geister beziehungsweise die Energie der geläuterten Ärzte fuhren nacheinander in Johannes' Körper. Als Erster nahm ein griechischer Toxikologe von seinem Körper Besitz. Johannes' Gesicht veränderte sich schlagartig, ebenso seine Gestik und Mimik. Der Grieche bediente sich der Zunge des jungen Deutschen, auf diese Weise unterhielt sich Hetty bestens mit ihm.

Anja kam aus dem Staunen nicht mehr heraus. Eine fremde Welt tat sich ihr auf, eine Welt, die sie bisher nur aus Büchern kannte. Auf feinstofflicher Ebene wurde sein Blut gereinigt. Allein aufgrund seiner Körpersprache erkannte die Heilerin die spanische Krankenschwester, den griechischen Toxikologen (der später einer seiner inneren Führer werden sollte) oder einen deutschen Arzt. Bei der spanischen Krankenschwester waren seine Bewegungen besonders anmutig.

»Die da oben, die haben ganze Meter von der Sorte«, verkündete Hetty fröhlich in ihrem allgäuischen Dialekt. »Gestern Abend hatte ich eine Vision. Hinter meinem inneren Führer befanden sich viele weitere Ärzte. Sie wurden mir so schnell gezeigt, als würde jemand rasch ein Buch durchblättern: jede Seite ein neuer Arzt.« Die Anwesenden verfolgten das Geschehen mit angehaltenem Atem. »Schöner als Fernsehen, hab ich nicht recht?«, verkündete die Heilerin mit Nachdruck.

Johannes' Mutter konnte nur noch mit Schlaftabletten schlafen, sosehr kam sie von dem Erlebten aus dem Gleichgewicht.

Sie wollte es so gerne mit ihrem Mann teilen, deshalb bat sie ihn, doch einmal mitzufahren, wenn auf feinstofflicher Ebene die Hypophyse gereinigt werden sollte. Nur widerwillig stimmte er zu.

Da dies eine diffizile und gefährliche Operation am feinstofflichen Körper war, hatte die Heilerin die Klingel abgestellt und die Tür für die Allgemeinheit zugesperrt. Johannes lag bequem ausgestreckt auf einer Schlafcoach in einem Zimmer, das für die Patienten normalerweise nicht zugänglich war.

Herr Schroll, der sachliche Prokurist, sah mit Schrecken, wie sich die Gesichtszüge seines Sohnes und gleichzeitig die gesamte Körperhaltung zu verändern begannen. Seine Frau Anja erkannte darin die spanische Krankenschwester, aber das wagte sie nicht laut auszusprechen. Sie warf ihm hin und wieder einen besorgten Blick zu, aber an seiner versteinerten Miene und seinen zusammengepressten Lippen konnte sie seine Abwehr ablesen. Es war falsch, ihn mitzunehmen, er würde diese

Welt nie und nimmer akzeptieren. Zu fremd und bedrohlich war sie für ihn.

Als Hetty bedeutet wurde, dass der eigentliche Operationsvorgang nun beginnen würde, bat sie das Ehepaar, nach draußen zu gehen. Absolute Stille war erwünscht, nichts durfte die Konzentration der Geistwesen stören. Anja wusste, dass dieser Vorgang, der für sie selbst und für ihren Mann unsichtbar blieb, für die Heilerin absolut real und sichtbar war. An ihrem angespannten Gesichtsausdruck erkannte sie den Ernst der Lage.

Draußen auf der sonnigen Veranda, von Bienen und bunten Schmetterlingen umsummt, sprach das Ehepaar kein Wort miteinander. Als sie später hereingerufen wurden, sahen sie an Hettys Lächeln, dass alles gut gegangen war. Die operative Veränderung des feinstofflichen Körpers würde sich im materiellen Körper manifestieren. Johannes würde von da an nie mehr nachts seinen Atem anhalten.

Bei der anschließenden Autofahrt nach Hause saß Johannes still und in sich gekehrt hinten im Wagen, während sein Vater sich am Steuer auf den Verkehr konzentrierte und verbissen schwieg. Als sich Anja am nächsten Tag ein Herz fasste und ihn auf die Geschehnisse bei Hetty ansprach, wehrte er ab mit den Worten: »Für mich ist er ein psychiatrischer Fall. Punkt.«

Herberts Kopf dröhnte, als er heimwärts fuhr. Er hatte von Sophias Erklärungen bei weitem nicht alles verstanden. Sie war seiner Tochter zweifellos eine gute Lehrerin, aber ihn hatte sie schlichtweg überfordert. Manches hatte ihm auch Unbehagen bereitet. Aber dieses Lächeln, diese unendliche Süße, die ihren geöffneten Lippen wie Wohlgeruch entströmte! Selbst bis in den Schlaf hinein verfolgte ihn dieser Duft.

Sophia kam zu ihm in dieser Nacht. Mit einer graziösen Bewegung legte sie ihm einen Stapel Bücher in die Arme, die sich ihr voller Verlangen entgegenreckten. Bevor sie entschwand, drehte sie sich noch einmal um. Da gewahrte er eine rote Rose in ihrer rechten Hand, sie führte sie an ihre Lippen, küsste sie sanft und legte sie dann mit einer anmutigen Geste auf die Bücher, die er immer noch in seinen Händen hielt.

Die Bücher rührte er allerdings ein paar Tage lang nicht an. Erst als das Verlangen nach Sophia übermächtig wurde, begann er darin zu blättern.

Hiltrud war mehr als überrascht, als sie den Stapel liegen sah. Er begründete die neue Lektüre mit dem Bedürfnis, mehr von den Dingen verstehen zu wollen, die er bei Hetty kennengelernt hatte. Seine Frau gab sich mit der Erklärung zufrieden. Sie selbst war zwar glücklich über die Heilung ihrer Tochter, aber ansonsten nicht weiter an der Thematik interessiert. Sie konzentrierte sich wieder voll und ganz auf ihre Mutter, mit der Begründung, dass sie ja nicht wisse, wie lange sie diese noch bei sich haben würde.

Fast jeden Abend, wenn Herbert von der Praxis nach Hause kam, fand er seine Schwiegermutter neu herausgeputzt vor. Sie erschien ihm wie eine wächserne Schaufensterpuppe, die Reklame für eine Bekleidungsfirma für ältere Herrschaften machte. Hiltrud entwickelte eine kindliche Freude daran, ihre Mutter wie ein Püppchen zu behandeln und auszustaffieren. Sie war ihr dabei mehr oder minder ausgeliefert, ganz im Gegensatz zu der eigenen Tochter. In gewisser Weise schien die Mutter die übertriebene Aufmerksamkeit durchaus zu genießen. So profitierte die ganze Familie von der neuen Situation.

Herbert hatte sich bereits eine neue Strategie zurechtgelegt, um erneut in den Genuss von Sophias Lächeln zu kommen. Er hatte drei von den insgesamt vier Büchern durchgeackert und fand nun, dass dies als Begründung für ein weiteres Treffen ausreichte. Zu seiner Überraschung zierte sich Sophia nicht lange und schlug den darauf folgenden Mittwochnachmittag vor.

Als er erwartungsvoll an ihrer Tür klingelte, musste er allerdings zu seinem Bedauern feststellen, dass sich in ihrem Gebaren ihm gegenüber seit dem ersten Treffen nichts geändert hatte. Sie gab sich freundlich distanziert wie damals auch, keine Spur von Verliebtheit. Seinem neuen Kaschmirpullover, den er für dieses Rendezvous extra erstanden hatte, schenkte sie keinerlei Beachtung.

»Tee oder Kaffee?«

»Kaffee, bitte. Ich trinke keinen Tee!«

Als sie ihm eine Tasse einschenkte, fragte sie ihn mit einem Seitenblick auf die drei zurückgebrachten Bücher auf dem Glastisch: »Na, wie haben sie Ihnen gefallen?«

»Gut, gut«, stammelte er, »aber einige Dinge hab ich immer noch nicht begriffen. Das heißt, ich hab da noch ein paar Fragen.«

Sophia trug heute ein figurbetontes schwarzes Strickkleid. Das offene Haar fiel in weichen Wellen auf ihre wohlgeformten Schultern. Ein breiter Ledergürtel betonte die schmale Taille. Herbert starrte wie hypnotisiert darauf. Er erinnerte sich an längst vergangene Tage, als er glaubte, mit beiden Händen Hiltruds Taille umfassen zu können. Am liebsten hätte er jetzt das Gleiche wieder gemacht mit dieser Taille vor ihm.

Ihre dunklen Augen forderten ihn auf, seine Fragen zu stellen.

»Äh, ja, ich weiß nicht so recht, wie ich das formulieren soll, aber ich komm nicht ganz klar mit dem Begriff Karma. Sie erwähnten das letzte Mal, dass selbst eine Seele mit reinen Gedanken aufgrund ihres Karmas erkranken könne.«

Sophia stellte vorsichtig ihre Kaffeetasse ab. Sie lächelte nachsichtig, als sie zu ihrer Erklärung ansetzte. »Das haben Sie gut behalten«, meinte sie anerkennend. »Aber Sie haben schon recht. Jeder von uns kennt sicherlich eine Person, die sich scheinbar in diesem Leben nichts zuschulden hat kommen lassen. Trotzdem muss dieselbe Person unerklärlicherweise schlimme Schicksalsschläge einstecken.

Die Gedanken, die man in die Ätherwelt ausgesandt hat, die Taten, die man begangen hat im früheren Leben, sie alle kommen irgendwann einmal wie ein Bumerang zu uns zurück, es sei denn, der Mensch erkennt seine Fehlhaltung und schlägt die entgegengesetzte Richtung ein. Ist das nicht der Fall, dann erntet man, was man gesät hat. Dieses ›eine‹ beziehungsweise jetzige Leben ist freilich nicht gerecht, deshalb können ja so viele Menschen nicht wirklich ›glauben‹, weil sie überall nur die vermeintliche Ungerechtigkeit sehen. Ich weiß von einem Geschäftsmann – übrigens ein redlicher und rechtschaffener Mensch –, der einfach auf keinen grünen Zweig kommt.«

Sophia schenkte ihrem Gast eine zweite Tasse Kaffee nach, dann lehnte sie sich wieder bequem im Sessel zurück und dozierte weiter, während Herbert sie aufmerksam betrachtete.

»Im früheren Leben war er auch einmal Geschäftsmann gewesen und hatte seine Kunden nach Strich und Faden betrogen.«

»Muss er denn dafür ewig büßen?«, unterbrach sie Herbert.

»Nein, nicht ewig, irgendwann ist das Karma ja abgetragen. Man kann dies beschleunigen durch Gebete und Fürbitten und indem man anderen hilft. Man wird nicht nur mit seinen früheren Taten konfrontiert, man kommt auch so lange immer wieder mit den gleichen Personen zusammen, bis auch hier das Karmakonto ausgeglichen ist.«

»Meine Frau erwähnte einmal etwas Ähnliches bezüglich ihrer Mutter«, unterbrach sie Herbert erneut. »Heißt das, dass ich in einem früheren Leben schon einmal mit meiner Frau zusammen war?«

»Ich nehme es fast an, aber da müssen Sie Hetty fragen. Die kann Ihnen diese Frage beantworten.«

»Ach, du lieber Gott«, stöhnte Herbert in gespielter Verzweiflung, »so habe ich die Dinge noch nie gesehen.«

»Das tun die wenigsten«, beruhigte ihn Sophia. »Ist ja auch nicht wirklich notwendig. Nicht alles Unglück ist auf Karma zurückzuführen, so einfach sind die Dinge nun auch wieder nicht. So manche Prüfung hat sich die Seele vor der Inkarnation selbst ausgesucht, um auf diese Weise eine bestimmte Lektion zu lernen. Schließlich soll die Seele ›wachsen‹ und nicht in erster Linie das Bankkonto, wie die meisten meinen«, fügte sie lächelnd hinzu, während sie aufstand.

»Ein bisschen Musik gefällig?«

Herbert nickte eifrig.

Eine weibliche Stimme ertönte. Sie erhob sich wie eine weiße Taube mit leichten Schwingen in die Lüfte, um sich jubilierend in der unendlichen Bläue des Himmels zu verlieren. Herbert lauschte ergriffen. Sophia saß in sich versunken da.

»Was war das?«, fragte er, als die Stimme erlosch und der Vogel verschwunden war.

»Das ›Sanctus‹ aus Faurés Requiem«, antwortete Sophia.

»Überirdisch schön, was ich nicht alles von Ihnen lerne.« Er schien sich wieder auf das vorige Gespräch zu besinnen. »Und wie oft müssen wir wiederkommen?«, fragte er beklommen.

Sophia dachte einen Augenblick nach. Statt eine Antwort zu geben, stand sie auf und setzte dieselbe Musik noch einmal in Gang. Wieder sah Herbert die weiße Taube in den Himmel hineinfliegen.

»Wissen Sie es jetzt?«

»Ich ahne es dunkel.«

»Bis unsere Seele zu Gott zurückgefunden hat.« Sophia schenkte ihm ihr schönstes Lächeln.

Herbert musste schlucken. »Und wie stellt man das an?»

Sophia sah stirnrunzelnd auf ihre Schuhspitzen. »Das kann man schwer in Worte fassen, es ist eine Erfahrung, die jeder selbst machen muss.«

Sie saß ein paar Minuten schweigend da und fuhr sich mit der Hand durch das Haar. »Jeder von uns möchte doch, dass es ihm gutgeht, nicht wahr? Ich denke, dass kann man von uns allen behaupten.« Sie zögerte einen Augenblick, bevor sie weitersprach. »Die Wege, die der Einzelne dabei einschlägt, sind allerdings sehr verschieden. Die meisten glauben, es gehe ihnen gut, wenn sie möglichst viel Geld verdienen. Andere meinen, dass durch Erfolg und Ansehen ihrer Position das Glück zu ihnen kommt. Wieder andere wollen Macht und so weiter und so fort. Die Erfahrungen, welche der Einzelne in seinem Leben macht, werden in jeder Inkarnation in seiner Seele gespeichert wie auf der Festplatte eines Computers. Solange die Seele glaubt, das Glück in Äußerlichkeiten zu finden, wird sie vergeblich auf der Suche sein.«

Sophia räusperte sich kurz und nahm einen Schluck Kaffee zu sich.

Herbert unterbrach sie nicht. Er hatte die rechte Hand auf sein Kinn gestützt und schaute nachdenklich auf das Gemälde gegenüber an der Wand.

Sophia fuhr fort. »Ich kann das Ganze ja an einem konkreten Beispiel erläutern. Ich kenne einen sehr reichen Unternehmer. Der hatte alles: Eigentumswohnung in Kitzbühel zum Skifahren, ein Landhaus in der Toskana zum Entspannen, eine Nobelvilla im angesagten Stadtteil einer Großstadt mit kostbaren Gemälden. Dann geschah eines Tages Folgendes: Er war mit seinem schnellen Porsche unterwegs – normalerweise ließ er sich chauffieren – und seine Gedanken waren bei dem nächsten Vertrag, mit dem er einen fetten Gewinn machen würde. Als er wieder einen klaren Gedanken fassen konnte, wachte er im Krankenhaus als Querschnittgelähmter auf. Jetzt sitzt er im Rollstuhl und sieht als Erstes – wenn er nicht hochschaut, sondern geradeaus – nichts als Ärsche. Dieses Ereignis hat ihm von einer Sekunde zur anderen zu einem anderen Blickwinkel verholfen. Verstehen Sie, was ich damit sagen will?«

Herbert nickte. »Meine Schwiegermutter sitzt nach einem Schlaganfall auch im Rollstuhl«, unterbrach er sie mit einem leicht gereizten Unterton. »Es hat bei ihr keine veränderte Sichtweise bewirkt. Das Gegenteil ist eher der Fall.«

»Freilich, da haben Sie schon recht, nicht jeder begreift sein Schicksal als Chance.«

Das Läuten des Telefons setzte Sophias Monolog abrupt ein Ende. Herbert beobachtete sie, wie sie den Hörer abnahm.

»Ach, du bist es, Christa, warum warst du denn gestern nicht in der Schule?« Sophia hörte eine Weile zu, bis sie das Telefonat mit dem Hinweis auf seinen Besuch beendete.

Als sie auf die Uhr schaute, meinte Herbert entschuldigend, dass er gleich aufbrechen werde und ob sie denn noch weitere Lektüre für ihn hätte? Sophia überlegte kurz, dann verschwand sie in ihrem Schlafzimmer, um mit zwei Büchern in der Hand wiederzukommen.

»Brücke zum Licht« las Herbert flüchtig, als er sie entgegennahm.

»Darf ich Sie denn wieder einmal belästigen?«, fragte er, während er schon die Klinke in der Hand hielt.

Sie schaute ihn scheinbar überrascht an, dann nickte sie entschlossen. »Warum nicht? Jetzt hab ich wieder ein Opfer gefunden für mein Interessengebiet, gleichzeitig wird wohl die Lehrerin in mir angesprochen. Ich hoffe, ich habe Sie nicht gelangweilt?« Sie streckte ihm die Hand hin. Der Händedruck war der gleiche wie beim ersten Mal in der Schule. Kurz und fest. Er mochte ihn noch immer.

Anja Schroll vermied im Zusammenleben mit ihrem Mann das Thema Hetty, soweit es sich vermeiden ließ. Ihr Sohn kam wieder zu Kräften, das allein zählte. Gerhard Schroll konzentrierte sich bewusst – sehr zur Freude seines Chefs – und mit einer gewissen Verbissenheit auf seine Zahlenkolonnen. Sie waren überschaubar und kalkulierbar, ein nüchternes Universum ohne störende Geister und schwarze Magie. Solange der Sohn gesundheitliche Fortschritte machte, würde er sich zurückhalten eingedenk des Spruches seiner Frau: Wer heilt, hat recht. Er liebte seine Frau, trotz der Tatsache, dass er ihren Hang zur Esoterik hasste.

Anja begleitete ihren Sohn zur Heilerin, so oft es ihr möglich war. Beim letzten Mal hatte sie verkündet, dass demnächst

161

etwas mit Johannes passieren würde. Beide, Mutter und Sohn, schauten einander erstaunt und ratlos an. Die Heilerin aber war nicht gewillt, sich präziser zu äußern. Bevor sie sich verabschiedeten und die Dunkelheit der Landstraße sie verschluckte, rief sie Johannes noch den verstörenden Satz hinterher: »Mir wird gerade gesagt, dass du im früheren Leben schwarze Magie gemacht hast.«

Im Auto kommentierte Anja die Mitteilung mit einem »Wie konntest du nur, Johannes?«.

Ihr Sohn zuckte unwirsch die Achseln. Das blonde Haar fiel ihm in die Stirn. Er streifte es ungeduldig beiseite. »Aber das weiß ich doch gar nicht mehr in diesem Leben. Was geht mich das an, was ich früher gemacht habe!«

»Ich glaube, mehr, als du denkst«, antwortete seine Mutter, als sie den Anlasser betätigte, »die geistigen Gesetze des Karmas sind anderer Natur als die physikalischen, welche du an der Uni lernst. So viel hab ich inzwischen begriffen.«

Am nächsten Morgen bewegte sich der kleine Finger von Johannes' rechter Hand von selbst, ohne dass dieser das wollte oder beabsichtigte. Als am Nachmittag, nach ausgiebigem Genuss von Sauerkraut, ihm ein Wind entwich, sagte eine Stimme: »Na, na!« Er drehte sich verdutzt um, aber da war niemand. Daraufhin rief er sofort Hetty an, erstaunlicherweise war sie sogar gleich am Telefon.

Die Heilerin lachte nur. »Ich hab dir doch gesagt, dass was mit dir passieren würde. Das ist erst der Anfang.«

Als beim nächsten Mal Mutter und Sohn zur Heilerin kamen, war der Raum schon brechend voll. Poldi kläffte nur kurz und bettete, nachdem er Johannes erkannt hatte, seinen Kopf wieder auf seine Vorderpfoten, um weiterzuschlafen. Hetty therapierte gerade einen schmächtigen Mann, der kürzlich einen Schlaganfall erlitten hatte und deshalb hinkte. Die Schar der Heilsuchenden saß stumm und ergeben im Dämmerlicht. Auf der Anrichte hinter Hetty leuchteten dunkelrote Rosen und eine blaue Iris. Auf dem Tisch brannte eine geweihte Kerze.

In die Stille hinein ertönte jetzt Johannes' atemlose Stimme: »Hetty, ich sehe sie jetzt auch, die Kugeln, von denen du immer redest.«

Die Menschen im Raum wandten sich überrascht zu dem jungen Mann um.

»Welche Farben?«

»Verschiedene Blautöne, eine schimmert fast violett. Sie leuchtet besonders intensiv.«

»Das ist die Energie meines inneren Führers, des Propheten.«

Hetty schaute Johannes ernst an: »Daran wirst du dich fortan gewöhnen müssen. Du wirst sie in Zukunft immer sehen.«

Nachdem der Patient hinkend das Zimmer verlassen hatte, meldete sich Johannes erneut zu Wort. »Mir wird gerade gesagt, dass der Mann, der eben gegangen ist, nur noch ein paar Mal kommt, dann nicht mehr. Es geht ihm nicht schnell genug.«

Hetty schaute ihn forschend an. »Es geht also schon los. Es stimmt, was du mir gesagt hast. Merk dir die Stimme gut. Es ist die richtige. Es gibt nämlich auch Foppgeister und welche, die sich nur wichtig machen. Du musst sie unterscheiden lernen.«

Sie blickte nachdenklich in die Runde. »Heute sind so viele Menschen da, vielleicht kannst du heute schon mit Geistheilung anfangen. Bei der Schar könnte ich ein Medium als Hilfe gut gebrauchen.«

Wieder drehten sich alle Köpfe zu Johannes hin.

Wann immer sich jetzt die Tür öffnete, sagte Hetty der Person, die erwartungsvoll im Türrahmen stand und enttäuscht den vollen Raum musterte: »Heute kann ich niemand mehr nehmen, so leid es mir tut.« Nachdem sie zwei weitere Patienten therapiert hatte, richtete sie sich wieder an Johannes.

»Mir wird gerade gesagt, dass der Augenblick gekommen ist, wo du anfangen darfst mit Geistheilung beziehungsweise ›Operieren‹, und zwar bei Frau Waller mit dem Überbein.«

Johannes setzte sich auf einen Stuhl gegenüber von Frau Waller, die ihren rechten Fuß auf einen Schemel vor ihm legte. Einer der unsichtbaren Geisthelfer der Heilerin fuhr in den Körper des jungen Mannes hinein und fing an zu operieren. Johannes' Hände bewegten sich wie von Geisterhand gesteuert ein paar Zentimeter vom Überbein entfernt hin und her.

Anja schaute fassungslos diesem Treiben zu. Ein Glück, dass sie so viel gelesen hatte über derlei Dinge, trotzdem würde sie heute Abend eine Schlaftablette brauchen. Es war bereits zehn Uhr, als der Letzte gegangen war. Alle waren sie hungrig und aufgeregt. Hetty bat Anja, ihr doch einen Schweinsbraten vom Jägerwirt zu holen. Es blieb ein Stück Braten übrig, den Hetty ihrem geliebten Poldi anbot. Der aber mochte ihn nicht. »Komisch«, sagte Hetty, »mir sagen sie, er sei frisch von heute Abend, der Hund aber frisst ihn net.«

Johannes und seine Mutter waren schon an der Tür, da schrillte wieder das Telefon. »Die saugen mich noch aus, ich geh heut nimmer ran«, jammerte Hetty und ließ das Telefon läuten. »Gestern Abend waren noch Geistwesen da, die nicht begriffen haben, dass sie schon tot sind. Das hat gedauert, bis ich denen das klarmachen konnte. Ich bin müde und geh deshalb jetzt gleich ins Bett.«

Wieder zu Hause erzählte ein aufgeregter Johannes seinem Vater, dass er mittlerweile ein Medium sei. Gerhard Schroll saß am Küchentisch und las im Schein der Lampe die Zeitung. Er setzte die Lesebrille ab und warf seinem Sohn einen kalten Blick zu, dann setzte er umständlich die Brille wieder auf. Er sagte kein Wort.

In den folgenden Monaten stellte nun Johannes seinen Körper für Hettys Geisthelfer zur Verfügung. Bereits nach zwei Behandlungen hatte sich das Überbein von Frau Waller zurückgebildet und selbst die Zehen hatten dabei ihre Stellung verändert.

Es geschah, nachdem Johannes eine akute Halswirbelverrenkung wieder in Ordnung gebracht hatte, dass er, als er alleine im Auto nach Hause fuhr, plötzlich das Gefühl hatte, von hinten von zwei unsichtbaren Händen gewürgt zu werden. Sein Geistführer sagte ihm, er solle anhalten und aussteigen, was er denn auch tat. Nach einer Weile wurde ihm befohlen, wieder einzusteigen. Diesmal bedrohten ihn keine Hände mehr von hinten, seine Helfer hatten das Böse besiegt und in die Flucht geschlagen. Als Johannes dies Hetty erzählte, legte sie ihm feierlich ein Medaillon mit dem Bildnis der Gottesmutter um den Hals.

»Sie wird dich beschützen«, sagte sie. »Das brauchst du jetzt. Der Mann, den du geheilt hast, hatte etwas mit schwarzer Magie zu tun, deshalb wurdest du angegriffen. Das passiert mir auch hin und wieder.«

In der nächsten Zeit operierte Johannes einen Gefäßverschluss, Krampfadern und ein verletztes Knie.

Einmal war ein Fernsehfachmann in Hettys Haus zugange, um ihr einen neuen Fernseher anzuschließen. Er war damit beschäftigt, während die Heilerin in aller Gemütsruhe weitertherapierte. Plötzlich unterbrach sie ihre Tätigkeit und sprach den jungen Mann mit dem Wuschelkopf direkt an. »Du hast dir beim Herumturnen auf den Dächern schon einen leichten Nierenschaden zugezogen. Zieh dich in Zukunft wärmer an.« Der junge Mann drehte sich um und schaute sie entgeistert an. Seine Bewegungen wurden fahrig und unkonzentriert. »Und mit dem Rauchen solltest du auch aufhören, deine Lungen mögen das ganz und gar nicht.«

Der Handwerker gab keinen Ton von sich, sein Gesicht war rot angelaufen. Er beeilte sich, so schnell wie möglich seine Arbeit zu erledigen, um dann schleunigst zu verschwinden.

Ein Fall, der Johannes nachhaltig bewegte, war ein etwa siebenjähriges Mädchen, das an Sklerodermie litt. Da die Schulmedizin keine Heilung in Aussicht stellte, traten die verzweifelten Eltern einer Selbsthilfegruppe bei, in der sie von der Heilerin hörten. Die Familie lebte in Köln; kurz entschlossen fuhr die Mutter mit ihrem kranken Kind in das Dorf der bayerischen Heilerin, um sich dort für einige Wochen einzuquartieren. Sie kamen zweimal täglich zur Therapie. Johannes behandelte in diesem Zeitraum des Öfteren die Kleine. Ihr rechter Arm war bereits deformiert, die Haut lederartig. Wenn der Krankheit nicht Einhalt geboten werden konnte, würde das Mädchen kläglich ersticken.

Die Kleine konnte zur Freude aller gerettet werden, selbst die Beweglichkeit des Arms wurde wiederhergestellt. Gleichzeitig mit dem Mädchen gesundete auch Johannes so weit, dass er sein Studium wiederaufnehmen konnte.

Bevor er sich von Hetty auf unbestimmte Zeit verabschiedete, sollte ihm noch eine große Ehre zuteil werden. Hetty hatte ihren inneren Führer wiederholt gebeten, er möge sich ihr doch einmal zeigen. An dem Abend, an dem Johannes sich zum letzten Mal als Medium zur Verfügung stellte, hatte er versprochen, in Erscheinung zu treten.

Zu ihrer grenzenlosen Verblüffung sah Hetty keine engelsgleiche Gestalt in weißem Gewand, sondern einen stattlichen Mann mittleren Alters. Johannes konnte nur vage seine Silhouette erkennen. »Siehst du ihn denn nicht?«, rief Hetty aufgeregt. Aber sosehr sich Johannes auch bemühte und die Augen aufriss, er nahm lediglich einen Haaransatz wahr. Seine Gabe war noch nicht so weit entwickelt, dass sein inneres Auge den Propheten erschaute, der ihn eines Tages führen und leiten sollte.

Nacheinander nahmen die Helfer und Ärzte von Johannes' Körper Besitz, um sich vor der Heilerin zu verneigen – nicht ohne spaßige Einlagen – und ihr auf diese Weise ihre Referenz und Achtung für ihre geleistete Arbeit zu erweisen.

Johannes beschloss, neben seinem Physikstudium eine Heilpraktikerausbildung in Angriff zu nehmen. An dem Tag, als er das Studium wiederaufnahm, blieben die Stimmen weg. Er horchte still in sich hinein, aber er hörte nichts mehr. Nur die »Kugeln«, die bewegten sich weiterhin um ihn herum.

Anja sprach Hetty darauf an. Die Heilerin meinte, dass er sich jetzt auf das Studium konzentrieren müsse und deshalb nicht länger durch Stimmen abgelenkt werden solle. Die »Kugeln«, die er weiterhin sah, seien zu seinem Schutz da. Die Mutter vergaß zu fragen, wovor er denn geschützt werden solle. Die Wahrheit würde sie erst Jahre später erfahren, aber zu dem Zeitpunkt hätte sie auch Hetty nicht mehr befragen können.

Nachdem Johannes seine Gesundheit wiedererlangt hatte, absolvierte er zur Freude seiner Eltern sein Studium im Eiltempo. Von Zeit zu Zeit schaute er bei Hetty vorbei. Bei einem dieser Besuche verriet sie ihm, dass er nach ihrem Tod ihren inneren Führer bekommen werde und später selbst als Heiler tätig werden müsse. Das sei sein Schicksal.

»Aber«, fügte sie ernst hinzu, »dein Weg wird knochenhart sein, du musst viele Prüfungen bestehen, bevor du die besonderen Gaben erhältst.«

Letzteres wurde sie nicht müde auch gegenüber seiner Mutter zu betonen. Anja fragte daraufhin Hetty, ob es am Ende gar kein Zufall gewesen sei, dass sie beide bei ihr gelandet seien.

»Natürlich nicht«, lächelte die Heilerin, »das war alles Fügung. Seine Seele hat schon vor ihrer Inkarnation beschlossen, diesen Weg zu gehen.« Poldi stöhnte im Schlaf. Hetty kraulte ihn sanft hinter den Ohren, bis wieder sein rhythmisches Schnarchen ertönte.

Es war in einer stürmischen Vollmondnacht, dass Sophia Hettys Zimmer betrat. Die Heilerin wandte sich ihr mit einem überaus schmerzlichen Gesichtsausdruck zu. »Sophia«, sagte sie, »letzte Nacht, da hatte ich das Gefühl, ich würde sie nicht überleben.« Sophia fuhr mit einem Schrei aus ihrem Bett hoch. Gott sei Dank, es war nur ein Traum gewesen!

Am nächsten Abend, nachdem sie noch ein langes Telefonat mit Christa und ein kurzes mit ihrer Schwägerin geführt hatte – ihr Bruder war zu dem Zeitpunkt bereits tot –, fuhr Sophia kurzentschlossen zu der Heilerin.

Zu ihrer Überraschung war nur eine Person im Raum: eine Frau mittleren Alters mit schwermütigen Augen und fahler Haut. Nachdem sie den Raum verlassen hatte, fragte Sophia teilnahmsvoll, was ihr denn fehle.

»Krebs im Endstadium, ich kann ihr nicht mehr helfen, ich kann ihr nur die Schmerzen nehmen. Ihr Mann hat sie verlassen, trotz der vier Kinder.« Hetty wirkte ungewöhnlich still und irgendwie bedrückt. »Ich hätte sie nicht therapieren dürfen, weil ich mich selber angegriffen fühle. Aber ich bringe es nicht übers Herz, sie wegzuschicken. Mein innerer Führer hat mich gewarnt«, seufzte sie.

Zu Sophias Entsetzen hob sie ihre geblümte Bluse hoch und zeigte ihr ein blutbeflecktes Hemd.

»Weil ich selber geschwächt bin, hab ich ihren Krebs bekommen, aber ich denke, ich krieg das schon wieder hin. Ich hab schon ein paar Mal einen Knoten in der Brust gehabt und mich jedes Mal selber davon befreit, das heißt, natürlich mithilfe von oben. Aber diesmal ist es anders«, fügte sie hinzu. »Ich hab gedacht, ich überleb die Nacht nicht.«

Sophia saß wie gelähmt da. Sie brachte keinen Ton heraus.

Hettys Blick ging ins Leere. »Ich befrag mal die Karten«, murmelte sie mehr zu sich selbst.

Nachdem sie die Karten gelegt hatte, betrachtete sie diese aufmerksam. Dann sagte sie im sachlichen Ton: »Schau, hier liegt die Krankheit, danach kommt eine Phase der Geldeinbuße, wahrscheinlich weil ich nicht mehr arbeiten kann. Und«, sie stockt kurz, »da liegt der Tod.«

Sophia blieb eine Weile still. Als sie sich wieder gefasst hatte, meinte sie: »Vielleicht irrst du dich auch.«

Hetty musterte sie kurz. »Ich irre mich nicht, nach Ende des Zweiten Weltkrieges hab ich bereits die Mondlandung der Amerikaner gesehen. Ich irre mich nicht, Sophia.«

Als Herbert sich eine Woche später bei Sophia meldete, berichtete sie ohne Umschweife von der Neuigkeit. Es war ihr gerade recht, dass es wieder zu einem Treffen kam, es würde sie ablenken. Der Schock über Hettys Krankheit saß ihr noch in den Knochen, obwohl sie bereits ausführlich mit Christa darüber gesprochen hatte.

Seit ihrer ersten Verabredung hatten sie sich in unregelmäßigen Abständen bei Sophia zu der üblichen Tasse Kaffee getroffen. Man duzte sich mittlerweile. Zur Begrüßung und zum Abschied gab es ein keusches Küsschen auf die Wange, mehr war zu Herberts Enttäuschung noch nicht drin. Sophia schien ihn als Mann noch nicht wahrzunehmen. Und Herbert wusste, dass er behutsam vorgehen musste.

Die Schwiegermutter war an diesem Morgen nicht zum Aufstehen zu bewegen gewesen. Beate hatte verschlafen und Hiltrud litt an einer hartnäckigen Erkältung. Herbert war froh, in die Praxis zu entkommen.

Als er nachmittags zu Sophia fuhr, war der Himmel verhangen, am Straßenrand lagen traurig ein paar schmutzig weiße Schneehaufen. Plötzlich stob krächzend eine Schar von Raben flügelschlagend in den grauen Winterhimmel. Herbert schaute ihnen nach, wie sie über die Dächer entschwanden, und dachte dabei an Sophia.

Als er die Diele ihrer Wohnung betrat, war er bereits in einer anderen Welt. Kaffeeduft strömte ihm entgegen und die feierlichen Stimmen von Mönchen in einem Kloster, auf welche der Gesang eines Saxophons antwortete.

Sophia kam ihm in seinem Lieblingskleid, dem schwarzen Strickkleid, entgegen, das Gesicht ein wenig bleicher als gewöhnlich.

»Was hast du nur wieder für eine wunderbare Musik aufgelegt!«

»Schön, nicht wahr, das ›Officium‹ von Jan Garbarek und
dem Hilliard Ensemble. Hab ich letzte Woche entdeckt.« Sie
gab ihm zu verstehen, dass er doch schon ins Wohnzimmer
gehen möge.

Als sie ihm gegenübersaß, war sie stiller als sonst. Sie horchte
auf die Klänge des Saxophons, die sich in einem hohen Kir-
chenschiff zu verlieren schienen und dann wieder wie ein fernes Echo auf den Gesang der Mönche antworteten.

Herbert nestelte verlegen an dem Kragen seines blauen Hem-
des. Er hatte es wegen Sophia gekauft, die einmal eine Bemerkung bezüglich der Farbe Blau gemacht hatte. Sie sah durch
das Hemd hindurch, nahm ihn wieder nicht wirklich wahr.
Schließlich brach er das Schweigen, indem er meinte, es müsse
ja für sie ein Trost sein, dass Hetty im Jenseits weiterleben
werde. Er täte sich immer noch schwer bei dieser Vorstellung.
Etwas Gescheiteres fiel ihm nicht ein.

Als Sophia nicht gleich antwortete, bat er sie, ihr doch diese
Sache mit dem Hinübergehen genauer zu erläutern. Sie streifte
ihn mit einem abwesenden Blick, dann setzte sie sich mit
einem Ruck aufrecht in ihren Sessel und schlug die schwarz
bestrumpften Beine übereinander.

»Entschuldige«, begann sie, »aber ich bin immer noch wie
betäubt, ich hab den Schock nicht annähernd verarbeitet. Ihre
beiden Töchter wissen es noch nicht einmal.«

Sie verfiel erneut in ein kurzes Schweigen, bevor sie den
Faden wiederaufnahm. »Im Gegensatz zu deiner Wissenschaft
bin ich davon überzeugt, dass der Mensch mehr ist als Haut
und Knochen. Wenn ein Mensch stirbt, reißt die Silberschnur,
mit welcher der grobstoffliche Körper mit dem feinstofflichen
verbunden ist. Wenn er hinübergeht, ist das wie eine Art
Wiedergeburt in der geistigen Welt, wenn derselbe Mensch
wiedergeboren wird in unserer Welt, ist es wie ein Tod in der

geistigen Dimension. Aber das solltest du ja schon aus den Büchern wissen, die ich dir gegeben habe. Wenn du dich auch immer noch schwertust, es zu glauben.« Ihre dunklen Augen blitzten kampfeslustig.

»Übrigens, kein Mensch stirbt allein, er wird von seinem Schutzengel beziehungsweise den verstorbenen Verwandten abgeholt. Bis die Seele jedoch endgültig hinübergeht, darf sie noch eine Weile auf Erden bleiben, um sich von ihren Lieben zu verabschieden. Dann geht sie zu der Ebene, welche sie sich auf Erden erarbeitet hat. Es gibt sieben Dimensionen, von denen jede wiederum in sieben verschiedene Ebenen unterteilt ist. Je nach spirituellem Reifegrad taucht die Seele in die Dimension ein, die ihr zusteht.«

Sophia hielt kurz inne, um einen Schluck Kaffee zu nehmen. »Die siebte Dimension, das ist die Himmelstadt, sie leuchtet in Weiß und Gold. Die erste, das ist das, was wir als Hölle bezeichnen. Hier herrschten Dunkelheit und Kälte. Aber nicht Gott hat die Hölle geschaffen, sondern der Mensch selbst. Einer, der lügt und betrügt, mordet und foltert, hat sich auf Erden die negativen Kräfte geschaffen, die ihn in der ersten Dimension umgeben. Er ist buchstäblich blind für das Licht. Erst wenn er den schwachen Lichtschein wahrnimmt, kann er in die zweite Dimension aufsteigen, in das sogenannte Fegefeuer, was so viel wie Erwachen und Erkennen bedeutet. Deshalb gibt es keine ewige Hölle, selbst der schlimmste Verbrecher und Mörder kann also aufsteigen und dazulernen. Verstehst du, was ich meine?«

Herbert nickte benommen. »Halb und halb. Und wo werde ich mal landen?«

Sophia lachte. »Wie die meisten von uns, in der vierten Dimension, denke ich.«

Die Musik war verklungen, schien aber noch im Raum zu schweben. Herbert räusperte sich vernehmlich.

»Woher weißt du das alles, Sophia?«

»Ich hab ein Medium kennengelernt, Maria heißt sie, sie hat einen sehr hohen Geistführer. Bei ihr konnte ich das Wissen vertiefen, das ich mir durch Bücher und durch Hetty angeeignet habe. Du kennst doch das Sprichwort ›Wenn der Schüler bereit ist, kommt der Lehrer‹.«

Sophia beugte sich in ihrem Sessel vor und schaute sinnend auf ihre Schuhspitzen, als sähe sie diese zum ersten Mal. Dann richtete sie sich lächelnd auf.

»Darf ich dir noch einen Kaffee einschenken?«

»Ja freilich, gerne, ich hab noch Zeit.«

»Es ist ja noch nicht lange her, dass Ceausescu, der rumänische Diktator, hingerichtet wurde«, fuhr sie fort. »Maria wurde damals aufgefordert, für ihn zu beten, damit er auch seinen Frieden findet. In der Meditation wurde ihr gezeigt, in welcher Dimension er sich befindet.

Er lebt in einem Palast aus Eis. Der Palast an sich ist großzügig gestaltet mit Säulen usw., aber ein schauerlicher Sturm fegt durch die Zimmer. Er selbst wird verfolgt von dunklen Gestalten, die auf ihn einschlagen und stechen. Er versucht zu fliehen, aber er findet keinen Ort der Wärme oder Ruhe, wohin er sich zurückziehen könnte. Er ist ständig auf der Flucht. Denn da, wo er sich befindet, herrschen nur Kälte und Zerstörung. Das ist der Ort, den sein Herz sich hier auf Erden geschaffen hat, als er andere ohne einen Funken Mitgefühl bestialisch ermorden ließ.«

Herbert saß still da und sagte eine Weile nichts. »Und wie lange geht das so?«, fragte er schließlich.

»Beide Parteien, Häscher wie Mörder, werden erst Ruhe finden, wenn sie zur Einsicht kommen und einander vergeben.«

»So habe ich die Dinge noch nie gesehen«, brach Herbert das neuerliche Schweigen. »Ich dachte immer, wenn die Praxis gut läuft, das Familienleben in Ordnung ist und Beate in der Schule gut lernt, dann ist dies das Optimum, das ich erreichen kann. Ich würde nie jemanden umbringen, zumindest bilde ich mir das ein. Aber ich hatte auch nie das Bedürfnis, seelisch wachsen zu müssen oder wie immer auch ich das ausdrücken soll. Dieser Gedankengang ist absolut neu für mich.«

»Das ging mir nicht anders«, unterbrach ihn Sophia. »Ich konnte meine Schwägerin nie sonderlich leiden, also fing ich an, auf Hettys Rat hin, für sie zu beten. Es war etwa ein Jahr später, ich hatte gerade mein tägliches Gebet vollendet, da läutete das Telefon. Sie war am Apparat. Sie erzählte mir eine verlogene, haarsträubende Geschichte, eigentlich nichts Neues. Und wie reagierte ich? Ich bekam eine Mordswut auf meine Schwägerin. Du siehst, ich bin noch lange keine Heilige.«

Sophia lachte und warf dabei das Haar in den Nacken. »Wenn es mir gelingt, nicht Böses mit Bösem zu vergelten, dann denke ich, habe ich schon etwas erreicht.«

Als Herbert nach diesem Gespräch nach Hause fuhr, war er sehr nachdenklich. Er erkundigte sich bei seiner Schwiegermutter nach ihrem Befinden, fragte Hiltrud zu deren Überraschung in liebevollem Ton, wie der Tag gewesen war, und drückte seiner Tochter einen herzhaften Schmatz auf die Backe.

Johannes hatte mit obsessivem Eifer neben dem Physikstudium seine Heilpraktikerausbildung vorangetrieben. Doch kaum hatte er den letzten Schein für die Physikprüfung abgelegt, da wurde er aus heiterem Himmel schwer krank. Die Ärzte waren ratlos. Ein Jahr lang verbrachte er mehr oder minder im Bett, unfähig zur Arbeit, geplagt von Schlaflosigkeit, Schwäche und Depressionen. Er war nicht einmal imstande, zu lesen und sich dadurch abzulenken. Die »Kugeln«, die ihn doch schützen sollten, empfand er zunehmend als Bedrohung, ja er hatte sogar das Gefühl, als werde er von ihnen geplagt, konnte aber nicht sehen, ob sie oder ein anderer Einfluss ihn quälte.

Er wollte weder die »Kugeln« weiterhin sehen noch etwas von einem inneren Führer wissen, geschweige denn von »heilenden Fähigkeiten«, er wollte schlicht und ergreifend wieder zurückkehren in seine heile, rationale Welt der Physik ohne übersinnlichen Hokuspokus. In seiner hilflosen Wut vertraute er seiner verängstigten und überforderten Mutter seine Not an. Hetty konnte nicht zu Rate gezogen werden, deshalb rief Anja die Kirchenmalerin Marita an, ausgestattet mit übersinnlichen Fähigkeiten, die beide einst bei Hetty kennengelernt hatten.

In dem Moment, als sie Johannes' Stimme am Telefon hörte, sah sie ihn als bösen Magier in einer schwarzen Messe. Ein Medium, das in dieser Sache ebenfalls befragt wurde, gab die gleiche Auskunft. In einem früheren Leben hatte er sich nach einem entsetzlichen Schicksalsschlag (seine Familie, sein Haus, sein gesamtes Hab und Gut – einfach alles war in einer Nacht einer Feuersbrunst zum Opfer gefallen) der schwarzen Magie verschrieben, um zu überleben. Vor der jetzigen Inkarnation hatte seine Seele beschlossen, sich in diesem Leben der weißen Magie zu widmen, um diesen schrecklichen Irrweg wiedergutzumachen.

Damals waren Mutter und Sohn miteinander befreundet gewesen und auch sie, Anja, hatte schwarze Magie betrieben. Irgendwann zerstritten sie sich jedoch und bekämpften sich fortan gegenseitig mit diesen Mitteln. Dies alles geschah in einem Land, in dem solche Praktiken auch heute noch gang und gäbe sind. Anjas Herzschlag setzte für Sekunden aus, wie ihr schien, als sie begriff: In dem heutigen Leben war sie mit ihrem Sohn wieder zusammengekommen, um dieses Karma in Liebe aufzulösen.

Ihr Mann wollte natürlich nichts davon hören, er plädierte für die herkömmliche Heilmethode, die da lautete: Psychiatrie. Die würden ihm die Flausen schon austreiben. Anja schlich wieder mit hängenden Schultern durch die Gegend, nur bei dem Gedanken an die drohende Psychiatrie strafften sie sich. Sie würde dies zu verhindern wissen.

Wie sich herausstellte, wurde Johannes tatsächlich gequält. Ein neuerlicher Anruf bei Marita bestätigte Johannes' Behauptung. Geister waren am Werk, die weder Anja noch ihr Mann sehen konnten und die es, wie jeder vernunftbegabte Mensch schließlich »wusste«, gar nicht geben konnte, da wissenschaftlich nicht bewiesen.

Alles, was sie »sehen« konnten, war, dass ihr Sohn tatsächlich sichtlich gemartert wurde. Er warf sich auf dem Sofa hin und her und wand sich vor Schmerzen. In Afrika oder Brasilien hätte man einen Medizinmann oder Schamanen geholt, aber in Deutschland hatte man diesen Aberglauben überwunden. Hier glaubte man nur an die Vernunft, die Technik und die Tabletten.

Zum ersten Mal hörte Johannes wieder die Stimmen. Man sagte ihm, die Freunde sollten für ihn beten, die Eltern, überhaupt die ganze Verwandtschaft. Außerdem sollten für ihn Messen gelesen werden. Es brachte ihm tatsächlich Linderung. Auch das Weihwasser, mit dem er sich bekreuzigte.

Noch vor zwei Monaten hatte sein Vater in der Zeitung gelesen, dass Wissenschaftler bei einer Untersuchung von Weihwasser hauptsächlich krank machende Bakterien festgestellt hatten. Hetty jedoch hatte Anja einmal erklärt, dass durch die Weihe das Wasser eine heilsame Schwingung erhielt, welche die Experten natürlich nicht gemessen hatten. Sophia, die die Werke von Masaru Emoto kannte, würde ihr später von seinen wissenschaftlichen Untersuchungen erzählen.

Marita ließ der verzweifelten Familie ausrichten, dass sie Johannes erst nach den Weihnachtsfeiertagen empfangen könne. Ein vorgezogenes Treffen würde nichts bringen, da wegen der Raunächte alles in Dunkelheit gehüllt und sie deshalb nicht in der Lage sei, etwas zu »sehen«.

Also beteten Anja und ihr Mann zusammen und abwechselnd im Lichtschein von geweihten Kerzen. In ihrer Not und Hilflosigkeit rief Anja zwischendurch auch Sophia an, mit der sie einmal bei einer Begegnung bei Hetty die Telefonnummern ausgetauscht hatte.

Sophia bestätigte ihr die Existenz von Elementalen, die Johannes jetzt sah. Bei einem gewaltverherrlichenden Film huschten dunkle, bedrohliche, körperähnliche Gestalten aus dem Fernsehapparat; wurden gute, liebevolle Bilder gezeigt, verwandelten sich diese in positive, lichte Formen.

Anjas Welt war nicht mehr die gleiche. Nichts mehr war wie ehedem. Johannes sah auch die Raugeister, haarige, harmlose Kerle, die gerne Faxen machten. Um Mitternacht trieben sie es besonders bunt. Johannes musste vor Erschöpfung oft die Augen schließen, weil er glaubte, das »Gesehene« nicht mehr verkraften zu können. Den Eltern erging es nicht anders, obwohl sie nur das sahen, was sich in seinem entsetzten Gesicht widerspiegelte.

Als Anja einmal allein mit Johannes in der Küche beim Abendbrot saß, starrte ihr Sohn wiederholt auf die grünen Fliesen an der Wand. Er verfolgte aufmerksam die kleinen Gestalten, die wie winzige Zwerge von Fliese zu Fliese hüpften, darauf herumhämmerten und danach den Sitz überprüften.

Nach einem neuerlichen hektischen Anruf bei Sophia bestätigte diese der fassungslosen Anja, dass hinter jedweder Materie ein Geistwesen herrscht, dass es praktisch nichts gibt im All, ob Wolke, Blume oder Wind, hinter dem sich nicht ein Geist verbirgt.

»Bei uns ist dieses Wissen verloren gegangen, Naturvölker sind sich dessen bewusst«, erklärte ihr Sophia beschwichtigend. »Die Dinge sind nicht immer so, wie sie scheinen.«

Anja saß weinend am Küchentisch, der Ehemann hatte sich bereits im Bett verkrochen, als das Telefon schrillte. Sie hatte an die Existenz von Elfen und Nymphen geglaubt, aber das hier war eindeutig zu viel. Der Rotz lief ihr die Nase herunter, als sie den Hörer abnahm. Es war noch einmal Sophia. Sie empfahl ihr ein bestimmtes Buch: »Das weiße Land der Seele« von Olga Kharitidi, einer russischen Psychiaterin. Sie hatte im Altai-Gebirge bei einer Heilerin eine ähnliche Gabe empfangen wie ihr Sohn Johannes. Dort sah sie das Geistwesen der Trommel einer Heilerin. Sie nahm Dinge auf einer Ebene wahr, die ihr bis dahin verborgen geblieben waren. Wieder zurück in ihrer Psychiatrieabteilung, getraute sie sich nicht, davon zu erzählen, gemäß des einsteinschen Satzes »Du spaltest eher ein Atom als die vorgefasste Meinung eines Menschen«.

»Das Buch ist selbst bei ›Radio Klassik‹ hervorragend besprochen worden«, fügte Sophia noch triumphierend hinzu.

Marita, die Kirchenmalerin, hatte prophezeit, dass mit der Geburt Christi, das hieße also ab dem Heiligen Abend, die Angriffe der Geister nachlassen und schließlich am Dreikönigsfest ganz aufhören würden.

Die ganze Familie lebte nun in fiebriger Erwartung des Heiligen Abends. Wie seit Jahren war man auch diesmal bei Freunden eingeladen, man bangte bis zum Nachmittag des 24. Dezembers um Johannes' Gesundheitszustand. Anja war erschöpft vom vielen Beten. Ihr Blick wanderte in den Garten. In der Nacht hatte es leicht geschneit. Die kahlen schwarzen Äste waren weiß bestäubt, die Schneekristalle glitzerten in der kalten Wintersonne. Als sich der Himmel am Spätnachmittag rosa färbte, hatte sich auch Johannes' Gesicht gewandelt. Es schien wie durch einen Zauber geglättet, der gequälte Gesichtsausdruck war verschwunden, die Wangen formten sich wieder weich und rund, das Gesicht wirkte nicht länger spitz.

Als alle drei das weihnachtlich geschmückte Wohnzimmer der Freunde mit der festlichen Tafel betraten, machte die Gastgeberin etwas, was sie noch nie getan hatte. Sie stimmte das Lied »Stille Nacht, heilige Nacht« an. Während die drei Gebeutelten voll Inbrunst die Strophe »Der Herr, der Retter, ist da« sangen, wischte sich Anja verstohlen eine Träne aus den Augenwinkeln.

Am nächsten Morgen holte Gerhard Schroll das einzige Kreuz, das sich im Haus befand, aus der Tiefe des Kellers, putzte und wienerte es liebevoll, um es alsdann zum Erstaunen seiner Gattin feierlich im Wohnzimmer aufzuhängen.

Am zweiten Weihnachtsfeiertag fuhr eine hoffnungsfrohe Anja mit ihrem Sohn Johannes im Schlepptau zu der Kirchenmalerin.

An den schattigen Hängen und Wiesen rechterhand waren festliche weiße Leintücher aus Schnee ausgebreitet, während die Felder und Wälder zur linken Seite kahl und nackt im Sonnenlicht glänzten. Zu Anjas Entsetzen stellte Marita in Johannes' Aura mehrere Besetzungen fest. Eine Geistheilerin und ein ebenfalls anwesendes Medium bestätigten die Schau. All die Bemühungen der drei, ihn von den Quälgeistern zu befreien, schlugen fehl. Anja konnte kaum die Tränen zurückhalten, als die Kirchenmalerin zugab, dass sie auch nicht wisse, wer ihm helfen könne.

Ein Wunder müsse geschehen. Die beiden anderen Frauen nickten zustimmend. Die hellsichtige Person erklärte, dass Johannes außerdem in der Inkarnation, in der er schwarze Magie praktiziert hatte, einen Pakt mit den bösen Geistern geschlossen hatte. Dabei hatte er ihnen gestattet, ihn in diesem Leben wieder zu begleiten. Deshalb wollten sie nicht ablassen von ihm. Dennoch würde an Hl. Dreikönig Ruhe eintreten, wenngleich noch ein Rückfall zu befürchten sei. Seine Bestimmung wäre die eines Heilers. Wieder nickten alle drei einträchtig.

Johannes und seine Mutter schwiegen die meiste Zeit, als das Auto in der mondhellen Nacht sicher an den weißen Schneefeldern vorbeiglitt.

Nach der ersten Besserung am Heiligen Abend begann Johannes erneut die Nächte zu fürchten, in denen die »Kugeln« nicht zu sehen waren. Diese Nächte waren die schlimmsten von allen. Er fühlte sich dann völlig schutzlos, dem nackten Entsetzen und Schmerz ausgeliefert, die wie ein riesiges schwarzes Insekt auf ihn lauerten.

Jetzt verstand seine Mutter, was ihr die Heilerin damals sagen wollte, als sie von der Bedeutung der »Kugeln« sprach.

Johannes wurde von seinem inneren Führer angewiesen, Buße zu tun, er musste bestimmte Gebete und spirituelle Übungen verrichten. Manchmal halbe Nächte hindurch. Er konnte dann kaum Nahrung zu sich nehmen, geschweige denn behalten. Er wand sich in Krämpfen.

Nach einer solchen Nacht sah er im frühen Morgenlicht sein Leben wie einen Film vor sich abrollen. Er sah sich wieder im Hörsaal sitzen und schaute sich selbst beim Fußballspielen zu. Später tauchte eine junge Frau an seiner Seite auf, zwei kleine Kinder, seine Kinder, gesellten sich hinzu.

Plötzlich befand er sich im Krankenhaus. Er stand vor einem Bettlägerigen, mehrere Gestalten um ihn herum beobachteten sein Tun misstrauisch, neiderfüllt, ungläubig. Der Film lief weiter, auch wenn er die Augen schloss. Am Ende der Schau sah er die Gottesmutter auf einer Wolke. Sie lächelte ihm zu. Ruhe und Friede erfüllten sein Herz.

Einen Tag später ging er in die Kirche. Ein altes Weiblein kniete in der dritten Bankreihe und betete hingebungsvoll. Sonst war niemand zu sehen. Vom hohen Kirchenfenster fiel zitternd sanftes Sonnenlicht. Johannes folgte dem Lichtstrahl, bis sein Blick an der lächelnden Gottesmutter hängen blieb. Kleine Engelswesen, sie sahen aus wie die Putten am Hochaltar, schwebten auf und nieder. In ihren Händen hielten sie ein leuchtend weißes Tuch, mit dem sie liebevoll die Statue der Gottesmutter reinigten. Weiße Tauben stiegen auf. Wieder schloss Johannes die Augen. Als er sie vorsichtig öffnete, war die alte Frau nach wie vor in ihr Gebet versunken. Sie schien nichts zu bemerken von den Dingen, die Johannes sah. Auf dem Nachhauseweg rief ihn der Geist der hohen Tanne. Er hatte sie schon als Kind bewundert, wenn er an heißen Tagen in ihrem Schatten spielte. Die Tanne flüsterte ihm zu, er solle sich doch Energie von ihr holen, sie umarmen.

Er achtete nicht auf ihr Rufen. Benommen und erschöpft betrat er die Küche. Dort saß sein Vater, der Prokurist, mit sorgsam gescheiteltem Haar, zeitungslesend. Er hob kurz den Blick, runzelte leicht die Stirn und vertiefte sich rasch wieder in die Lektüre, ohne ein Wort zu verlieren. Hier herrschte die alte, vertraute, geordnete Welt seiner Kindheit. Die wollte er wiederhaben. Johannes schaute auf den Kalender neben der Küchenuhr. Heute war der vierte Januar. In zwei Tagen würde er erlöst sein. Hoffte er, glaubte er.

Herberts Kopf dröhnte. In ihm wurde gehämmert und gebohrt. Als er die Augen aufschlug, erinnerte er sich. Draußen waren Straßenarbeiter zugange. Heute und die nächsten Tage wartete das Chaos auf ihn, weil die Sprechstundenhilfe erkrankt, die Schwiegermutter unleidig und Hiltrud dementsprechend nervös war. Es gab nur einen Lichtblick, und der hieß Beate. Sie war heiter und fröhlich trotz des grauen Himmels, gegen den sich die kahlen schwarzen Äste wie zu einer geballten Anklage reckten.

Herbert hatte keine Zeit gefunden, die Bücher zu lesen, die Sophia ihm beim letzten Treffen mitgegeben hatte. Aber er musste sie wiedersehen, nur unter welchem Vorwand? Sie hatte ihm einmal etwas von einer medialen Ausbildung in England erzählt, von Sittings, bei denen die Verstorbenen erschienen. Er hatte wie hypnotisiert die Konturen ihrer Brüste in dem engen schwarzen Strickkleid angestarrt, die schmale Taille, die seine Hände verlockten, sie zu umfassen. Eigentlich war sein Hirn damals zu umnebelt gewesen, um richtig hinzuhören. Aber jetzt erinnerte er sich. Ein Sitting. Warum nicht?

Sophia schien erfreut über seine Anfrage. Sie habe schon längere Zeit keinen Sitter mehr gehabt. Doch, das passe ihr sehr gut ins Programm.

Kaffeeduft und der Gesang von Kathleen Ferrier begrüßten ihn. Nur keine Sophia im schwarzen Strickkleid. Stattdessen ein leuchtend roter Pulli zu einer grauen, schmalen Hose. Auch gut. Die Haare streng nach hinten gekämmt. Aber das

Lächeln! Die Lippen so rot wie der Pulli. Als sie sich ihm gegenübersetzte und seine Hände in die ihren nahm, steigerte das noch seine Verwirrung. Aber Sophia schien davon nichts zu bemerken. Ernst und gefasst saß sie da. Sehr aufrecht. Ihr Gesicht war ganz Konzentration, eine kleine steile Stirnfalte unterstrich dies noch.

In dem Augenblick, als sie Tante Bertha beschrieb, beruhigte sich sein Herz. Er war verdutzt. Er hatte ihr nie ein Foto von ihr gezeigt, woher wusste sie, dass sie einen blauen Hut zu einem passenden blauen Mantel trug? Selbst die Beschreibung der Handtasche war korrekt. Dann erschien Onkel Heinrich. Natürlich mit dem unvermeidlichen Spazierstock. Ganz wie in Kindertagen! Nur mit dem jungen Mann konnte er nichts anfangen. Einmal zeigte er sich mit Schnurrbart, dann wieder ohne. Braunes, gewelltes Haar. Schließlich brauste er mit dem Motorrad davon. Da dämmerte Herbert, dass dies sein Jugendfreund Karl war, der mit zwanzig mit dem Motorrad tödlich verunglückt war. Er hatte sich den Schnurrbart mehrmals abrasiert, ihn aber immer wieder wachsen lassen.

Die Sache mit Karl verblüffte ihn am meisten. Denn an ihn hatte er schon lange nicht mehr gedacht. Er hatte sich die Theorie zurechtgelegt, dass Sophia das Bewusstsein des Sitters irgendwie mental anzapfte. Bei Bertha und Onkel Heinrich war das vielleicht eine mögliche Erklärung. Beide hatte er sehr gemocht. Aber Karl?

Auf dem Nachhauseweg wäre er beinahe in ein Auto hineingedonnert. Die Sache hatte ihn doch sehr verwirrt. Sollte es doch ein Leben nach dem Tod geben? Es würde in das ganze Gefüge von Reinkarnation passen. Der Mensch war also doch mehr als Haut und Knochen. Er würde nun doch so schnell wie möglich die Bücher von Sophia lesen. Er vergaß sogar für Stunden den engen roten Pulli. Selbst die roten Lippen! Sophia würde ihn führen! Auf einmal war er ganz zuversichtlich. Morgen würde die Sprechstundenhilfe wieder erscheinen. Morgen, das war ein neuer Tag, der mit dem alten nichts zu tun hatte. Nicht das Geringste!

Anja ertappte sich dabei, wie sie zum dritten Mal zum Lesen ansetzte, ohne das Gelesene jedoch wirklich aufzunehmen. Sophia hatte ihr ein Buch über den Magus von Strovolos, einen berühmten zypriotischen Heiler, geliehen. Ihre Gedanken aber wanderten immer wieder zurück zu jenem Nachmittag bei dem Medium, das sie schon einmal zusammen mit Johannes aufgesucht hatte. Damals hatte die Frau ihnen von ihrer gemeinsamen karmischen Verbindung erzählt, von einer Inkarnation, in der sie beide schwarze Magie praktiziert und sich nach einem Zerwürfnis gegenseitig damit bekämpft hatten.

Das letzte Mal aber ging sie in eine andere Inkarnation. Auch hier, diesmal in Kolumbien, hatten sich wieder ihre Wege gekreuzt.

Johannes wuchs damals in einer armen, kinderreichen Familie mit einem gewalttätigen Vater auf. Der prügelte Frau und Kinder. Damals wollte Johannes nur zwei Dinge: Macht und Geld. Und sie, Anja, hatte ihn dazu verleitet, Drogen zu nehmen. Er hatte selbst angefangen zu dealen, witterte das große Geld, war sogar in Mordfälle verwickelt. Sie erpressten sich gegenseitig. Dann traf ihn die Liebe. Völlig unerwartet. Ein junges, schönes Mädchen mit langem schwarzem Haar bis zur Hüfte. Johannes war bereit, sein Leben zu ändern für diese Liebe. Selbst von den Drogengeschäften wollte er lassen. Seine Geschäftspartner erfuhren davon und einer von ihnen stieß seiner Liebsten ein Messer ins Herz und damit auch Johannes. Er floh. Er floh aus der Stadt, vor den Drogen, vor dem alten Leben.

Dies war der Zeitpunkt, wo sie, Anja, das Gleiche hätte tun können. Niemand zwang sie mehr zum Drogenhandel. Aber sie hörte nicht auf. Es war leicht verdientes Geld.

In der darauffolgenden Inkarnation war Johannes ein Leben

lang drogensüchtig. Seine Taten hatten ihn wie ein Bumerang eingeholt.

In diesem jetzigen Leben war er noch einmal damit konfrontiert worden und sie, Anja, musste ihre karmische Schuld abbüßen, indem das Schicksal Johannes ihr als Sohn zuführte. Nur die Liebe konnte die karmische Schuld auflösen. Eine Mutter liebt ihren Sohn!

Die Frau hatte mit eindringlicher, aber stets monotoner Stimme gesprochen. Anja erinnerte sich lebhaft an das krause blonde Haar, das im Sonnenlicht ihr rundes Gesicht wie eine Aureole umgab.

Anja seufzte und klappte das Buch zu. Sie hatte viel gelernt über karmische Zusammenhänge, aber jetzt wollte sie nur mehr eines: Gesundheit für ihren Sohn. Wer konnte ihn von den Besetzungen befreien, die sie selbst nicht sah, geschweige denn ihre Umgebung, der sie nicht einmal davon erzählen konnte, ohne Gefahr zu laufen, für verrückt erklärt zu werden. Sie weinte ein wenig, dann putzte sie sich energisch die tropfende Nase und griff entschlossen nach dem Telefonhörer. Ihre Hand wählte automatisch Sophias Nummer.

Sechs Wochen später saßen eine erwartungsvolle Anja und ein bleicher, sichtlich mitgenommener Johannes einem Medium und deren Mutter gegenüber. Das Medium hatte ihr am Telefon erzählt, dass sie ihre Ausbildung in England genossen hatte. Dank Sophias Hilfe waren sie bei ihr gelandet und, wie Anja später ihren skeptischen Ehemann erzählen würde, Daniela – so hieß das Medium – kannte sogar Stephen Hawking und hatte eines seiner Bücher übersetzt. Was bewies, dass man sehr wohl Herz und Hirn gleichermaßen zu entwickeln imstande war! Wie Anja aus den Augenwinkeln beobachten konnte, verkniff sich daraufhin ihr Göttergatte eine sarkastische Bemerkung.

Diese Daniela saß nun schweigend, mit gesammeltem Gesichtsausdruck Johannes gegenüber und nahm ihn in

Augenschein. Zunächst geschah nichts. Nach einer Weile sah sie ihn, den Geist, einen sehr bösen noch dazu, in Johannes' Aura hocken. Er wollte partout nicht heraus, aber mithilfe ihrer mächtigen Geistführer gelang es ihr, ihn hervorzulocken. Sie befand sich in Tieftrance, als er in ihren Körper hineinfuhr. Nun sprach die neben ihr sitzende Mutter mit dem Geist, der sich der Zunge Danielas bediente. Er brüstete sich damit, wie er die Menschen quälte, und noch während er mit seinen Schandtaten prahlte, wurde er von Danielas Geistführer in eine Kristallkugel in der Mitte des Tisches gebannt.

In Johannes' Gesicht kehrte die Farbe zurück, seine Schultern strafften sich. Daniela war aus ihrer Trance erwacht, und als eine verdutzte Anja fragte, was denn nun mit dem Geist geschehe, erklärte sie, mithilfe ihrer Geistführer würde er ins Licht geschickt. Bei der nächsten Sitzung würde sie erzählen, dass diese Prozedur zwei Stunden harter Arbeit beansprucht hatte.

Anja stellte noch allerhand Fragen, woraufhin eine nun gelöste Daniela von ihrer Arbeit in der Psychiatrie erzählte. Sie hatte einmal mit einem Psychiater – er war mittlerweile im Ruhestand – zusammengearbeitet, der eine Abteilung leitete und für solche Dinge offen war. Einer aufgrund einer Vergewaltigung schwer depressiven Frau konnte sie helfen, ihre verloren gegangenen Seelenanteile wiederzugewinnen. Es war allerdings harte Arbeit gewesen, die Seelenanteile zur Rückkehr zu überreden. Auf diese Weise wurde die Seele der Kranken wieder »heil«, sie konnte entlassen werden und auch wieder arbeiten. Anja staunte!

Ein anderer hoffnungsloser Fall, bei ihm war die Diagnose »Psychose« gestellt worden, sprach auf keinerlei Medikamente an. Wie sollte er auch, er war besetzt. Daniela konnte ihn davon befreien. Der mit ihr befreundete Psychiater verlor seinen Kollegen gegenüber kein Wort über die eigentliche Ursache, seine Karriere hätte damit auf dem Spiel gestanden.

»Kommt das denn öfters vor?«, fragte eine fassungslose Anja.

»Ein gewisser Prozentsatz ist besetzt. Aber die Schulmedizin lehnt derlei Ursachen ja kategorisch ab. Natürlich ist da auch noch eine mächtige Pharmalobby im Hintergrund«, fügte sie hinzu. »Schließlich ›wissen‹ wir ja in der westlichen Welt, dass es keine Geister gibt.«

Anja hatte Sophia versprochen, sich gleich nach der Behandlung von Johannes bei ihr zu melden. Man verabredete ein Essen im einzigen chinesischen Restaurant der Stadt, um sich dort ungestört auszutauschen. Sophia liebte diese Küche.

Anja sah Sophia sofort, als sie aus dem Auto stieg. Sophia stand vor dem Lokal in angeregter Unterhaltung mit einem Herrn mit blondem Bürstenhaarschnitt. Während sie sich den beiden näherte, verabschiedete sich der Mann hastig, indem er nervös um sich blickte. Irgendwie kam er ihr bekannt vor, aber sie konnte ihn nicht einordnen. Als sie sich beim Betreten des Lokals beiläufig nach ihm erkundigte, fiel ihr auf, dass die sonst so souveräne Sophia sanft errötete. Sie murmelte etwas vom Vater einer Schülerin und brachte das Gespräch sofort auf ein anderes Thema.

Beide aßen mit Genuss, und nachdem Anja von dem Besuch bei dem Medium berichtet hatte, löcherte sie Sophia mit Fragen: »Warum glaubt eigentlich in unseren Breiten niemand an die Existenz von Geistern bzw. Besetzungen?«

»Du musst das vor dem Hintergrund der Hexenverfolgungen sehen. Damals muss die Vorstellung von einem maschinenartigen Universum geradezu eine Erlösung gewesen sein. Eine Erlösung von den bösen Geistern. Gleichzeitig verlor man aber auch den Glauben an die Engel.«

Sophia stocherte gedankenverloren in ihrem Obstsalat herum, bevor sie fortfuhr: »Weißt du, ich zitiere frei nach Sheldrake: Mit dem wachsenden Interesse an Spiritualität kommt natürlich auch der Glaube an das Dämonische bzw. an die Macht der bösen Geister wieder, zusammen mit Verfluchung und Aberglauben. Die mechanische, rationale Weltsicht hatte geglaubt, diesen Albtraum für immer aus der Welt geschafft zu haben. Deshalb ist der Widerstand dagegen so groß. Außerdem plappert der Einzelne sowieso das nach, was die Mehrheit glaubt, in der irrigen Annahme, dass sie recht hat.«

Sophia bestellte einen Bambusschnaps. »So was brauch ich nach einem üppigen Essen«, fügte sie verlegen lächelnd hinzu.

Es entstand eine kleine Pause, und nachdem sich die Kellnerin entfernt hatte, platzte Anja heraus: »Ich hab versucht, die Sache mit Johannes guten Freunden zu erzählen. Wirklich liebe Menschen sind das normalerweise, musst du wissen. Und weißt du, wie sie reagiert haben?«

Sophia nickte wissend. »Ich kann es mir denken.«

Anja schien die Antwort gar nicht gehört zu haben. Ihre Wangen röteten sich, die Augen funkelten zornig. »Sie waren geschockt und haben ausgesprochen aggressiv reagiert.«

»Solche Reaktionen kenne ich auch«, fiel ihr Sophia ins Wort. »Das Unbekannte macht den Leuten Angst, deshalb reagieren sie so. Du musst dir gut überlegen, wem du von solchen Dingen erzählst. Die Menschen wollen nicht von alten Fixierungen abgebracht werden. Es waren immer Querdenker, die eingefahrene Denkmuster aufgebrochen haben. In der Regel wurden sie anfangs mit Hohn und Spott übergossen. Als Reaktion auf die jahrhundertelange Hexenverfolgung muss heute alles wissenschaftlich abgesichert sein. Das ist die neue Inquisition. Zum Verstand müsste jedoch die Intuition kommen, die Stimme des Herzens, das ist die wahre Balance, die Weisheit.«

Sie schaute versonnen zum Fenster hinaus. Es hatte aufgehört zu regnen. Die Leute klappten ihre Schirme zusammen und Sophia und Anja ließen sich die Rechnung bringen.

Johannes pilgerte noch einige Male zu Daniela nach München, um sich weitere Besetzungen herausnehmen zu lassen. Danach verspürte er eine deutliche Erleichterung – zum ersten Mal konnte er wieder lesen und stundenweise arbeiten. Die Eltern atmeten auf, doch Anja spürte immer noch so etwas wie eine dunkel drohende Wolke, die sie lähmte.

Dann kam das Verhängnis in Form von Elementalen. Schwarz gezackte, amorphe Formen – manchmal ähnelten sie Dreiecken, dann wieder sichelförmigen Schemen – stürzten sich auf Johannes und bohrten sich in sein Fleisch wie glühend heiße Zangen. Wieder krümmte er sich vor Schmerzen, lag nächtelang wach, musste sich stundenlang erbrechen, bis er Galle spuckte. Es waren die Taten aus früheren Leben, die ihn noch einmal einholten und quälten. Niemand sah sie, außer ihm selbst, niemand glaubte ihm, außer seiner Mutter und den diversen Medien, deren Rat die hilflose und verängstigte Anja suchte. Einzig und allein sündhaft teure Medikamente – sie enthielten eine ähnliche Substanz wie die Drogen, mit denen er einmal gedealt hatte – brachten ihm Linderung. Und natürlich Gebete. Marita, die Kirchenmalerin, erklärte der Mutter wiederholt geduldig, dass er diesen Weg der Reinigung und Läuterung gehen müsse, bevor er sich seiner eigentlichen Bestimmung, dem Heilen, widmen könne und dürfe.

Wie ein fernes Echo hörte Anja wieder und wieder Hettys Stimme, die ihr sagte, er werde schreckliche Prüfungen bestehen müssen, Prüfungen, die seiner schweren Aufgabe angemessen wären. Erst dann wäre der Weg frei.

Nachdem er einmal tagelang nichts von sich hören ließ, selbst ihre Telefonanrufe ignorierte, nahm Anja bei strömendem Regen nachts um 11 Uhr das Fahrrad und fuhr zu ihm. Er reagierte auch auf ihr Klingeln nicht. Beunruhigt öffnete sie mit dem Zweitschlüssel. Er lag auf dem Fußboden vor der Statue der Gottesmutter, in seiner alten Jeans und ausgeleiertem Pullover, kalkweiß das Gesicht, abgemagert. Das Zimmer sah wüster aus denn je. Eine Müllhalde. Er hob nicht einmal den Kopf. Er schaute sie an, sagte aber nichts.

»Warum liegst du auf dem Boden?«

»Man hat mir gesagt, unter ihrem Schutz muss ich weniger leiden. Sie haben recht.«

»Warum hast du dich nicht gemeldet?«

Er zuckte unwillig mit den Schultern. »Man ließ mich nicht. Ich habe seit drei Tagen fast nichts mehr gegessen.«

Anjas Tränen vermischten sich mit den Regentropfen, als sie in die Pedale trat. Vor ihr ging ein hübscher, junger Mann. Sein Gang war federnd, als wolle er fragen, was koste die Welt. Anja weinte noch heftiger, während sie an ihm vorbeifuhr. Am nächsten Tag fragte ihr Mann sie: »Irgendwelche neue Katastrophen?« Sie schüttelte stumm den Kopf.

Nach monatelangen durchwachten Nächten, Krämpfen und Schmerzen eröffnete ihm sein innerer Führer, dass er 55 Prozent seines Karmas abgetragen habe. Noch weitere fünf Prozent und er wäre erlöst, die restlichen 40 Prozent würden ihm erlassen. So wirkte die Barmherzigkeit Gottes. Seine Seele hatte sich diese Aufgabe ausgesucht, bevor sie inkarnierte, so, wie die Seelen seiner Mutter und seines Vaters ebenfalls beschlossen hatten, hier auf Erden aufeinanderzutreffen und ein Stück Weges gemeinsam zu gehen, um die Erfahrungen zu sammeln, die sie brauchten, um zu wachsen.

Anja schaute aus dem Fenster in den Garten hinaus. Eine schwache Herbstsonne schimmerte tief hinter dem Apfelbaum. Sie sehnte sich nach dem Frühjahr, nach Wärme und Licht.

KOMMENTAR

Bei der vermeintlichen Rauchallergie, an der Johannes litt, verfuhr Hetty auf die gleiche Art und Weise wie bei dem kleinen Jungen, der nicht ertragen konnte, wenn man neben ihm ein Ei aufschlug. Sie setzte beide immer wieder derselben verhassten Situation aus, gleichzeitig aber auch dem Heilstrom, der durch sie floss und auf die beiden einwirkte und sie dadurch nach und nach von ihren Ängsten erlöste. Ich habe ebenfalls erlebt, wie sie auf diese Weise ein Mädchen vom Stottern befreite.

Die Reinigung der Hypophyse wie auch des Blutes (auf die ich hier nicht näher eingegangen bin, da ich daran keine genaue Erinnerung mehr habe) erfolgte, wie bereits beschrieben, durch Geistwesen, die von Johannes' Körper Besitz ergriffen, eine stille Therapie wäre zu schwach gewesen. Wie die Heilerin konnte ich auch auf Anhieb an der Körpersprache erkennen, welches Geistwesen sich in ihm befand. Als Hetty den griechischen Toxikologen nach seinem Namen fragte, bediente er sich zu meinem grenzenlosen Erstaunen der Zunge von Johannes und antwortete klar und deutlich mit der Betonung auf der letzten Silbe: Agathós. Ich überlegte blitzschnell, woher Johannes die richtige Betonung kennen konnte, aber ich wusste mit Sicherheit, dass er kein Griechisch sprach.

Ich hatte die Schilderung einer ähnlichen Situation zuvor in einem Buch über den großen zypriotischen Heiler Daskalos gelesen. Damals ahnte ich noch nicht, dass sich derlei Dinge einmal in meinem eigenen Umfeld ereignen würden. Ich konnte kaum fassen, was ich da las, und dachte bei mir, sollte ich das einmal wirklich selbst erleben, dann würde ich das alles tatsächlich glauben können.

Nach diesem Erlebnis bei Hetty hatte ich begriffen: Man wird geführt, wenn man bittet. Und dies geschieht manchmal auf ganz erstaunliche Art und Weise. Sei es durch ein bestimmtes Buch, das man geschenkt bekommt, oder einen Menschen, dem man begegnet, oder aber man hört einen Satz, der einen aufrüttelt und die Dinge anders wahrnehmen lässt.

Neben Johannes gab es noch andere Medien – allesamt junge und selbst erkrankte Männer –, die Hetty bei ihrer Tätigkeit als Heilerin unterstützten.

Was nun die folgenden Prüfungen des jungen Mannes betrifft, sei es die durch Besetzungen oder die Heimsuchung von Elementalen (»Elementale« ist ein Begriff, den Daskalos verwendet), habe ich nichts hinzuerfunden oder anderweitig verfälscht. Die Dinge haben sich so zugetragen, wie ich sie geschildert habe. Dies war mir möglich, weil ich alles hautnah in meiner unmittelbaren Umgebung miterlebt habe.

Da Hetty wegen ihrer Heilerfolge regelrecht belagert wurde, war ihr Johannes wegen seiner ausgeprägten Medialität eine große Stütze.

Ich erinnere mich an einen bestimmten Tag (Hetty stand noch im Nachthemd in ihrem Schlafzimmer, als die ersten Patienten kamen), an dem sie bis in die Nacht hinein unermüdlich therapierte, unter anderem sehr schwierige Fälle, zwischendurch konnte sie lediglich eine Wurstsemmel verdrücken. Es ging auf Mitternacht zu, als der letzte Patient endlich den Raum verlassen hatte. Eine völlig erschöpfte Heilerin saß neben mir. Plötzlich wirbelten ihre voluminösen Beine (massiven Säulen nicht unähnlich) schwerelos durch die Luft. Ich starrte benommen auf das Schauspiel. Sie erklärte mir, dass man ihr auf diese Weise half, die schlechte Energie, die sich bei ihr durch die Behandlungen angestaut hatte, wieder loszuwerden.

5

Das Sonnenlicht malte einen hellen Streifen auf die Bettdecke. Hetty seufzte und schaute auf ihre Uhr am Nachttisch. Bald würde die Schwester den trockenen Marmorkuchen mit dem lauwarmen Kaffee bringen. Die weißen Vorhänge vorm Fenster blähten sich in der Zugluft wie weiße Segel.

Hetty sah sich wieder als Kind auf dem Hügel hinter dem Elternhaus stehen und die Segel zählen, die im tiefblauen See leuchteten wie frisch gerupfte Gänsefedern. Und sie sah sich wieder mit einer Freundin zum Waldrand rennen, zu der verfallenen Hütte mit dem hohen Haselnussstrauch davor. Als beide atemlos davor stehen blieben, sah die kleine Hetty ein pfiffiges Jägerlein auf einem Ast sitzen. Es schaute etwas missmutig auf die beiden Kinder und je mehr Hetty sich ihm näherte, desto böser wurde sein Blick. Schließlich zupfte Hetty aufgeregt an seinem grünen Jägerrock, aber in dem Augenblick hielt sie nur Blattwerk in der Hand. Das Männchen hatte sich in Luft aufgelöst.

Die Mutter hörte solche Geschichten nicht allzu gerne. Sie runzelte dann jedes Mal missbilligend die Stirn und die Falte darin richtete sich steil und drohend gegen sie. Das tat sie auch, als Hetty ihr erzählte, sie habe »gesehen«, dass ihre Banknachbarin Amalia nächstes Jahr durchfallen würde. Mutter murmelte etwas verächtlich von Hexen, die keiner mochte. Die kleine Hetty merkte sich das gut und übte von da an weise Zurückhaltung. Seltsamerweise ließ sich aber die gleiche Mutter von einer alten Zigeunerin regelmäßig die Karten legen.

Und die Tochter durfte sogar dabei zuschauen. Und wie sie dabei zuschaute, mit flinken, aufmerksamen Äuglein, die Ohren gespitzt wie der Schäferhund Nero, wenn Vater ihm eine Lektion erteilte.

Die Krankenschwester, klein und rund, hatte mittlerweile den Kuchen abgestellt und das Kissen aufgeschüttelt.

»Wenn du mir nur helfen könntest, Hetty, abzuspecken. Mein Karl liebt schlanke Frauen.«

Die Heilerin überlegte kurz: »Apfelessig könnte helfen, jawohl, der wär einen Versuch wert.« Sie sagte ihr nicht, dass sie sich weiter runden würde. Erst im Alter sah sie die Schwester zu einem knochigen, mageren Weiblein schrumpfen.

Der Kaffee war überraschend heiß heute. Hetty verschluckte sich und verbrannte sich beinahe die Zunge.

Sie döste eine Weile vor sich hin und verlor sich wieder in Kindheitserinnerungen. Ein dürres, altes Männchen, von dem die Dorfleute sagten, dass es hexen könne, ging am Hoftor vorbei. Wie jedes Mal, wenn er kam, schrie Hetty ihm entgegen: »Mexale, Mexale – Hexale Hexale.«

Der alte Mann lachte nur gutmütig, aber einmal sagte er gar zornig: »Melle (Mädchen), ich sag dir eins, nur weil du so a scheens Melle bist, wird dir nix passieren.«

Man wusste im Dorf, dass er, wenn der Pfarrer in der Messe zur Wandlung läutete, bestimmte Blumen sammelte und Klee dazu. Tage später fand man einen Sack davon im Stall, der durch das Fenster geworfen wurde, und fortan wichen die Kühe vom Futtertrog zurück und weigerten sich zu fressen. Hettys Eltern mussten einen Mann holen, der den Zauber rückgängig machen konnte. Die kleine Hetty würde nie wieder rufen: »Mexale, Maxale...« Das wusste sie ganz sicher.

Seit er Sophia vor dem Chinesen getroffen hatte, war es ihm nicht mehr möglich gewesen, sie zu sehen. Umso glücklicher war er, dass sie zu einem neuerlichen Treffen bereit war, nachdem er ihr mit geradezu kindlichem Eifer am Telefon versichert hatte, dass er die drei Bücher durchgeackert und wie üblich einige Fragen dazu habe.

Im Auto ging er noch einmal in Gedanken seine Fragen durch und stellte zu seiner eigenen Überraschung fest, dass ihn die Antworten tatsächlich interessierten. Etwas in ihm hatte sich verändert, ohne dass er es wahrgenommen hatte.

Er sog begierig den vertrauten Kaffeegeruch ein. Diesmal kamen ihre Lippen beim üblichen Begrüßungskuss verdächtig nah an seine. Er errötete darob wie ein unbedarfter Primaner, was ihm furchtbar peinlich war. Er versuchte es zu vertuschen, indem er sich umständlich mit den mitgebrachten Blumen beschäftigte, was Sophia belustigt zur Kenntnis nahm, oder am Ende doch nicht? Um seiner Verwirrung Herr zu werden, stellte er zunächst einige sachliche Fragen zu Beates schulischen Leistungen.

Später, als er ihr entspannt gegenübersaß – Herbert hatte sich ausdrücklich das »Officium« von Jan Garbarek als Begleitmusik gewünscht –, redete man zunächst über das Wetter und Urlaubspläne. Dabei wanderte sein Blick verstohlen von den schwarzen Lackschuhen und den schwarz bestrumpften schlanken Fesseln zu den festen Oberschenkeln, die ein roter Rock zärtlich umschmeichelte. Wie er doch diesen roten Rock beneidete. Er war nur Stoff, rot zwar und sicher weich anzufassen, aber eben doch nur einfacher Stoff, und der durfte diese Schenkel streicheln und er nicht.

Er schenkte sich schnell Kaffee nach, und als er ihren forschenden Blick auf sich ruhen fühlte, verschluckte er sich beinahe. Er stellte die Tasse eine Spur zu hastig ab.

Seine Stimme war ein wenig belegt, als er die erste Frage stellte: »Ich begreif einfach immer noch nicht, wie das Gebet eines Einzelnen etwas zu bewirken vermag.«

Sophia beugte sich nach vorne und zupfte ihren Rock zurecht, erst dann lehnte sie sich zurück und zog nachdenklich die Stirn kraus.

»Ich hab dir doch von dem Kollektivbewusstsein unserer Erde erzählt. Nun, jeder Einzelne prägt es pausenlos mit durch seine Gedanken. Besonders wichtig sind die Menschen, deren Innerstes in sich zentriert ist, die sozusagen wieder im Kraftfeld des ewigen Vaters schwingen. Diese Gedankenimpulse können große Veränderungen bewirken – im Geistigen gibt es ja keine Entfernungen –, sie wirken praktisch wie Lichtblitze in der geistigen Dunkelheit und können so zu einem Erwachen Einzelner beitragen, die bereits dafür empfänglich sind. Kannst du mir folgen?«, fragte sie ein bisschen lehrerinnenhaft.

Herbert nickte benommen. Sophia lächelte ihn mit einem Liebreiz an, der von Engeln gespeist schien. »Das habe ich alles bei dem Medium – Maria heißt sie – gelernt«, fuhr sie fort. »Ich glaube, ich hab sie schon einmal dir gegenüber erwähnt. Speziell eine Geschichte werde ich nie vergessen.

Eines Tages wurde Maria plötzlich aus ihrem Körper gezogen und auf eine Reise über die Erde mitgenommen. Dabei wurde sie von einem Lichtwesen begleitet. Dieses Lichtwesen sagte zu ihr: ›Schaue auf die Erde.‹ Und Maria sah die Erde und sie war von Finsternis umgeben. Sie war umhüllt von dichten schwarzen Wolken. Maria fragte das Lichtwesen, was dies zu bedeuten habe. Da antwortete man ihr, dies sei das Kollektivbewusstsein der hier lebenden Menschen. Dann wurde sie aufgefordert, genauer hinzuschauen, vor allem sich selbst dort unten anzuschauen. Und da sah sich Maria in ihrem selbstgebauten persönlichen Gefängnis sitzen und daneben all die anderen Menschen, die ebenfalls in ihren selbstgeschaffenen Gefängniszellen vegetierten. All die Not, das Elend, was wir hier auf dieser Erde sehen, sind die materiell gewordenen Schattengedanken der Menschen, verstehst du?«

Sophia musste hüsteln, deshalb nahm sie einen Schluck Kaffee, ehe sie fortfuhr: »Sylvia Wallimann sagt, dass wir durch die Grenzen der naturwissenschaftlichen Betrachtungsweise im Verständnis der Weltenräume auf die bloßen physikalischen

Gegebenheiten fixiert sind und allzu häufig verkennen, dass den äußeren Erscheinungen immer auch geistige Dimensionen zugeordnet sind. Ich hoffe, ich habe sie richtig wiedergegeben«, meinte sie verlegen lächelnd. »Die neue Erde kann sich nur formieren, wenn sie ein neues Bewusstseinsfeld in sich aufnimmt, denn die Erde ist ein lebendiger Organismus. Manche werden jetzt sagen, dass ist die Aufgabe Gottes, aber wir alle sind aus Gott hervorgegangen, deshalb ist jeder Einzelne wichtig für Gott. Ich kann meinen reinen Wein nicht in schmutzige Schläuche füllen, wie Jesus damals sagte.«

»Man lernt solche Dinge nicht im Studium«, sinnierte Herbert. »Zumindest nicht diese Betrachtungsweise. Man weiß zwar jetzt von dem Einfluss der Seele auf körperliche Vorgänge, aber dass das Ganze noch in einem übergeordneten kosmischen Zusammenhang steht, ist doch neu und irgendwie verstörend.«

»Beten beinhaltet auch Vergeben«, nahm Sophia den Faden wieder auf, »und vor allem sich zu geben, nämlich Gott, der ja als göttlicher Funke in uns allen ist.«

Sophia schwieg und lauschte den letzten Klängen des »Officiums«. Dann stand sie auf und legte eine neue CD auf. Auf Herberts fragenden Blick erwiderte sie: »Bach, ›Jesus, du meine Freude‹.«

Nach einer kleinen Pause fuhr sie fort: »Bach war tiefgläubig, jeder Ton seiner Musik ist ein Gebet, eine Verneigung vor der Liebe Gottes. Wenn jemand aus dem Geist der Einheit, tief im Herzen in Verbindung mit Gott stehend, betet, tritt er ein in das große kosmische Strahlungsfeld und sein Gebet bekommt Kraft. Die Kraftfelder, die wir in dieser Hingabe schaffen, verändern unsere Wirklichkeit, verändern sogar die Natur und die Elemente der Natur. Liebe ist eine Energie, die, wissenschaftlich ausgedrückt, einen neuen Raum schafft, ein neues Ausmaß, eine neue Zeit. So ähnlich hat es Maria formuliert, das heißt, so wurde es ihr von ihrem geistigen Führer mitgeteilt.

Die Wiederkunft Christi ist nichts anderes als die göttliche Wiederauferstehung in den Herzen der Menschen.«

Herbert schwieg eine Weile. Nachdem er sich gefangen hatte, meinte er sichtlich irritiert: »Das klingt ja gerade, als wären wir auch noch für das Wetter verantwortlich.«

»Ganz richtig«, antwortete Sophia trocken. »Menschen gestalten das Wetter auf der Erde. Mit ihren Gedanken und Handlungen schaffen sie einen energetischen Strom, ein Kräfteknäuel, wodurch alle Überschwemmungen und Katastrophen ausgelöst werden. Das Ganze wird verstärkt durch die Gifte, die wir produzieren, das Abholzen der Regenwälder und so weiter und so fort.«

»Aber das ist doch Unsinn«, entfuhr es Herbert, »wir wissen doch heute durch die Wissenschaft von den Verschiebungen der Kontinentalplatten.«

»Und warum verschieben sich die? Die Wissenschaftler sehen nur die physikalischen Gesetze, die feinstoffliche Ebene nehmen sie nicht wahr.«

Herbert kratzte sich nachdenklich am Kinn. Für heute war es genug!

Sophia seufzte, dann schenkte sie Herbert ihr strahlendes Lächeln. »Hoffentlich hab ich dich jetzt nicht zu sehr durcheinandergebracht?«

»Nein, nein, keineswegs. Ich brauch nur Zeit, um das alles zu verdauen«, wehrte er ab. »Was du über die Liebe sagst, das kann ich irgendwie nachvollziehen.« Er versank wieder in ein kurzes Schweigen.

Sophia lächelte ihn aufmunternd an.

»Liebe ist doch ein unerschöpfliches Thema, meinst du nicht auch?«, sagte er bedeutungsvoll und, ermutigt durch ihr Lächeln, rückte dabei ein wenig näher.

Er bemerkte mit Genugtuung, dass sie leicht errötete, und ohne sein Zutun nahm seine rechte Hand die ihre. Sophia ließ ihn gewähren. So saßen sie schweigend und reglos, bis Bach sie in die Stille entließ. Erst dann zog Sophia sanft ihre Hand zurück, strich den roten Rock glatt und stand auf, um frischen Kaffee zu holen.

Auf der Heimfahrt summte Herbert gelöst vor sich hin. Er war einen entscheidenden Schritt vorwärtsgekommen. Nicht nur in spiritueller Richtung. Bevor er an diesem Tag einschlief, dankte er der großen kosmischen Mutter für ihre Hilfe.

Wie von weiter Ferne hörte Hetty Gekeife und Geschrei. Als sie mühsam die Augen öffnete, stand die blonde Krankenschwester, die mit dem langen Zopf und dem ausladenden Hinterteil, vor ihrer Bettnachbarin.

»Jetzt waren doch tatsächlich schon wieder so aufdringliche Gestalten da. Keine Verwandten oder Freunde von ihr, sondern zwei ehemalige Patienten. Sie wollten partout zu ihr mit der Begründung, sie hätte ihnen immer geholfen. Die hätte doch so viel Energie, die könne gar nicht so krank sein, dass sie nicht noch überschüssige Energie abgeben könne.«

Die Blonde hatte bei ihrer Schilderung die kräftigen Arme in die Hüften gestemmt, die zahnlose Alte im Bett schaute mit sichtlicher Verwirrung auf die zornbebende Krankenschwester vor ihr.

»»Die ist nicht umzubringen«, haben sie mir noch nachgeschrien, als ich sie weggescheucht habe.«

Plötzlich schien ihr zu dämmern, dass sie mit ihrem eigenen Geschrei die Heilerin wecken könne. Bevor sie sich umdrehte, schloss Hetty rasch wieder die Augen.

Sie waren also schon wieder da. Bis ins Krankenhaus verfolgten sie einen. Jahraus, jahrein saß sie in ihrem Sessel und die Leute gaben ihr die Hand, erst die rechte, dann die linke. Große, derbe Hände, abgearbeitete und schlaffe, feuchte Hände. Weiße, durchscheinende wie Pergament und kleine, niedliche Kinderhände. Und dann die Beine. Stämmige, nach Fußschweiß riechende, weiße, von Krampfadern marmorierte wie von blauen Rinnsalen. Tagaus, tagein ein unablässig wechselnder Reigen von Beinen und Händen, die sich ihr entgegenreckten. Selbst am Sonntag riss der Strom nicht ab.

Eine Ratsch'n im Dorf mutmaßte, dass Hetty ein Weidenzaungerät, ein solches, das den Kühen einen elektrischen Schlag versetzt, am Bauch befestigt habe. Das Gerücht meinte auch, dass Hetty bei ihrer Tätigkeit sicher Unmengen von Batterien verbrauche.

Hetty stellte sich schlafend und drehte sich zur Seite. Die blonde Krankenschwester verließ auf Zehenspitzen den Raum, während die Alte nebenan wieder in ihr Kissen zurücksank, Unverständliches vor sich hinmurmelnd. Hetty wusste, dass sie sterben würde, sie wusste nur noch nicht, wann ihr innerer Führer sie abholen würde. Aber dass er sie in die geistige Welt hinüberbegleitete, wusste sie mit Gewissheit. Er hatte es ihr versprochen. Und er pflegte seine Versprechungen einzuhalten. Auch das wusste sie mit Bestimmtheit.

Sie erinnerte sich an ihren Klinikaufenthalt nach ihrem schweren Verkehrsunfall. Das war noch in der Zeit, bevor sie die Gabe des Heilens bekommen hatte. Ihr Zustand war damals besorgniserregend. Da sie nicht wusste, ob sie sterben werde, legte sie sich selbst die Karten und verkündete den staunenden Ärzten, sie werde überleben. Jetzt aber brauche sie erst mal einen Bohnenkaffee. Die Krankenschwester weigerte sich zuerst, aber da Hetty bereits spürte, wie ihr Körper von den Zehen aufwärts langsam gefühllos wurde, beharrte sie mit Nachdruck auf dem Kaffee, der ihr dann schließlich gebracht wurde.

Ein paar Tage spätabends, sie war schon am Einschlafen, kam die Nachtschwester und sagte ihr, sie solle zu ihrem Arzt kommen. Hetty erwiderte, sie sei zu müde. Da kam der Mediziner höchstpersönlich zu ihr und verpasste ihr eine Spritze, die sie putzmunter machte. Sie folgte ihm auf sein Zimmer, wo er sie bat, ihm doch die Karten zu legen. Seine einzige Sorge war die

Nachtschwester, die unvermutet hereinplatzen könne. Hetty konzentrierte sich darauf, dass möglichst viele Gebrechliche ins Bett machen und so die Schwester in Trab halten würden. Das Ganze funktionierte wunderbar und sie konnte ihm auf diese Weise die Zukunft offenbaren. Sie sah unter anderem, dass er mit einer dunkelhaarigen Schwester fremdging. Als diese ein paar Tage später bei ihr auftauchte, erkannte Hetty sie sofort.

Nachdem sie dem Arzt die Karten gelegt hatte, ging sie wieder zu Bett. Da kam die Nachtschwester mit dem gleichen Anliegen. Jetzt musste Hetty den Mediziner in Trab halten, was ihr auch gelang.

Am nächsten Morgen bekam Hetty als Erste frische Weißwürste zum Frühstück.

Hettys Gedanken wanderten zu ihrem geliebten Poldi. Sophia hatte ihn oft Gassi geführt. Sobald er ihre Stimme hörte, sprang er schweifwedelnd auf. Bei einem dieser Spaziergänge verhedderte sich die Leine zwischen seinen Hinterbeinen. Poldi fing an, wie verrückt zu kläffen, drehte sich blitzschnell um und biss die überraschte Sophia in die Hand. Sie hatte vergessen, ihr zu sagen, dass er von seinem Besitzer vergewaltigt worden war und seitdem sehr empfindlich reagierte, was diesen Körperteil betraf. Als er im Tierheim landete, wollte ihn niemand zu sich nehmen, weil er so schwierig und aggressiv war. Aber Hetty erbarmte sich.

Sie erinnerte sich, wie sie eine Woche vor seinem Tod einen Geisthund hinter ihm herlaufen sah. Nachdem er gestorben war, kam im Traum der »Herr der Hunde« zu ihr. Er bedankte sich bei ihr, dass sie Poldi aus dem Tierheim geholt hatte, obwohl er der Letzte war, den die Menschen wollten. Sie verwöhnte ihn hin und wieder mit gegrillter Schweinshaxe und frischen Hendln. So mancher Patient aus ihrer Runde schaute dabei mit gemischten Gefühlen zu. Aber das focht Hetty nicht an. Sie liebte Poldi und Poldi liebte sie. Ob sie ihn wohl wiedersehen würde im Jenseits?

Dann fiel ihr Johannes ein, ihr Sorgenkind. Sie dachte mit Schaudern an den schweren Weg, den er gehen musste, bis auch er mit dem goldenen Faden vom Himmel verbunden sein würde, den alle echten Heiler erhalten. Sie würde ihn nicht mehr begleiten können dabei, das würde ihr innerer Führer tun. Aber sie wusste, dass er seinen Weg gehen würde.

Morgen würde Sophia sie besuchen kommen. Hetty hörte das rhythmische Schnarchen ihrer Bettnachbarin. Sie schaute kurz hinüber zu der Alten und auf das leere Bett daneben. Dann schlief sie ein.

Sophia blieb eine Weile still sitzen, bevor sie den Anlasser betätigte. Der Regen trommelte gleichmäßig auf das Autodach und gegen die Windschutzscheibe. Sie fühlte sich schwach und leer.

Gleich nachdem sie das Zimmer betreten und einen Blick auf Hettys bleiches, ausgezehrtes Gesicht geworfen hatte, wusste sie Bescheid. Unter der Bettdecke zeichnete sich ein geschrumpfter Körper ab. Hetty lag reglos da, die sonst so kräftige Stimme klang seltsam hoch und dünn. Sophia hatte Mühe, ihr Erschrecken zu verbergen. Auf dem Nachttisch leuchteten die roten Gerbera, die sie ihr durch Fleurop hatte schicken lassen. Die Heilerin brachte nur ein schwaches Lächeln zustande, ihr Händedruck war kraftlos. Die alte weißhaarige Frau im Nachbarbett musterte Sophia neugierig.

Sophia fuhr langsam die gewundene, regennasse Landstraße zurück. Sie wusste, sie würde Hetty nie mehr in ihrem Dorf besuchen können. Sie erinnerte sich an den dunklen Winterabend, das Feuer im Ofen knisterte gar so heimelig, da verkündete ihr Hetty aus heiterem Himmel: »Wenn ich hinübergehen muss, Sophia, dann komm ich in der gleichen Nacht noch zu dir, um mich zu verabschieden.« Der Schalk blitzte ihr dabei in den Augen.

Sophia spürte, wie ihr ein paar Tränen die Wangen hinunterliefen. Am Ortsausgang musste sie scharf bremsen, weil ein Spitz mit weißem Fell, wie mit Persil gewaschen, nach kurzem Zaudern beschloss, doch noch die Fahrbahn zu überqueren. Als sie ihm zusah, wie er um eine schmutzige Hausecke bog, erinnerte sie sich daran, dass der Dorfpfarrer zu Hause ebenfalls einen Spitz besaß, der jedes Mal, wenn man bei dem Pfarrer läutete, als Erster mit wütendem Gekläffe aus der dunklen Höhlung der Diele hervorschoss. Seit damals assoziierte sie die Hunderasse mit einem Pfarrer. Irgendwie schien diese Rasse nicht mehr in Mode zu sein. Seit damals hatte sie keinen Spitz mehr bewusst wahrgenommen.

Sie hatte nicht viel gesprochen mit der Heilerin. Hetty hatte sich nach Johannes erkundigt. Sie ahnte, dass Sophia mit seiner Mutter in Verbindung stand, aber Sophia hatte ausweichend geantwortet, weil Anja um Hettys Krankheit wusste und sie nicht unnötig belasten wollte.

Nachdem sie schon die Klinke in der Hand hielt, rief Hetty sie noch einmal zurück, den neugierigen Blick ihrer Bettnachbarin ignorierend: »Du wirst mit Herbert zusammenkommen«, flüsterte sie. »Er hat sein Karma mit seiner Frau mehr oder minder abgetragen. Er hat sie im früheren Leben im Stich gelassen. Aber bald ist er frei für dich. Ihr seid zusammengekommen, weil er spirituell von dir lernen soll. Er ist dir vom Schicksal bestimmt, er ist der Mann, den ich dir schon vor Jahren prophezeite.« Danach fiel sie erschöpft ins Kissen zurück.

Sophia schaute auf die Uhr. In einer Stunde würde er bei ihr läuten. Sie wischte sich die Tränen ab und beschleunigte das Tempo, sodass die grünen Wiesen und gelben Rapsfelder nur so an ihr vorbeiflogen. Es hatte aufgehört zu regnen. Sie schaltete die Scheibenwischer ab. In der Ferne malte der Himmel einen farbenfrohen Regenbogen.

Sie wusste nicht, wie lange sie geschlafen hatte. Sie drehte mühsam den Kopf und schaute auf das beleuchtete Zifferblatt ihrer Uhr. Die Bettnachbarin schnarchte leise vor sich hin. Ihre Bettdecke war halb heruntergerutscht und Hettys erster Impuls war, sie zurechtzuzupfen. Doch gleichzeitig wurde ihr bewusst, dass sie dazu gar nicht mehr die nötige Kraft hatte. Ausgerechnet sie, die Heilerin, welche die Menschen bis in das Krankenhaus verfolgten, um von ihren Kräften zu zehren, ausgerechnet sie verließen die Kräfte. Hettys Gedanken begannen zu wandern.

Sie erinnerte sich an die Zeit, als ihr Mann sehr krank wurde. Sterbenskrank sogar. Die Ärzte im Krankenhaus hatten ihn aufgegeben. Die drei Kinder waren noch klein, zu klein, um vom Vater verlassen zu werden. Da begann Hetty zu beten. Sie betete die ganze Nacht hindurch zur Jungfrau Maria. Gegen Morgen, das erste Licht sickerte bereits durch die Ritzen der Fensterläden, entfaltete sich von der Decke eine Papierrolle, auf der sie die Namen derjenigen lesen konnte, die in der nächsten Nacht sterben würden. Sie konnte deutlich den Namen ihres Mannes erkennen. Dann wurde sein Name durchgestrichen. Ein neuer Name erschien stattdessen und eine Stimme sagte ihr, dieser Mann – Peter Weiss war sein Name – werde an seiner Stelle sterben.

Als sie am nächsten Tag im Krankenhaus eintraf, kam ihr ein freudestrahlender Ehemann entgegen. Die Ärzte bezeichneten es als ein Wunder. Hetty sagte ihm, dass sein Bettnachbar, ein 71-jähriger Mann, der sein Leben gelebt hatte, an seiner Stelle sterben werde. In der darauf folgenden Nacht verstarb dieser Peter Weiss um zwei Uhr nachts. Die Ärzte verstanden nicht, wieso. Er war lediglich mit zwei erfrorenen Zehen zu ihnen gekommen. Kein Grund zu sterben!

Überhaupt, die Gottesmutter! Sie hatte ihr immer geholfen, wenn sie sich in ihrer Not an sie gewandt hatte. Sie erinnerte sich, wie sie in den Hungerjahren in der Nachkriegszeit, als kein Essen im Haus und keine müde Mark im Geldbeutel war, Maria wieder einmal verzweifelt angefleht hatte, ihr doch zu helfen. Schließlich musste sie vier hungrige Mäuler stopfen. Sie hatte auf dem harten Boden gekniet beim Beten und war eben aufgestanden, als ihr der Gedanke kam, doch vor das Haus zu gehen. Sie ging hinaus, die Regenwolken hatten sich gerade verzogen, da sah sie neben einer Regenpfütze vor dem Gartentor einen toten Hasen liegen. Frisches Blut sickerte aus seinem Maul. Sein Leib fühlte sich noch warm an, aber er war tot. Weil Hetty keinen Wildfrevel begehen wollte, rief sie den Förster an. Der aber sagte ihr, sie solle sich den Braten schmecken lassen. Das Abendessen war also gesichert.

Hetty schaute zum Himmel und dankte der Gottesmutter. An diesem Abend blickte sie in glücklich schmatzende Kindergesichter. Selbst der sonst so mürrische Ehemann langte zufrieden in die Schüssel. Wohlbehagen erfüllte die Küche.

Selbst bei der Parkplatzsuche hatte ihr die geistige Welt einmal geholfen. Hetty erinnerte sich noch sehr gut daran, wie abgehetzt, müde und kaputt sie war, als sie nach dem Krankenhausbesuch bei ihrer Schwester auf den Parkplatz vor dem Einkaufscenter fuhr. Mit einem raschen Blick auf die Parkreihen sah sie, dass da kein freier Platz war für ihren alten Opel. Vor ihr suchte bereits ein dicker Mercedes nach einer Parklücke. In ihrer Not flehte sie ihren Schutzengel an, ihr zu helfen. Da tauchte doch tatsächlich ein freier Platz auf.

Hetty dankte erleichtert der geistigen Welt und während sie noch einparkte, sah sie aus den Augenwinkeln, wie der Mercedesfahrer anhielt und fassungslos nach ihr schaute. Der hätte nie und nimmer geglaubt, dass er an einem Auto von feinstofflicher Natur vorbeigefahren war. Hetty musste unwillkürlich lächeln.

Sie schreckte kurz hoch, als die Tür aufgerissen wurde und die Gestalt der Nachtschwester im Türrahmen erschien. Sie erkannte Hetty, murmelte etwas Unverständliches und zog die Tür hastig wieder zu. Hetty lauschte den sich entfernenden Schritten. Die Alte neben ihr jammerte ein wenig im Schlaf. Bald danach ertönte wieder ihr rhythmisches Schnarchen.

Hetty war jetzt hellwach. Wie gerne sie doch Ärztin geworden wäre. Aber ihre Mutter erlaubte es ihr nicht, sie musste auf dem Hof arbeiten, ihre kräftigen Arme wurden gebraucht. Der Not gehorchend, hatte sie ihren Wunschtraum aufgegeben. Damals hatte sie keine Ahnung, dass sie den Menschen dereinst auf ihre Weise helfen würde. Als sie vor zwei Jahren selbst eine Ärztin aufsuchen musste, sagte ihr diese beim Abschied, dass es ihr eine Ehre gewesen sei, sie behandeln zu dürfen.

Bevor sie wieder einnickte, schob sich das Bild Rosemaries vor ihr geistiges Auge. Rosemarie war eine dünne, lebhafte junge Frau mit blitzenden braunen Augen unter wohlgeformten schwarzen Brauen. Ihr krauses dunkles Haar war kaum zu bändigen. Sie aber wünschte sich immer glattes Haar, Schnittlauchlocken eben. Noch mehr allerdings wünschte sie sich Brüste und wenn sie noch so klein wären. Mit neunzehn Jahren hatte sie immer noch nicht ihre Periode. Jemand erzählte ihr von Hetty, so kam sie zu der Heilerin.

Und Hetty zauberte ihr einen Busen, indem sie ihr von ihren eigenen feinstofflichen Brüsten abgab, ebenso wie von ihren Brustwarzen. Hetty erinnerte sich an Sophias erstaunte Augen, als sie ihr von dem Fall erzählte. Sophia war zugegen, als Rosemarie ihr von ihrem knospenden Busen berichtete. Woche für Woche verglich sie ihn mit dem ihrer jüngeren Schwester vor dem Spiegel.

Die Periode hatte sich längst regelmäßig eingestellt, da tauchte ein vielversprechender junger Mann auf und begann ihr den Hof zu machen. Sie konnte kaum erwarten, wann »es« geschehen würde, die Voraussetzungen waren ja jetzt gegeben. Immer wieder löcherte sie Hetty mit Fragen, wann es denn endlich so weit sei. Hetty wusste nur, dass das Ereignis zur Zeit der Kirschblüte stattfinden würde. Allerdings konnte sie ihr nicht das Jahr sagen. Sie sah lediglich die Kirschblüten im lauen Frühlingswind.

Als die Nachtschwester ein zweites Mal an ihrer Tür vorbei-eilte, hörte Hetty die Schritte bereits nicht mehr. Sie schlief tief und fest.

Sophia beobachtete Christa aufmerksam. Zum zweiten Mal hatte sie ihr jetzt schon von ihrer neuerlichen missglückten Affäre erzählt. Die leichten Schatten unter ihren Augen hatten sich im letzten Jahr vertieft. Die feine senkrechte Falte, die früher nur zuweilen sichtbar war, hatte sich mittlerweile einen festen Platz auf ihrer Stirn erobert. In den Augenwinkeln nistete ein zartes Fältchengeflecht. Mit fahrigen Bewegungen zündete sich Christa die vierte Zigarette an. Als sie Sophias missbilligenden Blick bemerkte, meinte sie trotzig: »Du weißt, ich rauche normalerweise so gut wie nie, na ja, vielleicht fünf pro Tag, wenn's hochkommt.«

Während sie weiter über ihre verflossene Liebe lamentierte, dachte Sophia an Hettys Äußerung, nachdem sie die Heilerin zu Christas Liebesleben befragt hatte. Es war kurz nach dem Sitting, in dem Christas Vater gekommen war und ihr gesagt hatte, dass sich kein dauerhafter Partner einstellen werde. Hetty hatte ihr diese Prognose bestätigt: »Sie wird immer wechselnde Verehrer haben. Das ist ihr Schicksal.«

Jetzt zupfte sie ärgerlich an ihrem Blondhaar herum. »Vielleicht sollte ich sie mir schneiden lassen. Als Jugendliche hatte ich einen Kurzhaarschnitt. Was macht eigentlich dein stiller Verehrer?«, unterbrach sie abrupt ihren Redefluss.

Sophia errötete leicht. »Seine Schwiegermutter ist letzte Woche gestorben«, erwiderte sie ausweichend. »Er ist sehr beschäftigt. Seine Frau und er, sie leben schon lange nebeneinander her.«

»Na, vielleicht packen sie es noch einmal«, meinte Christa und übersah dabei, wie ihre Freundin zusammenzuckte. »Weißt du, manchmal beneide ich meine Freundin Anna. Ihr Mann ist ein unerträglicher Mensch in meinen Augen, aber irgendwie mögen die beiden einander, die bleiben zusammen, da bin ich mir sicher.« Und wehmütig fügte sie hinzu: »Das gibt es auch.«

Sie drückte entschlossen die nicht zu Ende gerauchte Zigarette aus, als sie das Scharren an der Tür hörte. Sie stand auf und ließ Mustang in die Wohnung. Der Kater stolzierte hocherhobenen Hauptes herein, leckte sich eingehend und ausdauernd, bevor er Sophia in Augenschein nahm. Er blieb eine Minute unschlüssig stehen, um sich dann in die entgegengesetzte Ecke zu trollen. »Der Einzige, der immer wiederkommt«, bemerkte Christa trocken.

»Weißt du, was«, sagte Sophia nach einer nachdenklichen Pause, »wie wäre es, wenn wir beide zusammen in Urlaub fahren? Ich weiß noch nicht, wohin, aber mir wird schon etwas einfallen.«

»Bist du sicher, dass du nicht mit Herbert fahren willst?«

»So weit sind wir noch nicht«, entgegnete Sophia. »Er wird diesmal allein in Urlaub fahren, ohne Familie. Er möchte den Jakobsweg gehen. Weißt du, er hat sich sehr verändert, seit ich ihn zum ersten Mal traf.«

»Das hast du mir schon einmal erzählt«, erwiderte Christa leicht gereizt. Als sie Sophias verwirrtem Blick begegnete, fragte sie in versöhnlicherem Ton: »Wie geht es Hetty?«

»Nicht gut. Ich weiß nicht, ob ich sie noch einmal wiedersehen werde. Ich wünsche es mir natürlich.«

Christa nickte. »Das glaube ich dir.«

In diesem Augenblick klingelte Sophias Handy. »Ach, du bist es.« Ein Lächeln huschte über ihr Gesicht. »Jetzt?« Sie schaute unschlüssig zu Christa hinüber, die abwesend zum Fenster starrte.

»Also gut, in einer halben Stunde.« Sie verstaute das Handy nachdenklich in ihrer Umhängetasche.

»Das war Herbert, hab ich recht?«

»Du hast recht, du bist mir doch nicht böse, wenn ich dich jetzt verlasse? Wir können ja morgen weiterreden.«

»Nein, natürlich nicht, ich muss mich sowieso noch vorbereiten.«

Diesmal waren es rote Rosen. Teure Rosen, Sophia sah es auf einen Blick. Mit einem betörenden Duft. Umkränzt von einem Gespinst von weißem Schleierkraut.

»Weißt du, wie viele das sind?«, fragte er eine erstaunte Sophia.

»Ich hab nicht die leiseste Ahnung.«

»Zähl nach, wenn ich weg bin. Und gib mir morgen Bescheid, wenn du mir sagen kannst, warum ich ausgerechnet auf diese Zahl gekommen bin.«

Er küsste sie zum ersten Mal auf den Mund. Ihrer öffnete sich nur widerstrebend. Herbert ging ins Wohnzimmer voraus und zog eine Flasche Champagner aus der Tasche.

»Den Kaffee trinken wir später, erst gibt es Champagner.«

»Der ist ja sogar gekühlt, du hast auch wirklich an alles gedacht. Gibt es denn einen bestimmten Grund dafür?«

»Ja, den gibt es, ich hab ihr heute eröffnet, dass ich alleine den Jakobsweg gehen will. Zu meiner Überraschung hat sie ganz gefasst reagiert. Sie wird mit Beate Ferien auf einem Reiterhof machen. Es würde mich nicht wundern, wenn da irgendwo ein Mann im Hintergrund ist«, setzte er nachdenklich hinzu. »Wir sind beide zu dem Schluss gekommen, dass ein gewisser Abstand«, er zögerte und suchte nach dem richtigen Wort, »ja, dass ein gewisser Abstand vonnöten ist«, meinte er dann etwas gestelzt.

Nach dem zweiten Glas Champagner fuhr er mit dem rechten Zeigefinger sachte ihre feinen, hohen Brauenbogen nach. Sophia hielt ganz still. Dann fuhr er bedächtig ihren Nasenrücken entlang. Sophia hielt immer noch still. Dann zeichnete er die Wölbung ihrer Lippen nach. Jetzt zitterte sie leicht. Zitterte sie oder fröstelte sie? Sie löste sich von ihm und nahm hastig einen Schluck Champagner.

Er legte ihr die gleiche Hand auf die rechte Brust. Wieder hielt sie still. Dann nahm sie seine Hand behutsam weg, stand auf und ging zu dem CD-Player.

Die Klänge des »Officiums« strömten in das Zimmer.

Sophia setzte sich wieder, nahm seine Hand und legte sie auf die linke Brust. »Die hat noch nichts bekommen. Lass uns warten bis nach dem Jakobsweg. Bitte!«

Zu seiner eigenen Überraschung nickte Herbert. Er hatte das Gefühl, schon genug bekommen zu haben für heute.

In dem Augenblick, als die Krankenschwester – die kleine Dicke – das Frühstückstablett abstellte, streifte Hettys Blick die Bettnachbarin. Sie sah eine Trauergemeinde im Schneetreiben hinter einem Sarg hergehen. Gleichzeitig wusste sie aber auch, dass sie selbst noch vor ihrer Nachbarin sterben würde. Für sie würde es keinen goldenen Oktober mehr geben!

Drei Wochen lag sie jetzt schon im Krankenhaus und wurde zunehmend schwächer, trotz der ganzen Therapien und Medikamente.

Sie erinnerte sich, wie sie damals, als sie von einer unerklärlichen Schwäche befallen war, ihren inneren Führer inständig bat, ihr doch zu helfen. Warum hast du mich nur verlassen, jammerte sie laut. Da erschien wie aus dem Nichts eine Hand, welche die ihre ergriff und umschloss. Hetty fühlte eine Kraft wie einen gewaltigen Stromstoß durch ihren Körper fließen. Von Stund an ging es ihr damals besser. Nur jetzt würde er ihr auch nicht mehr helfen können, genauso wenig wie die Ärzte. Denn ihre Zeit war um.

Ihre Gedanken wanderten weiter. Sie sah wieder den Lehrer vor sich, einen Mann mittleren Alters, der auf Empfehlung Sophias eines Tages an ihre Tür klopfte. Während sie ihn therapierte, spürte sie, wie etwas Scharfes, einem Messer ähnlich, in ihren Arm fuhr. In der Nacht darauf konnte sie vor Schmerzen kaum schlafen und am nächsten Tag war sie nicht in der Lage zu arbeiten. Ihr innerer Führer erzählte ihr die Geschichte dieses Mannes.

Eines Tages läutete ein Zigeuner in einem Einfamilienhaus, um Teppiche zu verkaufen. Die junge Frau ging hinaus und als sie die Tür öffnete, hörte der Zigeuner das Schreien eines Säuglings. Daraufhin unterbreitete er der Mutter folgendes Angebot: Er werde ihr einen Teppich billiger verkaufen, wenn sie ihn mit dem Säugling einen Moment allein ließe. Die Frau ging auf den Handel ein.

Der Säugling wuchs zu einem Mann heran, der ständig kränkelte, obwohl er so gesund wie möglich lebte. Er versuchte mithilfe verschiedener Therapien seine Gesundheit wiederzuerlangen, unter anderem unterzog er sich auch einer Körpertherapie. Dabei sah er zwei kohlschwarze Augen, ein Messer blitzte und er vernahm beschwörendes Gemurmel. Danach ging er zu seinen Eltern, um sie zu befragen. Da erzählten sie ihm folgende Geschichte:

Nachdem der Zigeuner sich an dem Säugling zu schaffen gemacht hatte, schrie der zu magischen Stunden, besonders um Mitternacht, wie am Spieß. Jede Nacht schrie er wieder, wochenlang. Erbarmungslos. In ihrer Not ging die junge Frau zu ihrem Hausarzt. Der untersuchte den Buben gründlich. Organisch war er gesund. Nachdem man ihm von jenem Ereignis berichtet hatte, gab er der verzweifelten Mutter den weisen Rat, des Nachts ein Messer in das Schlüsselloch der Haustür zu stecken und davor einen Besen zu stellen. Die Eltern befolgten den Rat und der Bub hörte auf zu schreien.

In späteren Jahren, wenn der Heranwachsende einen Film sah, in dem jemand mit einem Messer bedroht wurde, musste er wegschauen, weil er den Anblick nicht ertragen konnte.

Erst als Hetty den Zauber brach, gesundete er an Leib und Seele.

Nachdem sie damals durch ihren inneren Führer wieder zu Kräften gekommen war, kam eines Tages ein Mann zu ihr, der ihr beschrieb, wie er nachts mit seinem Astralkörper ihr Haus besuchte. Er beschrieb genau die oberen Räume. Lediglich bei der Anordnung der Möbel im Wohnzimmer irrte er sich.

Als die kleine Dicke ihr Tablett holte, warf sie einen tadelnden Blick auf die Heilerin.

»Sie müssen essen, damit Sie wieder zu Kräften kommen.«

Hetty schenkte ihr ein schwaches Lächeln.

»Das hilft mir auch nicht mehr, genauso wenig wie die Therapien und Tabletten.« Aber weil sie die besorgten Augen der Schwester rührten, meinte sie in beruhigendem Tonfall: »Vielleicht hab ich ja morgen mehr Appetit.«

Sie döste eine Weile vor sich hin, da sah sie den Volkskundler auf sich zukommen. Er trug wieder seine abgewetzte braune Lederjacke wie beim ersten Mal, als er zur Tür hereingekommen war.

»Ich möchte sterben, Hetty«, sagte er, »ich möchte sterben.«

»Aber du weißt doch«, antwortete sie ihm, »du weißt doch, du musst erst die verlorenen Anteile deiner Seele wiederfinden, die du durch die Drogen verloren hast.«

Er schaute sie mit seinen dunklen Augen ernst und unendlich traurig an, dann entschwand er ihrem Blick.

Als die blonde Schwester ihr den Nachmittagskaffee hinstellte, war Hetty putzmunter. Zwei ungesunde rote Flecken breiteten sich auf ihren eingefallenen Wangen aus. »War am Ende meine Tochter da, als ich geschlafen hab?«, fragte sie.

»Keine Sorge, da war niemand.« Die Schwester schaute auf die Uhr. »Es ist ja auch noch früh am Tag. Sie kommt doch erst meist um fünf Uhr.«

Hetty ließ sich wieder in ihr Kissen sinken. »Stimmt«, murmelte sie. Zu ihrer eigenen Verwunderung hatte sie plötzlich Appetit auf den Streuselkuchen. Für ihre kranke Mutter hatte sie auch immer Streuselkuchen gebacken. Den mochte sie so gerne. Nein, wirklich, ihr Leben war nicht leicht gewesen. Nach ein paar Bissen hatte Hetty genug. Sie schob den Kuchen weg. Nach dem Schlaganfall hatte sie ihre Mutter zwei Jahre lang gepflegt. Da sie nicht die Kraft hatte, die schwere Frau vom ersten Stock ins Erdgeschoss zu tragen, band sie ihr zwei dicke Kissen unter Kopf und Hintern und befestigte diese an einem Brett. Auf diese Weise schleifte sie ihre Mutter die Treppe hinunter. Später pflegte sie auch die Schwiegereltern.

Das Leben mit ihrem Mann war auch nicht einfach gewesen. Er stellte gerne anderen Frauen nach. Frauen, die keinen Hängebauch und keine abgearbeiteten Hände hatten.

Sie erinnerte sich an einen bestimmten Frühlingsabend. Es war der erste laue Abend Ende März. Ein Föhnsturm hatte die letzten Schneereste hinweggefegt. Am Nachmittag hatte sie bei der Gartenarbeit den ersten Zitronenfalter gesehen.

An diesem Abend saßen sie einträchtig in der Küche beisammen, da seufzte ihr Mann plötzlich laut in die Stille hinein, faltete seine Hände über den Bauch und sagte, wie froh er doch sei, sagen zu können, dass er sie niemals betrogen habe. Der Herrgott solle ihn strafen und ihm seine Haarpracht nehmen, falls das nicht stimme. Hetty sagte kein Wort.

Am nächsten Morgen waren ihm nicht nur sämtliche Haare ausgefallen, er hatte selbst seine Wimpern und Augenbrauen verloren.

Da erbarmte sich Hetty seiner und begann für ihn zu beten. Am Ende wuchs ihm ein schütterer Haarkranz und ein paar spärliche Wimpern stellten sich auch wieder ein.

Es würde nicht mehr lange dauern und sie würde ihn wiedersehen in den Jenseitswelten. Ein bisschen fürchtete sie sich schon. Ob er sie wohl ausschimpfen würde, weil sie so viel umgebaut hatte in ihrem Haus nach seinem Ableben? Hetty war sich nicht ganz sicher, trotzdem schlief sie bald wieder ein.

Diesmal hatte sie zum ersten Mal ein Abendessen für ihn zubereitet. Sie hatte es sich nicht verkneifen können, ihn mit ihrer Kochkunst zu überraschen. Der Duft der chinesischen Lackente vermischte sich mit dem der Kerzen im funkelnden Silberleuchter. Ein bisschen schämte sie sich dafür, dass sie ihr Ego gar so aufblähte, um ihn zu beeindrucken. Aber sie war halt auch nur ein schwacher Mensch und verliebt obendrein. Sie war tatsächlich nicht hinter die Bedeutung der Anzahl der Rosen gekommen. Er hatte ihr schmunzelnd erklärt, dass sie für jedes Treffen mit ihr standen. Da war es doch nur gerecht, dass auch sie sich beim Kochen verkünstelte.

Ihr Herz begann wild zu pochen, als sie seine Schritte vor ihrer Tür hörte. Schnell legte sie die »Last four Songs« mit Jessye Norman auf.

Außer Blumen überreichte er ihr verlegen lächelnd ein Buch in Geschenkpapier. »Etwas Spirituelles«, fügte er verschämt hinzu. Sophia war tief gerührt.

»Wohin fährst du denn jetzt mit Christa?«, fragte er, als er seinen Aperitif abstellte.

»Nach Rhodos, in eine stille Fischerbucht. Das gibt's dort auch noch.«

»Wann?«

»Die ersten vierzehn Tage im September. Dann beginnt ja wieder die Schule.« Er nickte.

»Das ist zeitgleich mit meinem Urlaub. Ich wollte nicht früher nach Spanien wegen der Hitze. Wie geht es Christa?«

»Sie leckt ihre Wunden im Augenblick, zusammen mit ihrem Kater. Aber das geht vorbei, es ist nicht das erste Mal bei ihr und wird auch nicht das letzte Mal sein.«

»Und wie geht es Hetty?«

»Keine Spur besser, eher schlechter. Sie ist mittlerweile fast zu schwach für einen Besuch.«

»Wir haben alle viel gelernt von ihr«, meinte Herbert nachdenklich. »Meine Sichtweise, die Dinge anzugehen, hat sich total verändert. Früher war ich ja sogar gegen die Homöopathie, nur weil sie wissenschaftlich nicht zu beweisen war.«

Sophia lächelte. »Ja, aber jetzt hast du ja verstanden, dass mit der wissenschaftlichen Brille nicht alle Dinge zu erkennen sind. Es gibt Ebenen, da kommt man mit den Methoden der Wissenschaft nicht weiter, weil der Mechanismus ein anderer ist.«

Sophia kam sichtlich in Fahrt. Herbert beobachtete sie amüsiert.

»Die Astrologie funktioniert aufgrund der Informationen, die im Schwingungsfeld der Gestirne gespeichert sind, und das Wasser wiederum speichert die Informationen der Pflanzen in der Homöopathie, obwohl keine Potenzen nachzuweisen sind im streng wissenschaftlichen Sinne.«

Sophia schob einen Bissen ihrer köstlichen Ente in den Mund, kaute genussvoll, dann fuhr sie unter den aufmerksamen Blicken Herberts fort:

»Ich hab eine entfernte Verwandte, die ist in einem Bibelkreis. Die verurteilt alles, was die Bibel nicht gutheißt, sei es Kartenlegen, Hellsehen oder Kontaktaufnahme mit Verstorbenen. Hetty ist deshalb ein rotes Tuch für sie. Dabei hat ihr innerer Führer gesagt, sie habe diese Gabe unter anderem auch bekommen, um die Menschen an die Existenz Gottes zu erinnern.«

»Um einmal ganz profan zu werden«, unterbrach sie Herbert liebevoll, »deine Ente ist einfach göttlich. Ich wusste gar nicht, dass du so gut kochen kannst.«

Sophia errötete leicht, wie Herbert mit Genugtuung registrierte. Er verkniff sich einen bissigen Kommentar zu Hiltruds Kochkunst – das würde sie sicher nicht goutieren, so gradlinig und integer wie Sophia war. Außerdem, stellte er mit einigem Erstaunen bei sich fest, hatte er kein Bedürfnis, über seine Frau herzuziehen. Eigentlich war sie es gewesen, die ihn auf diesen Weg gebracht hatte, indem sie ihn zu Hetty geführt hatte. Merkwürdigerweise hatten sich seitdem ihre Wege getrennt!

Sophia trug ein leichtes gelbes Flatterkleidchen mit Spaghettiträgern, das ihre gebräunte Haut bronzefarben schimmern ließ. Ihr dunkles Haar glänzte, als hätte es eine Fee mit hundert Bürstenstrichen zum Leuchten gebracht. Ihr roter Mund erinnerte ihn an geöffnete Blütenblätter mit dem weißen Blütenkelch ihrer Zähne.

In dem Augenblick hörte man ein kurzes Donnergrollen. Sophia stand auf und ging zum Fenster, um die blauen Vorhänge zuzuziehen. »Hoffentlich kommt ein Gewitter«, meinte sie, »es war unerträglich schwül heute, findest du nicht auch?«

Herbert gab ihr recht, dann stand auch er auf, um Geschirr abzutragen. Warum eigentlich hatte er das nie bei Hiltrud gemacht, fragte er sich im Stillen, während Sophia eine CD mit Gospelliedern auflegte.

Nachdem sie den Nachtisch, gebratene Bananen mit Honig, abgestellt hatte, rückte Herbert näher zu ihr. Sophia lächelte. »Du kannst dich nachher ruhig ganz neben mich setzen.«

Jetzt war es Herbert, der errötete. Mein Gott, er benahm sich wieder wie ein Primaner. Nachdem er den letzten Bissen vertilgt hatte, sah er in ihrem rechten Mundwinkel einen winzigen Klecks Honig hängen.

Ohne zu überlegen, stand er auf, setzte sich dicht neben sie und leckte ihr zärtlich den Mundwinkel. Sophia hielt ganz still, dann wandte sie sich ihm voll zu und ließ mit einem raschen Griff ihre beiden Träger über die Schulter gleiten.

Im Hintergrund jubelte die machtvolle Stimme Mahalia Jacksons: »Somebody bigger than you and I.«

Die Krankenschwester schüttelte missbilligend ihr Haupt und schaute anklagend auf den nicht angerührten Streuselkuchen. »Jetzt ess' ma den a scho' nimmer«, murmelte sie vor sich hin, als sie mit geübtem Griff das Geschirr auf das Tablett schichtete. Der Neuzugang im dritten Bett, eine junge, schmächtige Frau, beobachtete die Schwester dabei aufmerksam, während sie die Bettdecke trotz der Hitze bis an ihr Kinn zog. Hetty gab sich nicht mehr die Mühe, sich für ihren mangelnden Appetit zu entschuldigen. Seit zwei Tagen fühlte sie eine neue, nie gekannte Schwäche. Sie spürte, wie sie erneut hinüberdämmerte.

Sie war wieder ein kleines Mädchen und stand zusammen mit Vater und Mutter im Kuhstall. Ihre Eltern waren ratlos. Das Vieh hatte seit zwei Tagen nicht mehr gefressen. Ihre Mutter ging hilflos zwischen den Kühen hin und her, klopfte ihnen auf die Bäuche, schaute im Stroh nach, da stieß sie einen leisen Schrei aus. Sie bückte sich und kam mit zwei verfaulten Fleischklumpen in der Hand auf den Vater zu.

»Ich hab's«, rief sie triumphierend, »morgen wird Hetty zu Pater Anselm nach St. Ottilien gehen.«

Dort holte der Pater im Kloster den Erdspiegel hervor und sagte zu ihr: »Melle, schau hinein. Und merk dir das Gesicht gut, denn das ist die Person, die euch das angetan hat.«

Hetty erkannte die Frau, die oft bei ihnen ein- und ausging. Erst als sie nicht mehr kam, fraßen die Kühe wieder.

Als ihre Bettnachbarin, die grauhaarige Alte, mit lautem Krach ihren Wecker fallen ließ, schreckte die Heilerin kurz hoch, um aber gleich darauf wieder in einen unruhigen Schlummer zu fallen.

Diesmal war sie ein junges Mädchen. Sie sollte bei einer Familie in der Stadt aushelfen. Aber Hetty fand den Misthaufen nicht, auch nicht hinter dem Haus. Städter hatten also keinen Misthaufen!

Wieder schreckte sie hoch. Ihre älteste Tochter stand vor ihrem Bett. Hetty war so müde, sie bekam einfach die Augen nicht auf, sosehr sie sich auch anstrengte. Als ihr das endlich gelang, war die Tochter verschwunden. Die Alte von nebenan schlurfte zur Tür. Der Neuzugang hatte Besuch, ein Mann, ihr Ehemann, wie Hetty auf den zweiten Blick sah. Auch so einer, der seine Frau betrügt, dachte sie bei sich, aber die Ehefrau weiß es nicht, noch nicht.

Die Heilerin war jetzt vollends wach. Sie hatte Durst. Mühsam richtete sie sich auf und schlürfte ein bisschen kalten Tee. Dann ließ sie sich wieder in das Kissen sinken. Das Gewitter gestern hatte auch keine Abkühlung gebracht. Sie wischte sich den Schweiß von der Stirn. Die Luft war so stickig in diesem Zimmer. Warum machte nur keiner das Fenster auf? Eine Wespe suchte verzweifelt den Weg ins Freie. Immer wieder flog sie gegen die Scheibe. Da endlich stand der Ehemann der jungen Frau auf und öffnete das Fenster.

Hetty bat ihn, es doch ein Weilchen geöffnet zu lassen. Die anderen waren zum Glück damit einverstanden, auch die Alte, die inzwischen in ihr Bett zurückgekehrt war.

Es war an so einem Tag, einem drückend heißen Sommertag, als ihr erster wirklich schwerer Fall Hilfe bei ihr suchte. Ein Bub, etwa vierzehn Jahre alt, kam, auf Krücken gestützt, hereingehumpelt, begleitet von seiner Mutter. Damals hatte sie bereits den Röntgenblick, sie sah sofort den teilweise weggefressenen Hüftknochen. Die Mutter setzte zu einer umfangreichen Erklärung an, aber Hetty unterbrach sie mit einer knappen Handbewegung. Ihr innerer Führer sagte ihr, er werde geheilt werden. Die Mutter jammerte und weinte jetzt: »Niemand kann ihm helfen. Die Ärzte stehen vor einem Rätsel.«

Da unterbrach sie ihr Sohn, den Blick fest auf die Heilerin gerichtet: »Jesus Christus wird mir helfen, Mutter.«

Und so geschah es.

Nach drei Monaten kam er ohne seine Krücken hereinmarschiert, in der rechten Hand fröhlich das Röntgenbild schwenkend. Es zeigte einen völlig gesunden Hüftknochen.

Seit diesem Tag wollte sie nicht mehr in Restaurants gehen, weil sie all die Krankheiten der Menschen sah. Einmal saß ihr ein schwer herzkranker Mann rechts von ihrem Tisch gegenüber. Sie überwand sich und stand auf, ging zu ihm hin und sagte ihm, er müsse unbedingt zum Arzt gehen. Nie würde sie sein fassungsloses Gesicht vergessen. Er hielt sie wohl für übergeschnappt.

Noch ganz benommen vor Glück streichelte Herbert Sophias makellosen Rücken. Er wusste, dass sie das mochte nach der Liebe. Zum ersten Mal hatte sie ihn dazu in ihr Schlafzimmer geführt. Auf dem hellen Teppichboden glühte in einer bauchigen Glasvase der getrocknete Rosenstrauß, das erste Eingeständnis seiner Liebe. Nach einer Weile stand Sophia auf, ging ins Wohnzimmer und legte Musik von Mikis Theodorakis auf.

Eine warme Frauenstimme füllte den Raum, sein Bewusstsein, seinen ganzen Körper. Eine tiefe Männerstimme antwortete voller Wehmut und Sehnsucht. Herbert bewunderte ihre nackte Herrlichkeit, als sie wieder ans Bett trat.

»Was ist das?«

»Balladen von Anagnostakis, das passt zu meiner nächsten Reise.«

Er zog sie an sich. Beide hielten lange still, lauschten dem Gesang. »Ich hab viel gelernt von dir, weißt du das?«

»Und das wäre?«

»Du hast mir die Liebe gezeigt, ich glaube, ich habe vorher nicht wirklich geliebt. Außerdem bin ich wie ein blinder Maulwurf durch die Gegend gelaufen. Dabei hab ich mir noch was darauf eingebildet, dass ich so ›realistisch‹ bin. Außer der platten Realität hab ich nichts wahrgenommen.

Trotzdem hab ich noch Schwierigkeiten, die Dinge so zu sehen, wie du sie siehst. Erklär mir doch noch einmal, wieso wir alle miteinander verbunden sind, also Teil eines Ganzen sind, wie du immer sagst.«

Sophia richtete sich auf, küsste ihn liebevoll auf die Stirn und die beiden Augen. Dann klopfte sie das Kissen zurecht und verschränkte die Arme unter der Brust. Sie zog die Nase kraus, ein Hinweis, dass sie scharf nachdachte, ein Zeichen, das ihn immer wieder mit Entzücken erfüllte.

»Hör zu«, begann sie. »Wir alle befinden uns pausenlos in einem Gedankenstrom. Das merkt man erst, wenn man versucht, den abzuschalten, zum Beispiel in der Meditation. Wenn wir diesen Gedanken Beachtung schenken, sie mit Energie aufladen, werden sie Wirklichkeit. Hans-Peter Dürr spricht dann von einer energetisch-materiellen Manifestation. Ein Hellsichtiger kann erkennen, dass Gedanken eine Form haben, eine bestimmte Schwingung. Wir sind immer in Verbindung mit dem Bewusstseinsfeld der Erde, das uns umgibt. Alle Wesen dieser Erde filtern das heraus, was sie zum Wachsen und Reifen brauchen, egal ob Mensch oder Tier, verstehst du? Das ist natürlich nicht auf meinem Mist gewachsen, ich zitiere Maria, das Medium, von dem ich dir schon erzählt habe.

Nicht nur wir Menschen haben eine Seele, jeder Baum, jedes Tier, jeder Stein hat ein Bewusstsein, sonst könnten sie gar nicht existieren, so, wie auch unsere Erde ein Bewusstsein hat, sonst wäre es ja ein toter Planet. Ein Stein würde sich in nichts auflösen, wenn nicht das Bewusstsein da wäre, das in dem Stein die Atome zusammenhält. Das hat kein Geringerer gesagt als Professor Planck auf einem Gelehrtenkongress in Florenz.

Es gibt keine Materie an sich. Alle Materie entsteht und besteht nur durch eine Kraft, welche die Atomteilchen in Schwingung bringt und sie zusammenhält. Der Geist ist der Urgrund aller Materie. Dieser Geist ist Gott. Ich hab das jetzt verkürzt wiedergegeben«, meinte sie entschuldigend lächelnd und zog dabei wieder die Nase kraus.

»Die Physiker wissen heute auch, dass wir nur einen Bruchteil der vielen verschiedenen Schwingungen sehen, von denen wir umgeben sind, nämlich diejenigen, die am gröbsten und dichtesten schwingen. Eben das, was in unseren Augen die ›Realität‹ darstellt. Ich war gut in Physik, ursprünglich wollte ich sogar Physik studieren, verstehst du«, setzte sie mit einem kleinen Lächeln hinzu. Herbert fuhr mit dem Finger zärtlich die Konturen ihres Gesichtes nach. Die gerade Nase, die hohen

Wangenknochen, die leicht eckige Kinnlinie. Als er dazu übergging, ihren Mund nachzuzeichnen, zuckte sie leicht zusammen und nahm lächelnd seine Hand in ihre.

»Das kitzelt«, meinte sie, »und lenkt mich ab. Erst musst du dir den Schlussgedanken meiner Erkenntnis anhören.

Du weißt jetzt, dass alles Bewusstsein hat, jeder Strauch, jede Blume, jedes Tier. Dieses gespeicherte Bewusstsein lässt den Baum zu einer bestimmten Baumart heranwachsen. Doch Freiheit im Handeln hat natürlich nur der Mensch, weil in einer Pflanze, einem Stein oder Tier das gespeicherte Bewusstsein in einem automatischen Ablauf eingespeichert ist. Und jetzt – hör gut zu – kommt die eigentliche Botschaft.«

Sophia machte eine kleine Kunstpause, dann fuhr sie fort. »Der Mensch kann sein Bewusstsein einsetzen für Krieg und Zerstörung oder aber er öffnet es für das Gottesbewusstsein. Damit können alte Denkmuster aufgelöst und gewandelt werden. Es kann sich öffnen für eine neue Erkenntnis, für die neue Schwingungsebene, die alles verändert. Aber die meisten von uns sind geistig noch ›tot‹. Sie wollen besitzen, sie wollen Macht.«

Sophia kam in ihrem Redefluss nicht weiter. Herbert verschloss ihren Mund mit seinem: »Und ich, ich will jetzt dich.«

»Die Sehnsucht ist wie ein Messer. Mein Verstand unterliegt...«, ertönte die Stimme des Sängers aus dem Wohnzimmer. Danach hörten beide nichts mehr, sie folgten dem Gesang ihrer Herzen.

Seit Tagen hatte sie keinen Streuselkuchen mehr angerührt. Und sie würde auch keinen mehr anrühren. Hetty wusste das. Da könnte die Schwester granteln, so viel sie wollte. Vielleicht hätte sie länger leben können, wenn sie nicht so viel Fleisch, speziell Schweinefleisch, gegessen hätte. Ihr innerer Führer hatte sie immer davor gewarnt.

Ihre Bettnachbarin, die Alte, war am Tag zuvor entlassen

worden. Noch bevor die junge Frau im dritten Bett nach Hause gehen würde, würde auch sie gehen. Allerdings würde sie nicht mehr in ihr Dorf am See zurückkehren, diesmal würde sie für immer nach Hause gehen.

Hetty musste an ihren letzten Krankenhausaufenthalt denken, damals, als die Ärzte ihre Bauchdecke geöffnet und die Gedärme herausgenommen hatten. Ihre Seele hatte bereits ihren Körper verlassen. Aus der Vogelperspektive verfolgte sie aufmerksam das Tun der Ärzte. Ohne Furcht oder gar Panik. In aller Gelassenheit. In ihren grünen Mänteln und Kopfbedeckungen fühlte sie sich an Frösche erinnert.

Dann sah sie sich plötzlich zwei Hunden gegenüber. Sie standen links und rechts von ihr und schienen eine Art Tor oder Eingang zu bewachen. Hetty wusste, dass sie sich für den richtigen Weg entscheiden musste. Sie bat ihren Schutzengel um Hilfe.

Vor ihr eröffnete sich eine unbeschreiblich schöne Landschaft, in silbriges Licht getaucht. Ein Fluss wand sich durch blühende Wiesen und dunkel tönende Wälder, er schimmerte und sprühte wie ein Diamanthalsband in tausend Farben. In der Ferne leuchteten blaue Berge, die Luft war erfüllt von Wohlgeruch und einem Klang, der süßer war als der einer Harfe. Hettys Herz strömte über vor Glückseligkeit. Sie war angekommen! Sie war zu Hause!

Da sagte ihr eine Stimme, sie müsse noch einmal zurück, sie habe noch eine Aufgabe zu erfüllen. Sie würde Menschen heilen. Den Menschen sollte damit auch bewusst gemacht werden, dass es einen Gott gibt.

Hetty sah wieder die grün gewandeten Ärzte, wie sie sich um sie bemühten. Ihr ekelte vor ihrem eigenen Körper, wie er schwer und kalt vor ihr lag. Sie wollte nicht mehr hinein, doch sie wusste, dass sie keine andere Wahl hatte.

Am nächsten Tag kam der Oberarzt, setzte sich an ihr Bett und begann sie auszufragen. Die Monitore hatten auf einmal wie wild ausgeschlagen, in Sekundenschnelle hatte sie, die fast

Siebzigjährige, die beinah Tote, die Energie einer Vierzigjährigen. Da musste doch etwas Außergewöhnliches vorgefallen sein.

Hetty wollte sobald wie möglich nach Hause, um ihren krebskranken Mann zu pflegen. Immer wenn sie ihn mit ihren Händen berührte, tat es ihm gut, und er bat sie, ihre Hände nicht so schnell wieder wegzunehmen.

Nach seinem Tod klopfte eines Tages ein Mann mittleren Alters an ihre Tür. Er litt unter rasenden Kopfschmerzen und erklärte ihr, nach einem besonders langen und inbrünstigen Gebet habe ihm eine Stimme gesagt, er solle zu ihr gehen.

Nun erläuterten die Geistwesen Hetty, wie sie den eigentlichen Heilvorgang zu bewerkstelligen habe. Sie tat wie geheißen und der Mann ging unter vielen Dankesbezeugungen mit einem leichten, freien Kopf weg. Am nächsten Tag klopfte wieder jemand an die Tür und begehrte Heilung. Und so wurden es immer mehr, ein Strom von Heilsuchenden, der nicht mehr abriss.

Wenn sie die Fenster putzte, zersprang das dünne Glas unter ihren energiegeladenen Händen. Und wenn ihre Hand in einen Rosenstrauß griff, dann umschlossen die Blüten ihre Hand und ließen sie nicht mehr frei.

Seit sie ihre Gabe bekommen hatte, mied sie Beerdigungen, weil sie es nicht mehr ertragen konnte, das Weinen und Wimmern der Seelen zu hören. Manche blieben allerdings auch stumm.

Wenn ihr nach Weißwürsten oder Geräuchertem gelüstete – sie hatte ja keine Zeit mehr zum Kochen –, kam das Gewünschte am nächsten Tag. Der Röntgenblick wurde ihr nach dem ersten Patienten gegeben, und wenn sie bei einem besonders schwierigen Fall eine Kerze anzündete, sah sie die Gestalt ihres inneren Führers, eines hohen Propheten, in den Flammen tanzen.

Ihre Hellsichtigkeit verstärkte sich, und wenn sie ein Schrift-
bild sah, erkannte sie den Charakter des Betreffenden. Und sie
konnte in die Herzen schauen. Dies alles war schwer zu verkraften, sodass Hetty in ihrer Not zu einem Arzt ging und ihn
fragte, ob er einen ähnlichen Fall kenne wie den ihren.

Er gab unumwunden zu, keinem solchen Fall jemals begegnet
zu sein. An der Tür aber, bevor er sie hinter ihr schloss, sagte
er ihr: »Wer heilt, hat recht.« Und Hetty ging getröstet nach
Hause.

Der erste Blumenstrauß, den sie von einem dankbaren
Patienten geschenkt bekam, erschreckte sie zutiefst: Sie hörte
das Weinen der Blumen, weil sie geschnitten worden waren.

»Hetty hat mir schon am Jahresanfang gesagt, dass ich mit
dir auf einer Insel Urlaub machen würde«, sagte Sophia zu
Christa, während sie einen Kieselstein ins Meer warf. Beide
saßen – nach dem Genuss von gegrilltem Tintenfisch und Ret-
sina bei Maria und Lukas – zufrieden und entspannt am
Strand der Stegna-Bucht auf Rhodos.

»Schön ist es hier«, meinte Christa anerkennend und zündete
sich eine Zigarette an. Ihr Blick schweifte über den halbmond-
förmigen Bogen, den der Strand beschrieb, hin zu den hoch-
aufragenden Felsklippen, die sich am Ende zu beiden Seiten ins
blaue Meer stürzten.

Gestern, am 8. September, dem Geburtstag der Gottesmutter, waren sie zu dem Tsambika-Heiligtum, am höchsten
Punkt des Berges linker Hand, hinaufgestiegen. Unter den Pil-
gern waren viele Frauen, in erster Linie unfruchtbare, welche
die Gottesmutter um Nachwuchs anflehten. Christa hatte eine
junge, festlich herausgeputzte Frau beobachtet, die den Auf-
stieg mit bloßen Füßen machte, damit die Fruchtbarkeitskraft
der Erde unmittelbar vom Boden aus durch die ungeschützten
Füße in den Körper strömen konnte, zumindest hatte sie es
so gedeutet. Im Halbdunkel der Kirche drängten sich die

Frauen und entzündeten Kerzen vor der Marienikone. Eine kleine, runde Griechin aß sogar ein Stückchen Kerzendocht. Die Freskenreste waren völlig von Ruß geschwärzt, der sichtbare Beweis dafür, wie viele Frauen all die Jahre hier um die ersehnte Mutterschaft flehten.

Beim Abstieg hatte Sophia ihrer Freundin erzählt, sie solle mal hinhören, wie die Rhodier ihre Kinder riefen. Da wären jede Menge Tsambikos und Tsambikas dabei. Frauen, die besonders unter hartnäckiger Unfruchtbarkeit litten, übernachteten auch mal in den Nebenräumen des Heiligtums.

»Willst du denn eventuell noch ein Kind mit Herbert, vorausgesetzt, es wird was mit euch beiden?«, hatte Christa im Strandlokal unten bei einem Glas Wein ihre Freundin gefragt.

Aber die zuckte nur hilflos mit den Schultern. »Ich glaub, dazu bin ich langsam zu alt«, gab sie zu bedenken, während sie gedankenverloren die wenigen Touristen beobachtete, die sich vor ihnen im Sand räkelten. In den Tamariskenbäumen lärmten die Spatzen und vom Lokal erscholl schwermütige griechische Musik. Unverkennbar Theodorakis. »Ich hab ja meine Schulkinder.«

»Wie geht es denn Herberts Tochter Beate?«

»Der geht's gut, sie ist ja jetzt auf dem Gymnasium. Weit und breit keine Spur mehr von einer Neurodermitis. Na ja, bei ihr war es auch nicht gar so schlimm. Ich hab einen extremen Fall von Neurodermitis bei Hetty selbst erlebt. Ein Bub, etwa vier Jahre alt, war von dieser Krankheit am ganzen Körper befallen. Er war überall krebsrot, die Haut war offen und wund. Selbst die Gedärme, sie stehen in Verbindung mit der Haut, waren befallen. Die Ärzte pumpten ihn mit Kortison voll, was aber nicht viel bewirkte. So kam er zu Hetty. Der wurde gesagt, er solle Stutenmilch trinken, die könne er bei sich behalten. Und so geschah es auch. Als ich ihn kennenlernte, war nur mehr ein Hautbereich am rechten Unterarm befallen. Der restliche Körper war bereits heil.«

Sophia schaute sinnend auf das Meer. Die Sonnenstrahlen zwischen zwei Wolken zauberten Tausende von flirrenden Lichtlein auf das blaugrüne Wasser, die unablässig auf den Wellen tanzten.

»Weißt du, dass Hetty schreckliche Erdbeben und Überschwemmungen vorausgesagt hat, in einem Ausmaß, wie wir es bisher noch nicht kannten? Schön braun bist du schon, das steht dir bei deiner blonden Mähne«, fuhr sie unvermittelt zu Christa gewandt fort. »Ich kann mir nicht erklären, warum, aber heute muss ich dauernd an Hetty denken. Sie ist wirklich eine starke Frau. Weißt du, was sie mir einmal erzählt hat?

Als ihr Haus drohte, den Hang runterzurutschen, geriet sie in Panik. Dazu kamen noch drückende Schulden wegen der Kanalisation. Bei den Gedanken an all diese Sorgen begann Hetty hemmungslos zu weinen. Da gab sie sich, einem plötzlichen Impuls folgend, selbst eine kräftige Watschen. Stell dir das mal vor.«

Sophia machte eine kleine Pause, dann fuhr sie fort. »Das ZDF hat ihr mal 40 000 DM geboten, falls sie bei ihr filmen durften. Aber Hetty hat auf Geheiß von ihrem inneren Führer ablehnen müssen. Ich nehme an, weil ihr die Kranken sonst die Bude eingerannt hätten.«

Christa nahm einen Schluck Wein und bestellte jetzt doch noch Souvlaki, die sie vorher nicht hatte essen wollen, aus Angst, ein Pfund zuzulegen.

»Du bist doch eh so schlank«, meinte Sophia, als der Kellner sich entfernt hatte. Eine schwarz-weiß gefleckte Katze kam an ihren Tisch und strich zwischen ihre Beine.

»Einmal hat sie mir von einem Autounfall erzählt. Der ›Rechtsverdreher‹, wie sie den Rechtsanwalt nannte, wollte den Unfall in seinem Sinne schildern, aber für Hetty war das die Unwahrheit. Sie konnte ihn nur so wiedergeben, wie er sich in ihren Augen zugetragen hatte. Komisch, jetzt rede ich schon wieder von ihr. Seltsam nicht?«

»Sie hat viele merkwürdige Geschichten erzählt«, unterbrach sie Christa, »unter anderem, dass, wenn die Braut als Erste die Schwelle der Kirche betritt, sie das Sagen in der Ehe hätte. Was hältst du denn davon?«

Sophia runzelte die Stirn. »Meiner Meinung nach ist das Aberglaube. Sie reiste übrigens nicht gerne. Einmal war sie in Italien. Dort legte sie im Hotel ihr Handtuch auf das Leintuch des Bettes, weil es ihr sonst gegraust hätte. Vor den Geistern allerdings, da hatte sie keine Angst. Mit einer Freundin fuhr sie einmal in die Berge und landete prompt auf einer abgelegenen Alm, wo sie gar nicht hinwollten. Der Besitzer war fassungslos. Es war ihm rätselhaft, wie sie das zuwege gebracht hatte in der Bergeinsamkeit. Und als sie einmal nach München fuhr«, spann Sophia den Faden weiter, »endete ihre Irrfahrt in einer vornehmen Villa in Bogenhausen. Sie hielt die Auffahrt zu dieser Villa für eine Straße.«

Beide Freundinnen lachten herzlich. In dieser Nacht kam Hetty im Traum zu Sophia.

»Du brauchst dir keine Sorgen zu machen um mich, mir geht es gut«, war ihre Botschaft.

Sophia war erleichtert. Sie erzählte Christa davon, die ihr wiederum von einem gewissen Bruno Gröning berichtete, einem ehedem großen Heiler im Nachkriegsdeutschland. Ihre Freundin Anna hatte ihr von ihm erzählt.

Als beide Freundinnen am Ferienende am Münchner Flughafen landeten, wartete zu Sophias Überraschung ein nervöser Herbert auf sie. Er umarmte sie stumm, warf ihr einen besorgten Blick zu und sagte: »Hetty ist von uns gegangen.«

»Wann?«

»Sie starb in der Nacht vom 9. September.«

Sophia zog die Stirn kraus. Dann nickte sie. »In der Nacht kam sie zu mir, um sich von mir zu verabschieden. Es geht ihr gut.«

Später weinte sie lange und anhaltend. Sie vermisste sie sehr. Nie wieder würde sie Hetty anrufen können, nie wieder sie besuchen oder um Rat fragen können. Auch Herbert war sichtlich betroffen. Christa sowieso.

Als sie zum ersten Mal ihr Grab aufsuchte, lehnte ein trauriger, einäugiger Teddybär an Hettys Grabstein und drei sorgsam gebundene Sträuße kündeten von der Liebe und Dankbarkeit derer, denen sie geholfen hatte. Ein scharfer Wind fegte durch den Friedhof, zerrte an den Pappeln und zauste den Weidenbaum am Eingang. Doch es war nicht der Wind, der Sophia die Tränen in die Augen trieb. Sie weinte auch noch, als sie längst auf dem Weg zu Herbert war. Mittlerweile hatte es zu regnen begonnen. Der Himmel weint mit mir, dachte sie bei sich.

Sie erinnerte sich an den sonnigen Herbstnachmittag, als sie mit Hetty bei einer Tasse Kaffee in der Küche saß. Die war gerade damit beschäftigt, verschiedene Gebinde für eine Hochzeitstafel zu flechten.

»Bei deiner Hochzeit werde ich nicht mehr da sein«, sagte sie leichthin, während sie eine Blume im passenden Farbton suchte. »Dein Zukünftiger wird seine Frau verlassen«, fuhr sie fort, während sie ihr einen prüfenden Blick zuwarf. »Er wird es erst tun, wenn er sein Karma an ihr abgetragen hat, was ihm natürlich nicht bewusst ist. Er hat seine Frau im früheren Leben im Stich gelassen. Würde er sie vorzeitig verlassen, würde er ihr in einem späteren Leben noch einmal begegnen müssen. So funktioniert das Karma, verstehst du?«

Herbert wartete bereits auf sie, als sie in ihrem Fiat um die Ecke bog. Es hatte zu regnen aufgehört, die letzten Regentropfen perlten von den Blättern des Apfelbaums, dahinter wölbte sich ein prächtiger Regenbogen.

»Sie ist einverstanden mit der Trennung.« Herbert nippte an Sophies unvergleichlichem Kaffee und aß mit Genuss von ihrem selbstgebackenen Apfelkuchen. Das Rezept stammte von Hetty.

»Weißt du«, fuhr er fort, »der Jakobsweg hat mir gutgetan. Ich weiß nicht so recht, wie ich es ausdrücken soll. Aber ich hab das Gefühl, dass ich durch das Gehen meine Probleme an Mutter Erde abgegeben und dafür von ihr die Lösung bekommen habe.«

Sophia nickte. »Das hast du schön formuliert.«

Herbert strich sich mit der Hand durchs Haar. Er lächelte verlegen.

»So einen Satz hätte ich früher nie über die Lippen gebracht. In mir hat sich was verändert. Durch dich, weißt du.«

Sophia nickte wieder. »Ich hab was für dich. Das sollte dich in deiner Eigenschaft als Arzt interessieren.« Sie schob ihm eine Broschüre über den Glastisch zu mit dem Foto eines ernst dreinblickenden Mannes mittleren Alters. Das dunkle, leicht wellige Haar war streng zurückgekämmt, der Hals war sichtlich angeschwollen.

»Das war kein Kropf, wie du jetzt denkst, der dicke Hals kam von der Heilerei«, erklärte Sophia, nachdem sie Herberts prüfenden Blick bemerkt hatte. »Ich hab dir doch schon einmal von Bruno Gröning erzählt, erinnerst du dich?«, fuhr sie fort. »Du weißt doch, dass ich seit einiger Zeit in diesem Bruno Gröning-Freundeskreis bin. Christa hat mich übrigens darauf aufmerksam gemacht. Seitdem ich Hetty begegnet bin, interessieren mich eben solche Phänomene.«

»Hat denn dieser Mann nicht in den fünfziger Jahren geheilt? Ich erinnere mich dunkel als Kind an hitzige Debatten zwischen meinen Eltern. Mein Vater war ja auch Arzt, er lehnte ihn strikt als Scharlatan ab.«

»Das haben viele«, unterbrach ihn Sophia eine Spur gereizt. »Auf dem Traberhof bei Rosenheim kam es zu Massenheilungen. Bis zu 30 000 Menschen strömten dorthin. Wahrhaft biblische Szenen ereigneten sich: Lahme konnten wieder gehen, Blinde sehen, Taube hören.«

Herbert nahm sich ein zweites Stück von dem Apfelkuchen. »Mein Vater sprach von Massenhypnose, das war seine Art, die Dinge zu interpretieren. Der konnte nicht anders. Ich dachte ja auch einmal genau so, wie du weißt. Aber man kann ja dazulernen.«

Sophia lächelte milde. Sie schlug die Beine übereinander. Sie war in ihrem Element. »Weißt du, was er gesagt hat? Alle Krankheit kommt vom Bösen. Das sagt auch Sylvia Wallimann. Erinnerst du dich? Es gibt auf der Erde nicht nur die gute, göttliche Kraftquelle, es gibt natürlich auch die böse, satanische Kraft. Im Freundeskreis kannst du lernen, den göttlichen Heilstrom aufzunehmen.«

»Alles, was recht ist, Bruno Gröning ist doch schon lange tot.«

»Freilich, aber er hat vor seinem Tod gesagt, dass er zu demjenigen, der ihn ruft, kommt. Ich meine, sein Geist natürlich.«

»Und das funktioniert?« Herbert hatte inzwischen sein zweites Stück Apfelkuchen verspeist und wischte sich die Krümel vom Hosenbein.

»Weißt du, wirklich große Heiler wissen um die Kunst des Ganzmachens dessen, was ehedem getrennt war. Das ist eben die ›Sünde‹ im weitesten Sinne, der Abfall von Gott, die Trennung von der kosmischen Ganzheit. Verstehst du, was ich meine?«

»Nicht ganz, aber ich versuche es«, gab Herbert treuherzig zu.

Sophia lachte. »In dem Kinderreim ›Heile, heile Segen‹ ist das Zusammenwirken von Heil und Segen, von Ganzheit, Spiritualität und Gottvertrauen wunderbar formuliert. Bruno spricht auch davon, wie wichtig Gottvertrauen ist. Das Wunder einer Heilung ist oft eine Folge von Vertrauen, Gebet und Abwarten. Solche Zuversicht, verbunden mit Hingabe, wirkt und sie setzt Gedankenkraft frei.

Kurt Tepperwein schreibt«, dozierte Sophia ungerührt weiter, »nicht, was wir wollen, geschieht, sondern das, was wir glauben. Die Geisteskraft des Glaubens schließt uns an eine

Kraft des Universums an, der nichts unmöglich ist.« Sophia entging Herberts unterdrücktes Gähnen nicht.

»Und was geschieht da in deinem Freundeskreis?«, fragte er höflich.

»Willst du es wirklich wissen?«

»Aber ja.« Er war ehrlich bemüht, so interessiert wie möglich zu erscheinen.

»Tja, ob du es glaubst oder nicht. Uns wurde von einer Heilung berichtet, wo der Betroffene, er war schwer herzkrank, gar nichts davon wusste, dass man sich für ihn eingesetzt hatte. Du musst wissen, man kann den Heilstrom auch anderen ›schicken‹.«

Herbert schien perplex, sagte aber nichts.

»Also von einer Autosuggestion kannst du jetzt nicht reden«, triumphierte Sophia. »Und dann hab ich noch von zwei unglaublichen Fällen zu berichten, erst danach halte ich meinen Mund und wir machen was anderes.« Sophia lächelte vielsagend.

»Da gab es einen Mann mit zweierlei Schuhgrößen, was äußerst lästig war, denn er musste immer zwei Paar Schuhe kaufen. Er hörte von dem Freundeskreis, ging hin und danach konnte er ein Paar kaufen, denn die Füße sind jetzt gleich groß. Dann war da noch ein etwa elfjähriges Mädchen mit Schuhgröße 43. Es musste in der Männerabteilung einkaufen, worüber es natürlich sehr unglücklich war.«

»Und die sind jetzt geschrumpft, hab ich recht?«, unterbrach sie Herbert lächelnd.

»Die sind geschrumpft, auf Größe 40, du sagst es. Weißt du, Bruno war schon als Kind ungewöhnlich auf seine Art. Einmal wollte ihn ein Klassenkamerad verprügeln, wie Kinder halt so sind. Er war umringt von einem Kreis feindlich gesinnter Buben, und da geschah das Unglaubliche. Derjenige, welcher ihn verprügeln wollte, ›musste‹ sich buchstäblich selbst schlagen, denn Bruno dachte nicht daran, zurückzuschlagen.«

Sophia legte eine kleine Kunstpause ein, sie zog die Stirn kraus. Dann fuhr sie fort: »Wenn ein Mensch mit Gottesliebe erfüllt ist, dann schafft sein Herz, wie ein mächtiger Stern, ein so starkes Kraftfeld um sich herum, dass alles rundherum bestrahlt wird.« Sophia hielt inne.

Herbert betrachtete sie verliebt. Dann fuhr sie fort: »Durch die Wasserkristallfotografien eines Masaru Emoto können wir sehen, wie sich die Energien des Bewusstseins und der Worte in etwas Sichtbares verwandeln. Dies ist eine Methode, welche die schwer zu erfassende Form der Energie zeigt. Wir glauben nicht an das Unsichtbare. Aber die Wasserkristalle zeigen alles. Wie sagte doch Hans-Peter Dürr so schön: ›Wir brauchen dringend eine neue Einschätzung und verstärkte Betonung des Spirituellen im Vergleich zum Materiellen.‹«

Sie stand auf und zog die Vorhänge zu. Herbert schwieg. Da, wo sich die Stoffbahnen trafen, sickerte durch den Spalt spätes Sonnenlicht, das die Konturen des leicht dämmrigen Zimmers weich umhüllte. In der Ecke, in der bauchigen Glasvase, grüßte das verblichene Rot der getrockneten Rosen, von Herberts erstem Liebesbeweis.

Noch nie zuvor hatte Sophia bei der Begegnung mit einem Mann dieses Gefühl der Ganzheit erlebt. In dem Augenblick, in dem sie mit ihm vereint war, war sie mit seinem Körper und seiner Seele zu einem Ganzen verschmolzen. Das Empfinden des Getrenntseins war aufgelöst, ihr Selbst war mit den Sternen, dem Wind, dem Rauschen des Baumes, der Unendlichkeit des Kosmos verbunden. Sie war ein Teil des Ganzen.

Etwas Neues war hinzugekommen, etwas bis dahin Unbekanntes war in ihr gewachsen. Es war, als hätte sich in ihrem Herzen eine Rose geöffnet, eine herrlich duftende Rose mit samtenen purpurroten Blütenblättern.

Sophia drehte sich zur Seite und bot ihrem Liebsten den Rücken dar. Er begann sie sanft zu streicheln, leicht wie ein Windhauch bewegte sich seine Hand die Wirbel entlang vom flaumartigen Haaransatz im Nacken bis zur weißen Mulde ihrer zwei festen Hügel.

Sophia seufzte glücklich. »Weißt du«, begann sie, »weißt du, was im Leben am wichtigsten ist? Am wichtigsten ist die Liebe. Nimm zwei Kerzen, eine vielleicht ein wenig kunstvoller verziert als die andere. Was glaubst du, welche strahlt mehr Kraft und Energie aus? Die schlichtere oder die schönere?«

Ohne eine Antwort abzuwarten, fuhr sie fort: »Natürlich diejenige, die mit mehr Liebe angefertigt worden ist. Welches Essen schmeckt dir besser, dasjenige, das mit Liebe zubereitet worden ist, oder eines, das der Koch gedankenlos und in Eile zusammengemanscht hat? Welches Bild zieht dich mehr an, eines, in das der Maler sein ganzes Herz gelegt hat, oder eines, das er gemalt hat mit dem Hintergedanken, lediglich den Zeitgeist zu bedienen und möglichst viel Geld damit herauszuschlagen? Welches Musikstück berührt dich mehr? Na, du weißt schon, was ich sagen will, so könnte man endlos fortfahren. Erst wenn wir unser Inneres öffnen für diese Erkenntnis, kann sich unser Planet wandeln. Die geistigen Welten sind nicht so leicht zu erkunden wie die irdischen.«

Sophia hielt inne und schwieg. Ihr Geliebter lag still neben ihr, in Gedanken versunken. In der Ferne hörte man einen Hund bellen. Nach einer Weile antwortete ein zweiter.

»Wir haben die Fähigkeit verloren, das Leben, den Kosmos, die Natur mit dem Herzen wahrzunehmen, weil wir zwischen uns und der Wirklichkeit Millionen Ismen aufgestellt haben: Lehrmeinungen, Theorien, Philosophien und so weiter. Wissenschaftler erkunden die Gesetze der Natur, Kosmonauten betrachten die Welt von der Erdumlaufbahn aus, aber spirituell gesehen sind wir Neandertaler geblieben. Hier unten herrscht weiterhin Unwissenheit und Torheit, Habgier und Machtstreben und eine Technik, die sich immer mehr aufbläht und verselbstständigt. Unsere Welt kann sich nur ändern, indem Einzelne anfangen, zur Umkehr aufzubrechen, zur Umkehr in ihr Inneres. Dabei werden sie auf den göttlichen Funken stoßen, den jeder Mensch in sich trägt, nämlich die Liebe. Wer aus der Liebe heraus handelt, handelt aus Achtung vor der Schöpfung und zerstört sie nicht.

Denk also immer daran, dass du etwas für den Zustand der Welt tun kannst, indem du die vollständige Einstellung deines Herzens, Verstandes und Geistes änderst. Wenn du das beherzigst, dann werden Veränderungen eintreten, anfänglich erst im Kleinen, dann aber auch im Großen. Diejenigen, welche die Notwendigkeit zur Veränderung erkennen und dementsprechend handeln, sind wie die Hefe im Teigklumpen, dank der das Brot aufgeht.«

Herbert hatte wieder begonnen, sie sachte zu liebkosen. Sophia nahm seine Hand, führte sie an ihre Lippen und setzte sinnend hinzu: »Weißt du, was mir einmal ein Priester in Äthiopien gesagt hat? Ihr im Westen seid sehr ängstlich, ihr wagt es nicht, einfach zu glauben!«

KOMMENTAR

Ich habe viele unglaubliche Dinge bei Hetty erlebt, aber der Fall Rosemarie hat mich am nachhaltigsten beeindruckt. Ich sehe die Heilerin immer noch vor mir, wie sie der jungen Frau von ihren feinstofflichen Brüsten abgibt, indem sie – für das bloße Auge unsichtbar – ihr mit der Hand scheinbar etwas zuwirft. Ich war Zeuge, wie sie auf diese Weise aus einer flachen Brust wohlgeformte kleine Brüste zauberte.

Noch mehr hat mich allerdings folgende Beobachtung verwundert. Eines Tages bat Hetty ihren inneren Führer um eine bestimmte Salbe feinstofflicher Natur. Hetty schaute nach oben, streckte ihren Arm aus und nahm die Salbe mit ihrer geöffneten Hand in Empfang. Natürlich nahmen meine Augen keine materielle Salbe wahr.

Die Geschichte des Mannes, mit dem als Säugling schwarze

Magie praktiziert worden war, habe ich so detailliert wiedergegeben, wie sie mir von ihm geschildert wurde. Da es ihm damals sehr schlecht ging, empfahl ich ihm, die Heilerin aufzusuchen. Er wurde von seinem Schmerz befreit, indem sie diesen in sich aufnahm. Hetty hatte nach der Behandlung so gelitten, dass sie zwei Tage lang nicht in der Lage war zu arbeiten.

Die Geschichte mit dem Hüftknochen habe ich selbst nicht miterlebt, da ich sie zu der Zeit noch nicht kannte, sie wurde mir aber von einem glaubhaften Augenzeugen berichtet. Ich selbst habe allerdings einen ähnlichen, wenngleich weniger spektakulären Fall erlebt, bei dem ein Knochen durch den Heilstrom wieder »heil« wurde.

Hetty heilte nicht nur per Telefon, sondern auch mithilfe von Fotos. Als ein Bekannter überraschend wegen eines Blutgerinnsels ins Krankenhaus eingeliefert wurde, schickte ich ihr ein Foto von ihm, da er sie ja nicht selbst aufsuchen konnte und zudem ohne Bewusstsein war. Sein Leben hing an einem seidenen Faden, wie ihm sein Operateur später erzählte. Hetty schickte ihm ihren inneren Führer und auf mein Befragen hin schilderte sie mir seine gegenwärtige gesundheitliche wie auch seine zukünftige berufliche Lage. Beides sollte sich bewahrheiten.

Der Leser sollte nur eines nicht vergessen. All diese Heilungen vollbrachte nicht Hetty selbst. Sie wurde nicht müde, dies immer wieder zu betonen: »Nicht ich bin es, die heilt.«

Nachdem Hetty tot war, machte mich eine Freundin auf Bruno Gröning, den großen Heiler der Nachkriegszeit, aufmerksam. So kam ich zum Bruno Gröning-Freundeskreis. Die Heilungen, die sich hier ereigneten und die ich im letzten Kapitel schildere, sind allesamt authentisch.

Wenn ich versuchte, Bekannte und Freunde auf das Phänomen Bruno Gröning aufmerksam zu machen, hörte ich folgende Kommentare:

»Ist das nicht der Scharlatan mit den Stanniolkugeln?«

»Ich erinnere mich dunkel: Angeblich ein Wunderheiler, hatte der nicht einen Kropf, warum hat er sich nicht selbst geheilt?«

»Dem wurde doch der Prozess gemacht, das sagt doch alles!«

»Ich glaube nicht an Massenheilungen, das war nichts anderes als Massenhysterie.«

Eine Sektenbeauftragte stellte den »umstrittenen« Wunderheiler (»umstritten« sagt doch schon alles, nicht wahr?) in ihrem Buch in die Ecke »okkulte Heilergemeinschaft«.

Als mir meine Freundin das erste Mal einen Flyer mit dem Hinweis auf die Filmdokumentation des großen Heilers in die Hand drückte, warf ich diesen nach kurzer Betrachtung in den Papierkorb.

Erst ein halbes Jahr später, als ich den gleichen Flyer in meinem Briefkasten entdeckte, war mein Interesse geweckt.

Wunder stehen nicht
im Widerspruch zur Natur,
sondern im Widerspruch
zu unserem Wissen von der Natur.

Augustinus

Danksagung

Ich danke meinem Mann für die kritische Durchsicht meines Manuskripts.

Meinem Verleger Michael Görden danke ich für sein in mich gesetztes großes Vertrauen und für sein größzügiges Entgegenkommen bei der Drucklegung.

Mein besonderer Dank geht an das Medium Maria Ravahi in Pösling (Rosenheim). Nach Hettys Tod führte mich mein Weg zu ihr. Ähnlich wie Johannes musste sie einen langen und qualvollen Schulungsweg durchleiden, geführt von dem Geistwesen Hilarion (Schüler des hl. Antonius). Nach der Zeit der Läuterung und Reinigung erhielt sie den Auftrag, eine Lebensschule zu gründen. So entstand (lediglich auf Spendenbasis) trotz anfänglicher massiver weltlicher Gegnerschaft ein Meditations- und Heilzentrum. Sie empfängt das innere Wort aus der Energie des Jesus Christus.

Ich habe viel gelernt bei ihr. Ihre Durchsagen (sie sind auch in gedruckter Form erhältlich) haben mir enorm geholfen, Klarheit zu gewinnen nach zwanzigjähriger umfangreicher Lektüre spiritueller Literatur.

Quellen

Berendt, Joachim-Ernst: Die Welt ist Klang, Nada Brahma, CD Teil 1 und 2

Berendt, Joachim-Ernst: Vom Hören der Welt, Das Ohr ist der Weg, CD Teil 1 und 2

Caddy, Eileen: Herzenstüren öffnen, Gutach i. Br. 2004

Dürr, Hans-Peter: Auch die Wissenschaft spricht nur in Gleichnissen, Freiburg im Breisgau 2004

Emoto, Masaru: Die Antwort des Wassers, Bd. 1, Burgrain 2001

Fenzl, Fritz: Wunder in Bayern, Waldkirchen 2004

Kharitidi, Olga: Das weiße Land der Seele, München 1996

Klein, Claudia Bettina: Geistheilung – ein Phänomen? Wu Wei Verlagsmagazin, S. 102, Neuried 2006

Lermontow, Wladimir: Delphania, Frankeneck 2003

Markides, Kyriacos C.: Heimat im Licht, Die Weisheit des »Magus von Strovolos«, München 1988

Ravahi, Maria: Schriftenreihe Intensivschulung und Heilbewußtsein, Pösling 2005–2007

Sheldrake, Rupert, und Fox, Matthew: Engel, Die kosmische Intelligenz, München 1998

Wallimann, Sylvia: Brücke im Licht, Freiburg 1999